普通高等教育"十一五"国家级规划教材
高等职业教育示范专业系列教材
（机械制造及自动化专业）

# 自动机与自动线

主编　丁加军　盛靖琪
参编　李金热　吕冬明
主审　徐　坚

机械工业出版社

本书共9章，主要内容有：绪论、自动机与自动线常用装置、控制系统、工业机械手及机器人、传动控制系统、检测装置、盒装牛奶生产线、MPS模块化生产加工系统以及铝电解电容器装配机等。

本书既可作为高职高专机械制造及自动化专业教材，也可作为其他类学校机械专业学生和工程技术人员的参考读物。

## 图书在版编目（CIP）数据

自动机与自动线/丁加军，盛靖琪主编. —北京：机械工业出版社，2005.8（2025.1重印）
普通高等教育"十一五"国家级规划教材. 高等职业教育示范专业系列教材. 机械制造及自动化专业
ISBN 978-7-111-17089-1

Ⅰ. 自… Ⅱ. ①丁…②盛… Ⅲ. ①自动机理论—高等学校：技术学校—教材②自动生产线—高等学校：技术学校—教材 Ⅳ. TP301 TP278

中国版本图书馆 CIP 数据核字（2007）第 006175 号

机械工业出版社（北京市百万庄大街22号　邮政编码100037）
策划编辑：王世刚　宋学敏　责任编辑：王海峰　李欣欣　宋学敏
版式设计：霍永明　　　　　　责任校对：李汝庚
责任印制：刘　媛
涿州市般润文化传播有限公司印刷
2025年1月第1版第22次印刷
184mm×260mm·12.25 印张·283 千字
标准书号：ISBN 978-7-111-17089-1
定价：38.00 元

电话服务　　　　　　　　　网络服务
客服电话：010-88361066　　机 工 官 网：www.cmpbook.com
　　　　　010-88379833　　机 工 官 博：weibo.com/cmp1952
　　　　　010-68326294　　金 书 网：www.golden-book.com
**封底无防伪标均为盗版**　机工教育服务网：www.cmpedu.com

# 前 言

随着科学技术的不断发展、新技术的不断采用、生产的专业化，自动机与自动线在工业生产中得到了广泛的应用，尤其在轻工及电子元器件制造行业更为突出。为配合国家试点示范专业机械制造及自动化专业的教学，南京工业职业技术学院、上海信息职业技术学院的教师根据试点示范专业的要求，根据生产实际应用的自动机与自动线的机械、电气、控制部分进行分析，确定"自动机与自动线"为专业综合类课程。我们通过对"自动机与自动线"课程能力体系分析，在教学方法、教学内容、教学手段、实验实训、考核方法等方面进行教学改革，确定了课程能力总体目标及专项能力目标。根据专项能力的要求来确定知识点及技能要求，根据知识点及技能要求来组织课程内容及实施方法，据此，为了配合教学，我们编写了本教材。

全书共分为9章，第1章为绪论，主要介绍自动机与自动线的组成、分类、生产率分析、自动机与自动线的发展趋势。第2章至第6章通过对自动机与自动线的各组成部分进行分析，介绍了自动机与自动线的常用机械结构、控制系统、传动控制系统、检测装置、工业机械手及机器人等，侧重于这些自动机与自动线的重要组成部件如何根据自动机与自动线的工艺及动作的要求进行选择、安装及简单维护。第7章至第9章对典型自动机与自动线进行了分析，对组成部件进行了详尽的分析。

本书第1章、第3章、第5章、第7章、第8章由南京工业职业技术学院丁加军编写，第2章由南京工业职业技术学院李金热编写，第6章由南京工业职业技术学院丁加军、吕冬明编写，第4章由丁加军、上海信息职业技术学院盛靖琪编写，第9章由盛靖琪编写。南京特劳伯数控设备有限公司许均勇、南京卫岗乳制品厂、南京工业职业技术学院王晓勇、李金热、吕冬明对第7章、第8章的编写提供了帮助，在此表示感谢。

本书先在南京工业职业技术学院以教学讲义的形式试用，经教学实践，对其内容进行修订，全书由丁加军、盛靖琪统稿，南京工业职业技术学院徐坚审阅。

由于编者水平有限，书中疏漏之处敬请大家批评指正。

编 者

# 目 录

前言

## 第1章 绪论 ………………………… 1
1.1 自动机与自动线的特点、分类 ………………………… 1
1.2 自动机与自动线的组成及选择 ………………………… 2
1.3 自动机与自动线的工艺及生产率分析 ………………… 9
1.4 自动机与自动线的发展趋势 …………………………… 14

## 第2章 自动机与自动线常用装置 …… 16
2.1 卷料供料装置 …………………… 16
2.2 板片料供料装置 ………………… 23
2.3 件料供料装置 …………………… 28
2.4 定量装置 ………………………… 49
2.5 传送装置 ………………………… 65
2.6 定位机构 ………………………… 74

## 第3章 控制系统 …………………… 79
3.1 概述 ……………………………… 79
3.2 可编程序控制装置 ……………… 80
3.3 PLC选购、安装与维护 ………… 86
3.4 PLC在工业控制中的应用 ……… 94

## 第4章 工业机械手及机器人 ……… 99
4.1 工业机械手及机器人的组成和分类 ………………… 99
4.2 手爪的类型及结构 …………… 102
4.3 手腕的选用及手臂的典型结构 ………………………… 107
4.4 工业机器人的控制系统 ……… 111

4.5 工业机械手举例 ……………… 113

## 第5章 传动控制系统 ……………… 116
5.1 气动技术的概况 ……………… 116
5.2 气压传动技术 ………………… 119

## 第6章 检测装置 …………………… 132
6.1 概述 …………………………… 132
6.2 传感器 ………………………… 135
6.3 传感器的应用 ………………… 137
6.4 检测系统的实例 ……………… 144

## 第7章 盒装牛奶生产线 …………… 152
7.1 牛奶生产的基本工艺流程 …… 152
7.2 配料及杀菌车间的生产过程 ………………………… 153
7.3 牛奶的灌装 …………………… 157
7.4 盒装牛奶灌装机 TBA/19 …… 160
7.5 装箱自动线 …………………… 164

## 第8章 MPS模块化生产加工系统 … 170
8.1 MPS及各单元简介 …………… 170
8.2 送料单元 ……………………… 170
8.3 搬运站 ………………………… 172

## 第9章 铝电解电容器装配机 ……… 177
9.1 概述 …………………………… 177
9.2 装配工艺过程及设备特点 …… 178
9.3 传动系统 ……………………… 181
9.4 主要机构 ……………………… 181

**参考文献** ………………………… 189

# 第1章 绪 论

**学习目标** 了解并掌握轻工自动机与自动线的特点、分类,轻工自动机与自动线的组成及自动机的选型,自动机与自动线的工艺及生产率分析;了解自动机与自动线的发展趋势。

随着科学技术的进步和经济的发展,工业生产中广泛使用各种各样的自动机与自动线,尤其是我国加入 WTO 后,自动机与自动线得到了更广泛的应用。本书介绍自动机与自动线的发展概况、自动机与自动线的分类、组成及自动机与自动线的发展趋势。

## 1.1 自动机与自动线的特点、分类

### 1.1.1 自动机与自动线的特点

自动机与自动线具有以下特点:

1. 品种多

这是因为:①现代工业行业多。②加工材料的多样化,如把粮食加工成酒,把草木加工成纸,把甘蔗加工成糖,把矿材加工成陶瓷用品等。③加工性质的多样化,如烟草加工机械中的真空回潮机、制糖机械中的甘蔗压榨机等是完成物理加工性质的,酿造工业中的发酵设备是完成生化加工性质的,而灯泡绕丝机是完成机械加工性质的等。自动机与自动线品种多,给自动机与自动线的操作与维护带来了困难和麻烦。在同一条生产线中就往往包含多种不同性质的加工,给自动机与自动线设计增加了难度,例如陶瓷生产线则包含矿石粉碎(物理加工性质)、成形(机械加工性质)、烧成(化学加工性质)等多种性质的加工。

2. 生产率高,自动化程度高

为满足人民日常生活迫切需求,必须大批量生产各类轻工产品,需要各种高生产率、高自动化程度的轻工机械,如 6 万瓶/h 的啤酒生产线,12 万罐/h 的易拉罐生产线,1600 粒/min 的糖果包装机,8000 支/min 的卷烟机。

3. 结构和动作复杂

这是因为轻工产品生产的工艺原理和工艺过程比较复杂。轻工自动机与自动线受力一般不太大,因此强度计算往往不太重要。

4. 振动问题突出

现代自动机与自动线越来越趋向高速化,而机械高速所引起的振动已成为影响产品质量和提高生产率的重要因素。

### 1.1.2 轻工机械的分类

轻工机械的分类方法有很多种，例如可按行业分类，按产品生产工艺过程性质分类，按自动化程度或按机械的结构和功能分类等。这里，仅按以下两种分类方法进行分类。

1. 按自动化程度分类

(1) 自动机　一台机器经调整好以后，无需工人参与就能自动地、连续地完成产品的加工循环，这样的机器称为自动机。

(2) 半自动机　一台机器能自动地完成除工件的上料和卸料以外的一次工作循环，这样的机器称为半自动机。

(3) 一般机械　需工人参与才能完成产品加工工艺的机器，都属于一般机械。

通常自动机与半自动机用于大批量生产。

2. 按结构和功能分类

(1) 成形机械　这类机械多用模具来进行制品的成形，更换模具及工艺参数，即可生产不同规格的产品。主要工艺原理为热塑、注塑以及冲压等。陶瓷滚压成形机、行列式制瓶机、灯泡吹泡机、塑料注射成形机及广泛用于搪瓷、铝制品、小五金行业的冲压机等均属此类机械。

(2) 加工处理机械　这类机械在原理、工艺和使用工具等方面与金属切削机床有相似之处，是以刀具为切削工具，通过刀具的运动完成加工处理工作的。如加工皮革的片皮机、火柴切梗机、切草机、面包切片机以及各种专用机床，如钟表制造机床等均属此类机械。

(3) 装配机械　这类机械借助于装配专用工具或机械手，按预定程序将零件装配成部件或产品。如自行车部件装配机、链条装配机、自来水笔装配机、挂锁装配机、制鞋机等均属此类机械。

(4) 包装机械　这类机械从功能和原理上都类似于装配机械，因其工艺原理有一定特殊性，故形成一种独立的机械类型。其动作包括包装材料与被包装物料的输送以及供料、称量、包封、贴标、计数、成品输送等。如包封机、灌装机、贴标机、装箱机、捆扎机等属于此类机械。

总之，自动机与自动线的种类、品种十分繁多。本书仅选择自动机与自动线中自动化程度较高，且具有先进水平和行业代表性的自动机械作为研究和学习对象，使读者能触类旁通，从个别了解一般。

## 1.2 自动机与自动线的组成及选择

### 1.2.1 自动机的组成

任何一台完整的现代化自动机械，一般应具备以下五个系统：①驱动系统，它是自动机的动力来源，可以是电动机驱动、液压驱动、气压驱动等。②传动系统，它的功能是将动力和运动传递给各执行机构或辅助机构。③执行机构，它是实现自动化操作与辅助操作的系统。④检测装置，它的功能是对自动机动作的位置、行程、速度、力及介质的压力、流量进行检测并反馈给控制系统。⑤控制系统，它的功能是控制自动机的驱动系统、传动系统、执行机构，将运动分配给各执行机构，使它们按时间、顺序协调动作，由此实现自动机的工艺职能，完成自动化生产。

自动机的基本组成可由图 1-1 来概括。

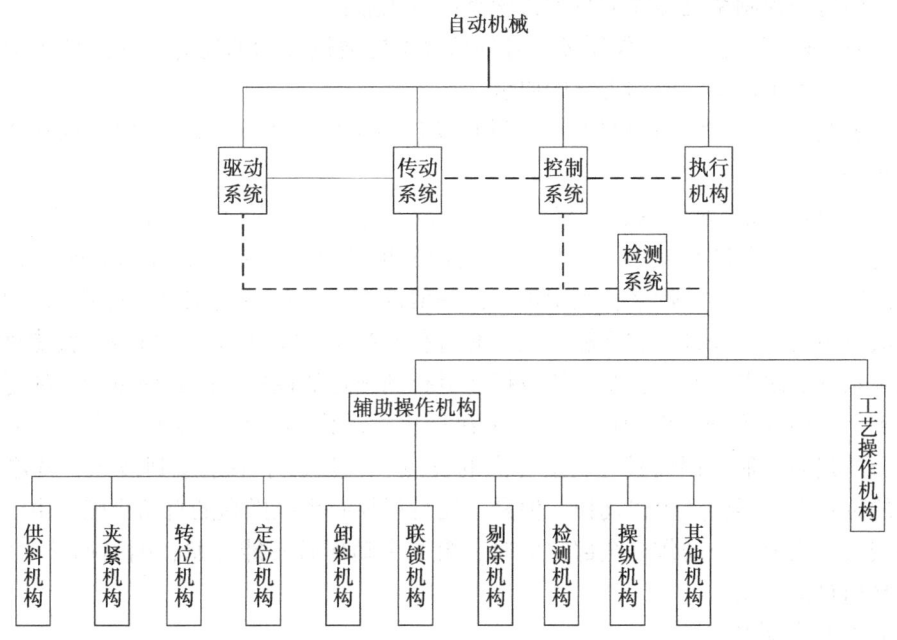

图 1-1 自动机的组成

### 1.2.2 自动机的控制系统

自动机械具有比一般机械高得多的生产率和产品质量的稳定性。在这类自动机械中，保证整机各运动准确无误和动作协调一致的控制系统，始终发挥着类似人类神经系统一样的重要作用。各执行机构按照工艺要求的动作顺序、持续时间、计量、预警、故障诊断和自动维修等，都是由控制系统来操纵的。

控制系统按动作顺序的控制可分为两类。

1. 时序控制系统

时序控制系统是指按时间先后顺序发出指令进行操纵的一种控制系统。例如，糖果包装机的送糖、送纸、折纸、扭纸、落糖等动作顺序，是靠凸轮分配轴来操纵的，这是一种纯机械式的时序控制系统。行列式制瓶机的二十多个动作的顺序，是靠协调转鼓和各种气动控制阀来操纵的，这是一种气动式的时序控制系统。此外还有液压式、电气式和数码电子式的时序控制系统在各种自动机上得到广泛应用。例如数控机床、加工中心、数控塑料成型机等自动机械就是利用微处理器或微型电子计算机和伺服电动机来控制自动机各机构顺序并协调动作，从而完成产品加工工艺的。

2. 行程控制系统

行程控制系统是按一个动作运行到规定位置的行程信号来控制下一个动作的一种控制系统。例如，包装机械中的装箱、封箱、贴条等动作，大多是由前一动作运行到动作终点位置时发出信号来实现控制的。然而，许多自动机械是兼有时序控制和行程控制系统的。

时序控制系统一般都是集中在一个地点发出指令，如凸轮分配轴、转鼓或数字脉冲分配器等。用这种控制系统操纵的自动机械有以下优点：

1) 能完成任意复杂的工作循环，各种信号都能通过凸轮的轮廓线或连杆机构尺寸参数的设计，来满足运动学或动力学的要求。

2) 调整正常后，各执行机构不会互相干涉，分配轴即使转动不均匀，也不会影响各动作的顺序。

3) 能保证在规定时间内，严格可靠地完成工作循环，故特别适合于高速自动机械。

但是，它也存在一些缺点：①灵活性差。当产品更换时，可能要更改部分或全部凸轮机构，给制造、安装与调试带来较大困难。②一般缺乏检查执行机构动作完成与否的装置，没有完成时不能自动停机，故不够安全。有行程控制系统操纵的自动机械，就能克服上述时序控制系统的缺点。例如，某一执行机构运行到规定的位置，碰到该位置上的行程开关时，得到一个回答信号，作为启动下一个执行机构动作的指令，按照"命令—回答—命令"的方式进行控制，因而具有安全可靠的优点。一旦程序中途遭到破坏，就停留在事故发生的位置上，不会产生误动作。但是，用行程控制系统操纵的自动机械，由于动作持续时间较长，当第一个动作未全部完成时，第二个动作就不能开始，因而循环时间较长，不适合高速自动机械。

3. PLC 控制系统

随着计算机技术的不断发展，PLC 技术在自动机上得到广泛的应用，PLC 有多种模块可根据自动机的不同需要而加以选配，大大减化了自动机的机械结构，通过修改 PLC 程序来改变自动机的动作，大大增加了自动机的柔性及提高了自动机的可靠性。

### 1.2.3 自动线的组成方式

自动生产线是在流水生产线的基础上发展起来的，它能进一步提高生产率和改善劳动条件，因此在轻工业生产中发展很快。人们把按轻工工艺路线排列的若干自动机械，用自动输送装置连成一个整体，并用控制系统按要求控制的、具有自动操纵产品的输送、加工、检测等综合能力的生产线称作自动生产线，简称自动线或生产线，如啤酒灌装自动线、纸板纸箱自动生产线、香皂自动成形包装生产线等。

自动线的组成方式有以下几种形式。

1. 刚性自动线（或称同步自动线）

如图 1-2a 所示，这种自动线中各自动机用运输系统和检测系统等联系起来，以一定的生产节拍进行工作。这种自动线的缺点是，当某一台自动机或个别机构发生故障时，将会引起整条线停止工作。

2. 柔性自动线（或称非同步自动线）

如图 1-2b 所示，这种自动线中各自动机之间增设了储料器。当后一工序的自动机出

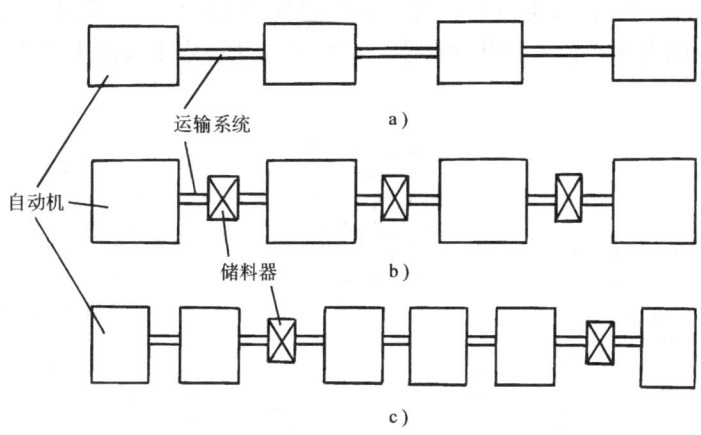

图 1-2 自动线的组合方式

现故障停机时,前一道工序的自动机可照样工作,半成品送到储料器中储存;如前一道工序的自动机因故障停机,则由储料器供给所需半成品,使后面的自动机能继续工作下去。可见,柔性自动线比刚性自动线有较高的生产率。但是,储料器的增加,不但使投资加大,多占用场地,同时也增加了储料器本身出现故障的机会,因此,应全面考虑各方面因素,合理选用和设置自动线种类。

如图 1-2c 所示,这种自动线中一部分自动机利用刚性(同步)联接,即把不容易出故障的相邻自动机按刚性联接,另一部分则采用柔性(非同步)联接。例如,灌装机与压盖机直接联接(同步)成灌装压盖机,而在故障率较高的自动机前后设置储料器(非同步)。

## 1.2.4 自动生产线的组成及其设备选型

随着轻工业生产的发展和工厂规模的日益扩大,产品的产量不断提高,原来的单机生产已经不能满足现代生产需求。现代化的大规模工厂将由电子计算机、智能机器人、各种高级自动化机械以及智能型检测、控制、调节装置等按产品生产工艺的要求而组合成的全自动生产系统进行生产。

1. 自动线的组成及分类

利用输送装置将自动机、辅助设备按产品的生产顺序组合,并以一定的节拍完成生产,物品由一端不断送入,生产材料在相应工位加入,经过各工序的加工后,产品从末端输出。这种生产设备的组合系统称为自动线。

在生产流水线的基础上,再配以必要的自动检测、控制、调整补偿装置及自动供送料装置,使物品在无需人工直接参与操作情况下自动完成供送、生产的全过程,并取得各机组间的平衡协调,这种工作系统就称为自动生产线。

自动生产线除了具有生产流水线的一般特征外,还具有更严格的生产节奏和协调性。

自动生产线主要由基本设备、运输贮存装置和控制系统三大部分组成,如图 1-3 所示。其中自动生产机是最基本的工艺设备,而运输贮存装置则是必要的辅助装置,它们都依靠自动控制系统来完成确定的工作循环。所以,运输贮存装置和自动控制系统,乃是区别流水线和自动生产线的重要标志。当今出现的自动生产线，逐渐采用了系统论、信息论、控制论和智能论等现代工程基础科学，应用各种新技术来检测生产质量和控制生产工艺过程的各环节。

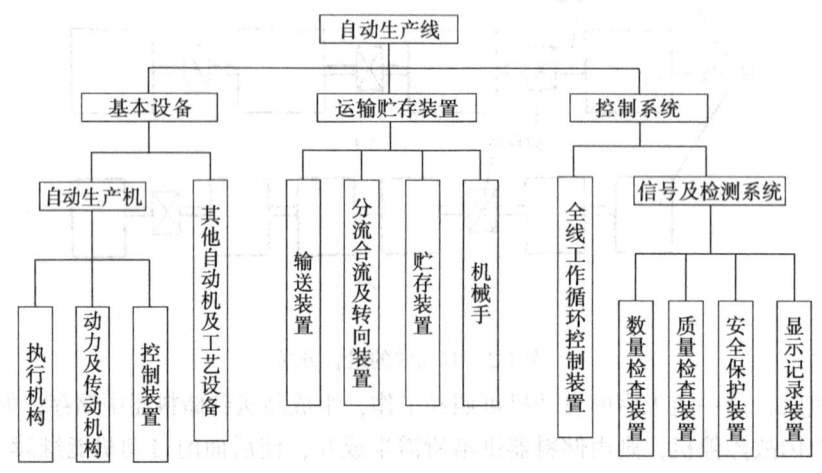

图1-3 自动生产线组成图

自动生产线的建立已为产品生产过程的连续化、高速化奠定了基础。今后不但要求有更多的不同产品和规格的生产自动线，并且还要实现产品生产过程的综合自动化，即向自动化生产车间和自动化生产工厂的方向发展。

通常，在自动生产线的终端，由人驾驶运输工具(如铲车)将生产成品运往仓库或集装箱运输车上，个别的也有设置移动式堆码机来完成最后这一道工序的。

2. 自动生产线的设备选型

(1) 设备选型的基本原则　设备选型就是从多种可以满足需要的不同型号、规格的设备中，经过技术经济分析、评价和比较，选择出一种最佳的，以作出购买决策。合理选择设备，能使有限的投资发挥更大的经济效益。

设备选型的基本原则是：生产上适用，技术上先进，经济上合理。

所谓生产上适用是指设备适合企业现在所生产的产品及未来将开发的产品的生产工艺的需要。只有生产上适用的设备才能发挥其良好的投资效益。技术先进必须以生产上适用为前提，既不可脱离我国的国情和企业的实际需要片面地追求所谓技术上先进，同时也要往前看，考虑到企业未来产品更新换代的需要，防止选择技术上即将落后或将被淘汰的设备。最后还要把生产上适用、技术上先进和经济上合理统一起来，以获得最大经济效益。通常技术上先进的生产设备其生产能力和产品质量都较高，但某些生产设备技术上非常先进，自动化程度很高，适用于大批量连续生产，如果在生产量不够大的情况下使用，往往造成负荷不足，不能充分发挥设备的能力。并且，这类生产机的价格通常都很高，维持费用也很大，从总的经济效益上来看并不合算。所以在选择生产设备时应将适用性、先进性和经济性综合权衡，选择一最佳方案。

(2) 设备选型应考虑的因素

1) 设备的技术先进性。随着科学技术的迅猛发展，各种高新技术不断进入生产的各个领域,生产机械也在向着高速、自动控制和多功能的方向发展,全自动生产线及机器人、机械手等都得到广泛的应用。产品更新换代速度加快,要求生产设备对产品的变化有更强的适应性。生产机的能力不仅应满足现有生产条件的要求,同时也应顾及到产品的更新换代要求。所以,设备选型时,在生产适用的前提下,应尽可能地根据企业发展的实际情况选择技术先进、生产能力较高的新型设备。一般来说,大批量生产的企业,如啤酒、饮料、卷烟等行业,应选择自动化程度较高、生产能力配套的自动生产线,同时注意对产品变化的适应性。多品种、产品变化快的企业,如食品厂等,应按照经济合理的原则,积极采用适应范围广的组合生产机,以适应生产工艺变化的要求。可以说,产品批量的大小和产品生产工艺技术要求是选择生产设备时的基本依据和具体因素。

2) 设备的可靠性。设备的可靠性是保证产品的生产质量、保持设备生产能力的先决条件。人们都希望生产设备能无故障工作,以达到预期的生产目的,因此,设备选型时应要求新设备具有足够的可靠性。

可靠性的定量表示是可靠度。可靠度就是指系统、机器或零部件在规定条件下,规定时间内无故障地执行规定机能的概率。这里规定条件是指环境、负荷、操作、运行及养护方法等;规定时间是指设计年限;故障是指系统、机器及零部件丧失其规定机能。

可靠性很大程度上取决于设备的设计,因此,在选择生产机时必须考虑生产机的设计质量。首先是设备结构的合理性,如生产机的结构设计、机构选择、构件尺寸、比例、材料选择、磨损等。还要考虑设备的自身防护性,如防振、防污染、过载保护、自动补偿、误操作防止、润滑结构等,以及控制部分的合理性。

一般来说,设备的可靠性愈高,设备费用(设置费用和维持费用)也愈高。如果为此降低对设备可靠性的要求,只考虑设备的输出能力而忽视设备的有效利用率,或只强调设备投资少,片面追求设备数量而忽视设备可靠性,都将造成设备的停机损失和维修费用增加,这是不经济的。

3) 设备的消耗性。生产机的选择还应注意设备对能源及原材料的消耗情况。

在能源消耗方面,要执行国家能源政策规定标准,在保证产品生产的前提下,设备的能源消耗越低越好。同时要注意选择可以使用低品位、低价能源及可使能源再生的新能源设备。另外还要注意,设备所使用的能源应是本企业、本地区能够保证供应的。这样可使能源的管理费用大为降低。

在原材料消耗方面,应注意对生产材料的有效利用率,并尽力减少对生产物品的损耗。

4) 设备的操作性。设备的操作性包括操作方便和操作可靠两个方面。操作方便就是要求生产机的操作结构设计符合人体工程学的要求,符合人的能力和习惯,使操作人员的动作尽可能简单方便,最大程度减轻操作者的负担。操作的可靠性是指能避免误操作发生的可能性。

设备的操作性可从以下几个方面考虑:

①生产机的操作结构应符合人的形体尺寸要求。操作装置的结构、尺寸应使操作人员在操作过程中容易触及并便于操作。特别是选择进口设备时,更要注意适合我国人体尺寸要求。②生产机的操作系统要符合人的生理特点。包括人体承受负荷能力、耐久性、动作

节奏、动作速度等，生产机的操作要求不可超出规定限度。③生产机的操作显示系统应能减轻操作人员神经系统负担。提示信号应符合人的心理和生理的感受，尽可能采用音响信号，以减轻人的视觉负担。尽量减少信号的频率和密度。显示系统直观、准确，尽可能采用微机、中心控制，以减轻人的劳动强度。

5) 设备的成套性。这是形成生产能力的重要标志。它主要包括：①单机配套。指随机工具、附件、部件、备件配套。②机组配套。指主机、辅机、控制设备配套。③项目配套。指项目所需设备的成套配套，如工艺、动力、输送及其他设施的配套。

6) 设备的灵活性。设备的灵活性主要指：①适应性，即能适应不同的工作环境条件，适应生产能力的波动变化。②通用性，即能适应不同规格产品的生产工艺要求。③结构紧凑，体积小，重量轻。

7) 劳保、安全性。选择生产机时还应注意生产设备本身所具有的劳动保护装置和技术安全措施。尤其对于高温、高压、高噪声、强振、强光、辐射、污染等条件下的工作人员健康和安全，必须放到重要位置加以考虑，并要求设备有可靠、严格的防范措施。

决不允许选择不符合国家劳动保护、技术安全和环境保护政策、法令和法规的设备，以免给企业和社会带来后患和损失。

8) 设备的维修性。设备的维修性又称适修性、可维修性、易维修性。它表示系统、机器、零部件等在维修过程中的难易程度的性质。可以用维修度、平均修复时间或修理费来衡量维修性的好坏。

维修度是指能够修理的系统、机器及零部件按规定条件进行修理时，在规定时间内完成维修的概率。

选择生产机时，对设备的维修性可从以下几方面衡量：①结构合理。生产机结构总体布局符合可达性原则、各零部件和结构就易于接近，便于检查、维修。②结构简单。在满足相同使用需要的前提下结构简单，需维修的零部件越少越好并且要易于拆装，能迅速更换易损件，无需高级维修工。③结构先进。生产机应尽可能采用参数自动调整，磨损自动补偿。④标准性。设备应是尽可能多地采用标准零部件和元器件的，以便于维修、更换。⑤组合性。设备容易被拆成几个独立的部件、装置和组件，并且无需用特殊手段即可装配成为整机。⑥状态监测与故障诊断能力。利用设备上的仪器、仪表、传感器和配套仪器，监测生产机各部位的温度、压力、电流、电压、振动频率、功率变化、成品检测等各项参数的动态，以判断生产机运行的技术状态及故障部位。⑦从设计上考虑无维修或减少维修度的可能性。如目前许多电器产品都是采用无维修设计。

大量选用维修性好的设备，将大大减少停机时间，节约维修费用，减少停机损失。

9) 设备的经济性。进行设备投资的根本目的是为了获得良好的经济效益，但不能脱离生产工艺对设备的技术要求片面追求经济性。

衡量生产机的经济性，应以设备的寿命周期费用为依据，不能只看原始价格。应在寿命周期费用最合理的基础上追求投资的最佳效益。因此，选择生产机时，对设备的经济性评价要从两个方面进行：一方面要对选型方案作寿命周期费用比较；另一方面要运用工程经济学知识作选型方案的投资效益分析比较，以选择经济上最为合理的方案。

3. 生产机选型步骤

生产机的选型(包括确定制造厂家)应注意广泛地调查,认真分析、研究、比较,从而确定合适的选择对象。通常可采取三步选择法进行选择。

第一步"筛选"。筛选是在广泛收集市场货源信息的基础上进行的。货源信息来源包括:产品样本、目录、广告、展销会资料、用户厂家提供的情况、制造销售部门的推销情报、有关专业人员提供的信息等。将以上信息进行分类汇编,从中找出一些可供选择的机型和厂家。这就是为设备选型提供信息的预选过程。

第二步"细选"。细选是在筛选的基础上进行的。首先对筛选出来的机型和厂家进行调查、联系、询问,详细了解其产品的各种技术参数(如效率、精度、性能、消耗等),制造厂家的质量信誉及用户的反映和评价,供货情况、订货渠道、价格及附件情况。然后进行分析、比较,再从中选出认为较为理想的机型和厂家。

第三步"最后选择"。首先在第二步细选的基础上同有关厂家进行接洽,作进一步深入的专题性调查和了解。对需要进一步落实的关键设备要到制造厂家或有关用户进行实地考查,进行深入细致的观察和了解,并进行必要的试验,对关键问题(如附件、工具、图样资料、备件供应、设备结构和精度、性能改善可能性、价格、交货期等问题)同厂家进行商讨,并详细记录,然后由设备、工艺技术、设计和使用等部门共同评价,选择出理想的机型和厂家作为第一方案。同时也要作第二方案、第三方案,以便在订货过程中产生新情况时选择替代。最后经主管部门领导决策、批准、签订合同。

## 1.3 自动机与自动线的工艺及生产率分析

### 1.3.1 自动机与自动线的工艺方案选择

如前所述,现代工业行业多,加工材料多样化,加工性质多样化,这就必须有满足多种加工要求的自动机与自动线。为了实现生产过程的自动化,采用自动机和自动线,就必须首先考虑各行业工艺过程的特点。生产同一种产品,可以采用不同的工艺过程。针对某一具体情况,选择一种对实现自动化最为有效的工艺过程,这是工艺方案选择时要认真解决的问题。

工艺方案选择得是否合理,将直接影响到自动机或自动线的生产率、产品质量、机器的运动与结构原理、机器工作的可靠性以及机器的技术经济指标。为了正确地拟定自动机或自动线的工艺方案,必须深入地掌握各种加工工艺特点,研究它们的现状及发展方向,并且了解实现不同加工工艺的结构原理。

总之,工艺方案的选择是一个较为复杂的问题,必须从产品的质量、生产率、成本、劳动条件和环境保护等诸方面进行综合考虑。一般情况下必须同时拟定出几个方案,在分析、比较、试验(必要时)之后,最后确定一个先进、可靠、结构简单、原理先进、成本低廉的方案。

工艺方案选定之后,要绘制出工艺原理图。工艺原理图是设计自动机械的运动系统和结构布局的基础。通常在工艺原理图上应标明产品的运动路线、工艺操作与辅助操作的顺序和数量,各工位上产品的加工状况,工具与产品的相互位置与作用方式等。根据工艺原理图,大体上可以确定自动机械的运动特征、工作循环和总体布局方案等。尤其是在设计多工位自动机械时,工艺原理图更是不可缺少的原始资料。

下面举几个实例来说明工艺原理图的绘制方法。

图1-4为链装配自动机的工艺原理图。从图上可以看出在各工位上装入的零件名称、位置、所用工具的动作情况,链在装配过程中的工位号和传送方向等。

图1-5为双转盘式冷霜灌装自动机的工艺原理图。它是由两个多工位转

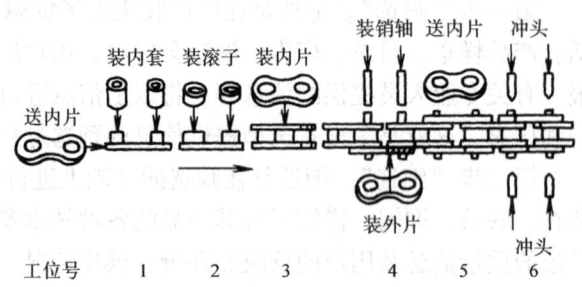

图1-4 链装配自动机的工艺原理图

盘协调动作来实现加工工艺要求的。工位1装入空下盒,工位2为空位,工位3处进行灌装,工位4为空位,工位5处卸下,工位6为空位,工位7为接受工位5处卸下的装满冷霜的下盒,工位8上锡箔,工位9贴锡箔,工位10扣上盒,工位11卸出成品,工位12为空位。这样,图1-5不但清楚地表示出所有操作情况,而且这台机器的总体布局和运动特征都已大体表示清楚了。在此基础上,就可以对传动方式和各执行机构进行选择。

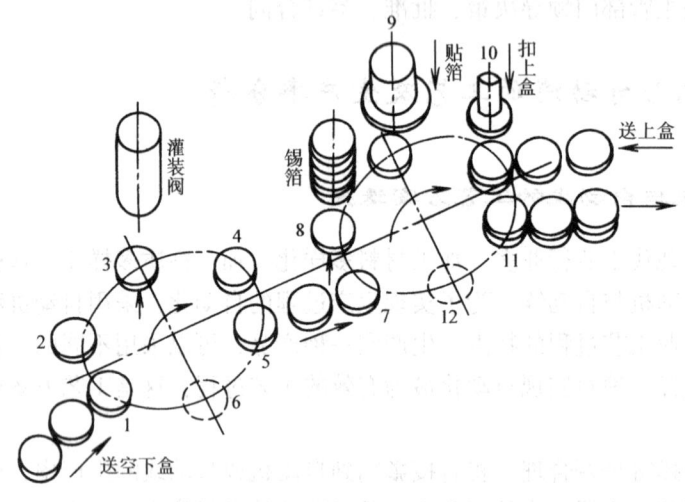

图1-5 双转盘式冷霜灌装自动机的工艺原理图

对于动作较多的情况,在一个工位上集中实现几个动作时,采用上述的图示方法很难表达清楚。通常可以按工艺流程的每一个动作或操作,顺序地绘制出其操作原理图。

图1-6为糖果包装机的工艺原理图,它是按照工艺流程和操作顺序绘制的。由图中可知,该糖果包装机有11个工位,多数工位上都集中实现几个动作,如在第6工位上,既有糖钳闭合动作,又有前后冲头返回动作。

不管采用哪种表达方式,自动机的工艺原理图都必须形象、简练而清楚地表示出所有工艺动作及其先后顺序,辅助操作与产品加工的关系。因为随后的自动机的工作循环图、

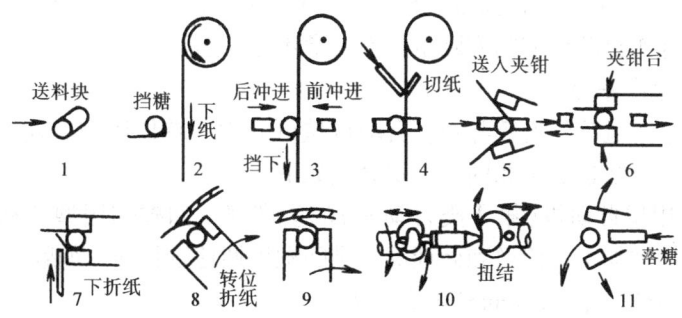

图 1-6 糖果包装机的工艺原理图

机构运动规律以及结构设计与选择等工作,均是以此为基础的。

自动线的工艺原理图绘制比自动机原理图绘制粗略得多,可以在已有单台自动机的各工艺原理图的基础上,只绘制出各机所完成的功能。例如,图 1-7 所示装箱自动线的工艺原理图,它表示小盒排列、装箱、封箱、贴条、堆垛的各单台机所完成的操作。

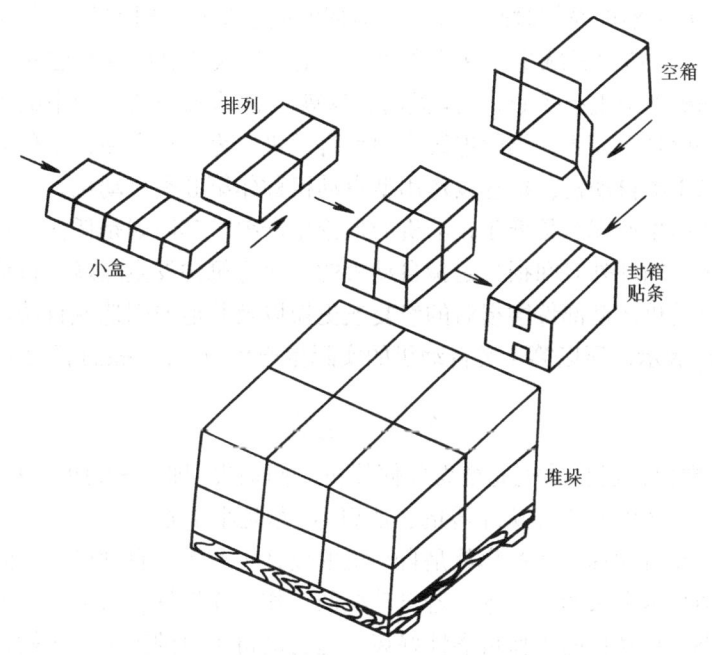

图 1-7 装箱自动线的工艺原理图

### 1.3.2 自动机与自动线的生产率分析

生产率是自动机与自动线的重要技术指标,因此有必要研究影响生产率的主要因素,以便掌握其内在规律,寻求提高生产率的途径。

自动机与自动线的生产率是指单位时间内所能生产产品的数量。它的单位可以是件/min、kg/min、瓶/min 等。

自动机械在正常工作状态运转时,单位时间内所生产的产品数量称作理论生产率,常

用 $Q_T$ 表示。考虑发生故障、检修或其他因素引起的停机时间之后而算出的单位时间内生产的产品数量,称作自动机械的实际生产率,常用 $Q_P$ 表示。

1. 自动机的生产率分析

按自动机械生产过程的连续与否,自动机械可分为间歇作用型和连续作用型两大类。它们的生产率计算方法也是不相同的,现分述如下。

(1) 间歇作用型自动机(第Ⅰ类自动机)的生产率 间歇作用型自动机械的特点是,产品在自动机上的被加工、传送和处理等,是间歇周期地进行的,如颗粒糖果包装机。这类自动机的理论生产率 $Q_T$(件/min)可表示为

$$Q_T = \frac{1}{t_p} = \frac{1}{t_k + t_f} \tag{1-1}$$

式中 $t_p$——自动机的工作循环时间(即加工一个产品所需的时间);

$t_k$——工作循环内的工艺操作时间(简称基本工艺时间);

$t_f$——工作循环内的辅助操作时间(简称辅助操作时间)。

由式(1-1)可知,$t_k$ 是完成产品加工工艺要求必须保证的时间,一般可随加工工艺先进程度而变化。$t_f$ 是辅助操作时间,如工作返回时间或空行程时间等,在保证产品质量和运行规定情况下,$t_f$ 应尽量减少。这两个时间均是设计人员要认真考虑的,只有设法减少了 $t_k$ 和 $t_f$,自动机理论生产率 $Q_T$ 才能提高,这就是自动机理论生产率的本质所在。当 $t_f$ 减少到零时,这就是下面要介绍的连续作用型自动机。为论述方便,工程上常把间歇作用型自动机称作第Ⅰ类自动机,把连续作用型自动机称作第Ⅱ类自动机。

自动机的实际生产率总是低于自动机的理论生产率。其原因是任何一台自动机均存在循环外时间损失。循环外时间损失是指自动机的各执行机构发生故障、自动机更换加工产品时的调整、自动机运动部件磨损后的修复或更换以及其他原因造成自动机的停机等的时间损失,常用 $t_n$ 表示。所以第Ⅰ类自动机的实际生产率 $Q_P$(件/min)就表示为

$$Q_P = \frac{1}{t_k + t_f + t_n} \tag{1-2}$$

由式(1-2)看出,当自动机完全无任何停机时间损失(即 $t_n = 0$)时,$Q_P = Q_T$,但这是不可能的。实际生产中 $t_n$ 总是大于零的,所以 $Q_P$ 总是小于 $Q_T$。

实际上,自动机的理论生产率就是自动机的设计生产率,自动机的实际生产率是自动机在使用过程中显示出来的生产率,若自动机的工作可靠性好,故障少,实际生产率就越接近理论生产率。自动机的工作可靠性好坏,与自动机本身的工艺、结构、动态特性、自动机的制造精度、机件材料、产品和工具的特性,以及自动机的控制、检测系统的完善程度等因素都有很大关系。

(2) 连续作用型自动机(第Ⅱ类自动机)的生产率 连续作用型自动机的特点是,产品在自动机上的被加工、传送和处理等,是连续不断进行的,其工艺时间与辅助操作时间重合。如转盘式液体灌装机,方便面包装机和塑料制袋、封口、切断、连续作业包装机都属于连续作用型自动机。这类自动机的理论生产率完全取决于工艺时间,而工艺时间与产品在自动机上的传送速度成反比,传送速度越快,工艺时间越短,生产率越高。

对于转盘式多工位连续作用型自动机,其理论生产率 $Q_T$(件/min)可表示为

$$Q_T = \frac{1}{t_p} = \frac{1}{\frac{1}{n_p N}} = n_p N \tag{1-3}$$

式中　$n_p$——转盘的转速(r/min)；

　　　$N$——转盘上产品工位数。

液体自动灌装机就属这类机型。在实际生产中，转盘转速受到灌装角(转盘旋转一周过程中实际灌装液体所占的角度)大小与灌装工艺时间的限制。在灌装角 α 选定的情况下，转盘的转速 $n_p$(r/min)由下式确定

$$n_p \leqslant \frac{\alpha}{360° t_k} \tag{1-4}$$

式中　$t_k$——液体由灌装阀流满瓶内所需的灌装工艺时间(min)，它与液体的粘度、压力、灌装阀的结构等因素有关。

当灌装工艺时间 $t_k$ 已选定情况时，增加工位数 $N$ 可以提高理论生产率。因此，多工位连续作用型自动机械正向增加工位数的方向发展。如我国啤酒饮料灌装设备生产基地广东轻工业机械集团公司主要啤酒饮料生产线已从 8000 瓶/h、20000 瓶/h 发展到 36000 瓶/h 系列，灌装机的工位数分别从 40 头、60 头发展到 100 头。国外已推出更大生产能力的灌装机，如 192 头的 80000 瓶/h 玻璃瓶啤酒灌装机，164 头的 120000 罐/h 易拉罐灌装机。

2. 自动线的生产率分析

自动线是由各台自动机按生产工艺流程组成的，自动线的组成方式不同，其生产率的计算公式也不一样，下面分类介绍。

(1) 刚性(同步)自动线的生产率 $Q_{pq}$　如前所述，刚性自动线是各自动机直接由运输系统和控制系统联系起来的，中间没有储料器，当一台自动机因故障停机时，整条线也会停机。若组成该自动线的单机台数为 $q$，则其生产率 $Q_{pq}$(件/min)应表示为

$$Q_{pq} = \frac{1}{t_k + t_f + q t_n} \tag{1-5}$$

由式(1-5)可知，当每台单机循环外时间损失 $t_n$ 一定时，自动线的单机台数越多，即 $q$ 越大，整条自动线的生产率 $Q_{pq}$ 就越低。所以，在实际生产中，组成自动线的单机台数不宜太多。

(2) 柔性(非同步)自动线的生产率　如前所述，柔性自动线是在各自动机之间设置了中间储料器而组成的自动线，这种自动线中任何一台单机因故障停机不会使整条线停机，故柔性自动线的生产率 $Q_{ps}$(件/min)和单台自动机的实际生产率相同，可表示为

$$Q_{ps} = \frac{1}{t_k + t_f + t_n} \tag{1-6}$$

如果将 $p$ 条这样的自动线平行组合起来，则这种平行顺序组合的自动线，其生产率将提高到 $p$ 倍，故生产率 $Q_{psp}$(件/min)公式为

$$Q_{psp} = \frac{p}{t_k + t_f + t_n} \tag{1-7}$$

(3) 连续作用型自动生产线的生产率　对于由连续作用型自动机组成的连续作用型自动线，生产率的计算公式与间歇作用型的上述公式不同。例如，由 $q$ 台具有 $N$ 头的转盘

式自动机组成的自动线，生产率 $Q_{prq}$(件/min)公式可表示为

$$Q_{prq} = \frac{1}{\frac{1}{n_p N} + qt_n} \tag{1-8}$$

式中　$n_p$——转盘转速。

### 3. 提高自动机与自动线生产率的途径

根据前面对自动机械与自动生产线实际生产率的分析，可以归纳出以下一些提高生产率的途径。

(1) 减少循环内的辅助时间 $t_f$　自动机械中各工作机构的辅助时间都占有一定比重，在拟定工艺方案时，应力求使它与基本工艺时间 $t_k$ 完全或部分重合。不能重合的空程运动，在保证工作机构的运动精度和可靠性前提下，尽量提高其工作速度，或采用慢进快退的运动机构。显然，连续作用型自动机从根本上取消了辅助时间。

(2) 减少基本工艺时间 $t_k$　$t_k$ 是影响生产率的最直接因素。减少工艺时间或提高工艺速度，只有从采用先进的新工艺着手，才能取得明显效果。例如，采用带式电子秤的新式计量工艺，使计量速度比老式杠杆秤效率提高了好几倍；又如采用工艺先进的三室式等压灌装阀比旋塞式灌装阀灌装速度大为提高。

(3) 减少循环外的时间损失 $t_n$　为了减少循环外的时间损失，可从以下几方面入手。

1) 提高刀具或模具的尺寸寿命，正确选择其材料、表面处理方法、结构和几何参数，制定合理的加工参数等。同时采用快换装夹，改进调整机构和调整方法以减少更换和调整工具的时间。

2) 减少机械设备的调整时间。可以从以下几方面着手：降低机构的复杂程度，减少调整机构的数量，尽量采用低副机构，保证工作表面具有良好润滑状态等。

3) 尽量采用能满足自动操纵和连锁保护的电气设备控制系统，同时还必须设置必要的检测系统，实现故障自动诊断、自动排除、自动报警和自动保护等功能，减少停机时间和次数。此外，尽量选择灵敏度可靠而且经久耐用的电气元件，如无触点开关和固体电路等，对改善电气设备的使用性能有着重要作用。

4) 应尽量采用方便维修的液压、气动系统。为此，在液压、气动系统中，将控制阀等元件集中布置和采用易换组合式阀件是十分必要的。

5) 必须加强对自动机或自动线中各种设备计划检修和维护保养工作；必须使生产组织和管理工作适应自动化生产的要求，消除组织管理工作上的不良影响，以避免额外地延长自动机或自动线的停机时间。

## 1.4　自动机与自动线的发展趋势

目前，国内外自动机与自动线的主要发展趋势呈现出了以下特点。

### 1. 高速化

提高自动机与自动线速度是提高劳动生产率的主要途径。据报道，在国外，卷烟机达到4000支/min，糖果包装机达1200粒/min，工业缝纫机达7500r/min，而我国现有水平分

别为 1000 支/min、300m/min、500 粒/min 和 3000r/min。由此可见，高速化是提高单机生产率的主要途径之一。

2. 综合自动化

生产过程自动化是现代生产的重要标志。在自动化机械中，采用机、电、液、气相结合的综合自动化，可使自动化轻工机械的结构进一步简化。另外，采用电子自控技术，使其不仅能自动的完成加工工艺操作和辅助操作，而且能自动检测、自动判断记忆、自动发现和排除故障、自动分选和剔除废品，可大大提高自动机械的自动化程度。

近年来包装工业得到了较大的发展，逐渐发展成为独立的工业部门。而现代包装进一步的自动化不只是单纯包装操作，已发展成为包括包装容器的制作、包装物品的计量、包装材料商标图案的印刷、包装产品的检测以及执行包装操作的多种工艺任务的综合自动化。

3. 广泛采用"工业机械手"和"工业机器人"

"工业机械手"包括通用型和专用型两种。通用型机械手能改变工作程序以适应产品的改变。当前国外"工业机械手"已发展到利用微型计算机进行控制，使机械手具有所谓"视觉"和"触觉"等功能。已经有工业机器人应用在轻工自动机与自动线上。

4. 采用生产自动线

用传送装置和控制装置把几台单机有机地联接在一起，组成生产自动线，也是当前发展的一个重要趋势。这可以进一步提高劳动生产率，降低成本，改善劳动条件。

## 本 章 小 结

1. 与其他产业部门的机械设备相比，轻工自动机与自动线具有品种多、生产率高、自动化程度高等优点，但结构和动作复杂，振动问题突出。

2. 自动机由驱动系统、传动系统、控制系统、执行机构组成，自动生产线由基本设备(自动生产机、其他自动机及工艺设备)、运输贮存装置(输送装置、分流合流及转向装置、贮存装置、机械手)，控制系统(全线工作循环控制装置、信号及检测系统)组成。

3. 自动生产线的设备选型，设备选型的基本原则，设备选型应考虑的因素，设备选型步骤。

4. 从产品的质量、生产率、成本、劳动条件和环境保护等方面考虑确定先进、可靠、结构简单、原理先进、成本低廉的工艺方案。

5. 通过对自动机、自动线生产率的分析，找到提高自动机与自动线生产率的途径，尽可能提高自动机与自动线的生产率。

# 第 2 章　自动机与自动线常用装置

**学习目标**　了解自动机与自动线的常用装置(供料装置、定量装置、传送装置和定位装置)的分类,并掌握其结构和工作原理。其中,重点掌握液料供料装置的定量方法,件料供料机构的定向原理,卷料供料装置的校直机构和送料机构,板片料供料装置的工作原理和调整方法;掌握传送装置的作用和工艺操作;了解定位机构的应用。

工业产品生产常常是成批大量的。在生产过程中要把工件按一定的节拍和方位送到工作位置,经过加工、装配或包装后再取下。为了提高生产率,保证加工质量,许多工序需要采用自动上、下料装置来完成。

虽然这些机械设备的结构和原理不尽相同,但它们之间有许多共同之处,有些共同的常用装置。本章将对这些共同的、通用的供料装置、定量装置、传送装置和定位机构等做简要介绍。

供料装置是用来实现坯料定向、并适时把坯料送到加工位置上去的自动执行机构。供料装置是自动机、自动生产线和自动化工厂必不可少的基本装置之一。

由于坯料的多样性,供料装置的种类也很庞杂。一般可按照坯料的几何形状和物理力学性能分类,把供料装置分成五类,即卷料供料装置、板片料供料装置、件料(单件物品)供料装置、液体料供料装置及粉粒料供料装置。液体料和粉粒料的流动性能好,它们的供料主要是解决定量问题,这部分内容将在"定量装置"一节中论述。

## 2.1　卷料供料装置

卷料按其形状分为两类:一类是细长的金属丝;另一类是带状的金属皮、纸张及塑料薄膜等。

卷料在轻工业生产中用得很多,如金属细棒在钟表厂、缝纫机针厂、圆珠笔厂中,被自动切削机床加工成钟表零件、螺钉、缝针、圆珠笔头等;金属薄片带料被自动冲床加工成各种罐、盖等;在包装自动机械中,应用塑料薄膜等包装材料对产品进行包装。

图 2-1 所示为一种简单结构的卷料供料装置工作原理图。卷料支承 1 一方面支承卷料,另一方面为卷料的舒展提供一定的张力,防止卷料在送料装置 3 的牵引下作惯性运动而使卷带失去张力。导辊组 2 起舒展校正引导卷带的作用。导板 5 引导松展的带材到达转盘切刀 4,以避免在外界干扰下,松展的带材摆动而裁切不整齐。

由此可知,卷料供料装置一般由支承张紧装置、校直装置、送料装置和裁切装置等组成,下面分别介绍这些常用装置。

## 2.1.1 卷料的支承和张紧装置

卷料的支承、张紧装置亦称退卷架。它要求便于安放卷料盘,且卷盘的轴向放置位置可调;卷盘架转动要灵活,并为料卷的松展提供一定的牵引张力,以防松展的料带时紧时松而在输送过程中摆动与跑偏。因此,该装置一般由支座、卷盘心轴、套筒、卷盘挡盘、卷盘轴向调节器、制动张紧装置等组成。

图 2-2 为卷料支承、张紧装置结构简图。支座 8 上固定着心轴 1,套筒 2 套装在心轴 1 上,并能在心轴上自由转动。

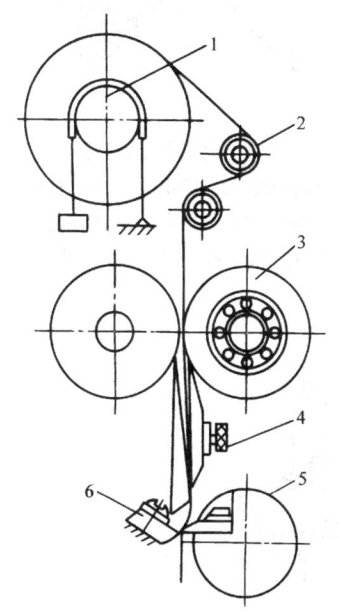
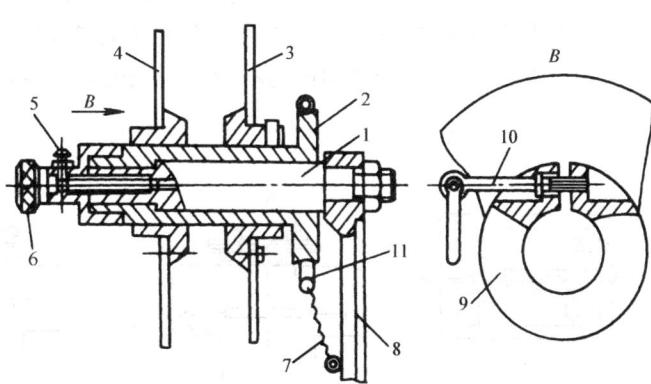

图 2-1 卷料供料装置工作原理
1—卷料支承 2—导辊组
3—送料装置 4—转盘切刀
5—导板 6—固定切刀

图 2-2 卷料支承张紧装置结构简图
1—心轴 2—套筒 3—固定盘 4—装卸盘 5—锁止螺钉
6—调节螺栓 7—弹簧 8—支座 9—内套
10—松紧螺钉 11—闸带

套筒上装有支承卷料盘的装卸盘 4 和固定盘 3,装卸盘做成易于装拆和固定,以便能快速更换料盘。其方法是在装卸盘 4 的内套 9 上开一条缝(见 B 向视图),用可以摆动的手柄转动松紧螺钉 10 使内套能在套筒 2 上很快地松开或夹紧。利用心轴 1 外端的调节螺栓 6,可以调整料盘在心轴 1 上的位置。锁止螺钉 5 的端头松嵌在调节螺栓的圆周槽中,它与套筒一起转动,使套筒不会轴向窜动。套筒 2 右端的带槽圆盘作为制动盘,其上面绕以闸带 11,由拉紧弹簧 7 牵拉而引起制动阻力,使供料保持一定的张力。

图 2-3 是自动张紧装置。当引送卷带时,靠拉力把制动带 5 松开,减少了卷带的张紧力,当引送停止时,制动带在拉簧作用下使卷带制动,从而防止卷带的松动。

## 2.1.2 卷料校直装置

为了保证加工质量和送料畅通,需将卷料校直,其工作原理是利用"过正"方法,即使卷料在交错排列的销子或滚轮(导辊)间拉过时,弯曲部分受到压力产生相反方向变形而被校直。同时,这些交错排列的销子或滚轮还起着对卷料进行导引和转向的作用。

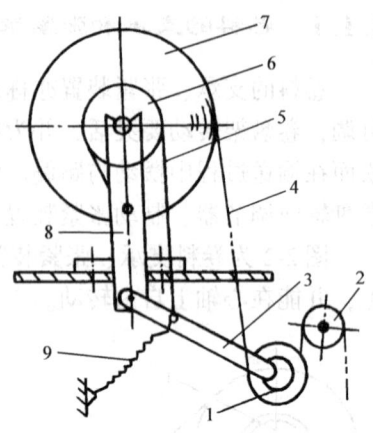

图 2-3 自动张紧装置
1—万向导辊 2—固定导辊 3—摆杆
4—卷带 5—制动带 6—制动盘
7—卷料盘 8—支座 9—拉簧

1. 梳形板校直机构

图 2-4a 是梳形板校直机构。梳形板由夹布胶木或塑料制成,其中一块固定,一块活动,靠弹簧力压住卷料,调整弹簧力就可以改变其校直力,适用于直径为 1mm 以下的细丝料的校直。图 2-5 是接导丝机校直与送料机构的例子。由图 2-5b 及 B—B 剖视图可知,固定梳形板 6 固定不动,拉簧 4 使活动梳形板 3 移动,将线料压紧在两梳形板之间。

2. 固定销校直机构

图 2-4b 是固定销校直机构。它结构简单,制造方便,但其弯曲程度不能调节,为了防止卷料表面擦伤,销子可用尼龙、牛角等材料制作。这种校直机构适合于细丝料。

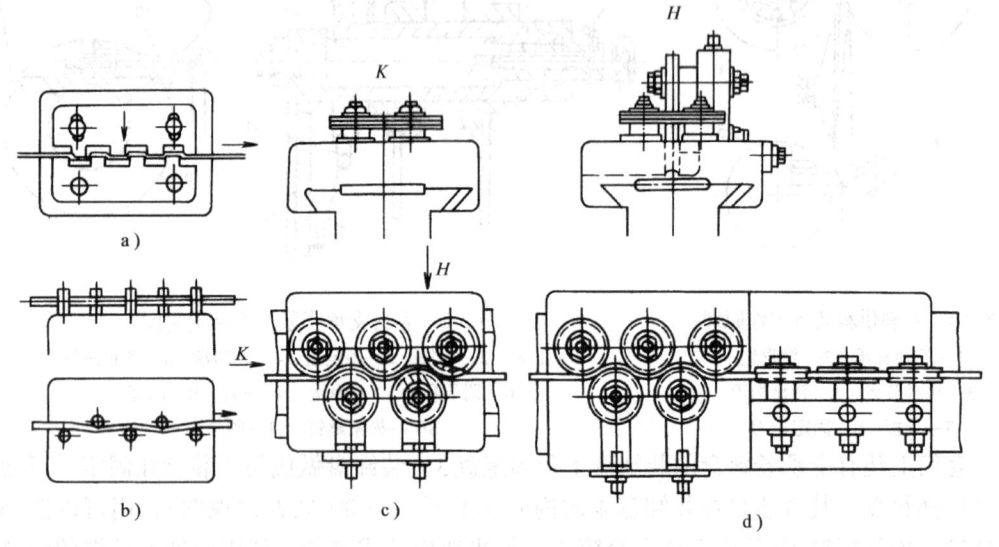

图 2-4 卷料校直装置

3. 滚轮式校直机构

图 2-4c 是滚轮式校直机构。滚轮的摩擦力比梳形板和销式的校直机构小,可以校直较粗或较厚的卷料。滚轮的形状应与被校直卷料的截面形状相适应。在纸、塑料薄膜等柔性卷料供料装置中,这些交错排列的滚轮(如图 2-1 中的导辊组 2)起着对卷料带导引、校正与转向的作用。

图 2-4d 是双排滚轮式校直机构。双排滚轮分别安装在互相垂直的两个平面上,使卷料在两个方向上同时得到校直,其校直精度比单排滚轮式的高。

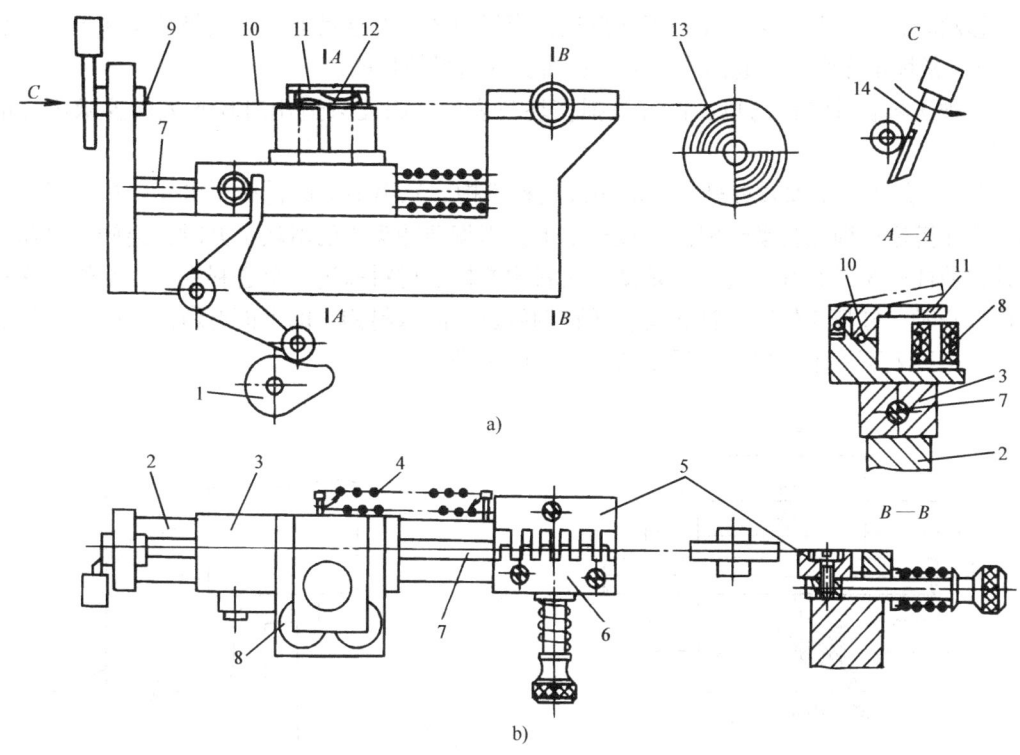

图 2-5 接导丝机校直与送料机构

1—送进凸轮 2—下导轨 3—送料溜板 4—拉簧 5—活动梳形板 6—固定梳形板 7—圆导轨
8—电磁吸铁 9—模孔 10—线材 11—压板 12—弹簧片 13—料盘 14—切断刀

为了进一步提高校直质量,可采用旋转式校直机构,如图2-6a所示。卷料2通过几个不同心的高速旋转(1000~3000r/min)的硬质合金模孔1时,受到几个方向的校直作用。它适用于较粗(0.8~3mm)的硬丝料。

图2-6b是校直模结构图。其模孔中心偏移量可用校直模两端螺钉1、3进行调整,然后用校直模导槽内的螺钉2加以紧固。

### 2.1.3 卷料送料装置

常用的卷料送料装置有杠杆式、钢珠式和滚轮式等三种。

1. 杠杆式送料装置

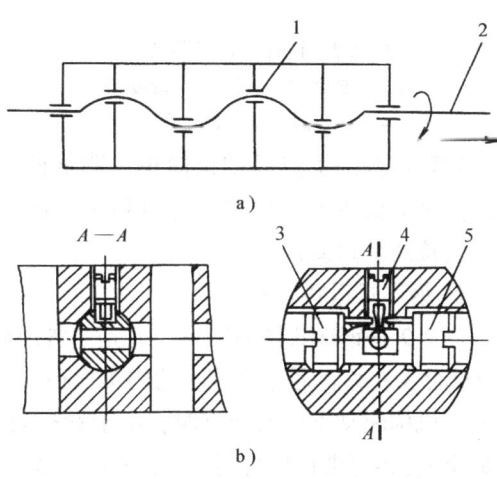

图 2-6 旋转式校直机构示意图

1—模孔 2—卷料 3,4,5—螺钉

如图2-7所示,卷料夹紧的机构在滑板3上,夹紧卷料的动作是由滑板上部可调整的上夹紧块5和杠杆2上端的下夹紧块4来实现。弹簧片1所产生的夹紧力顶住杠杆2,使下夹紧块4向上顶紧。卷料前进和退回是由凸轮或其他机构推动滑板来实现的。当滑板3

向左移动时，下夹紧块 4 在坯料表面滑过；当滑板 3 向右移动时，坯料被夹持在上夹紧块 5 和下夹紧块 4 之间，一起向右移动，从而实现送料的目的。

这种送料装置结构简单，但容易损伤坯料表面，因此只适用对坯料表面要求不高的工件。

图 2-8 是由滑块通过杠杆带动的钩式送料机构。先用手工送料冲压出几个孔，当送料钩 6 钩住搭边后即能自动送料。其过程如下：当带动冲头 3 的滑块上升时，连杆 4 也随之上升，使杠杆 5 逆时针转过一个角度，送料钩便拉动材料前进一个进料距。当滑块下降作工作行程时，杠杆 5 作顺时针转动，送料钩后退。因送料钩 6 的下面有斜面或圆角，故能滑过搭边进入下一个孔内。以后不断按上述顺序进行。

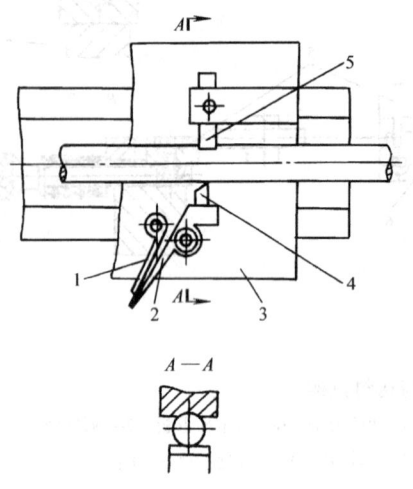

图 2-7　杠杆式送料装置
1—弹簧片　2—杠杆　3—滑板
4—下夹紧块　5—上夹紧块

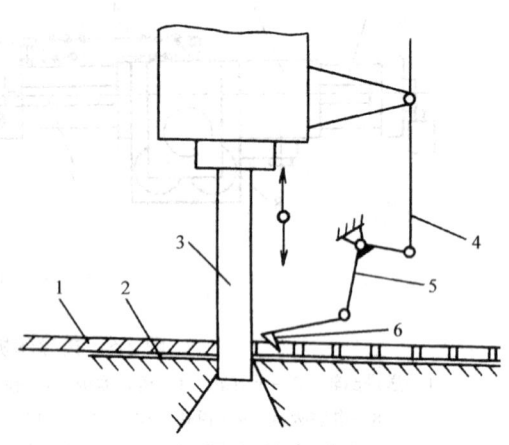

图 2-8　钩式送料机构
1—坯料　2—下模　3—冲头
4—连杆　5—杠杆　6—送料钩

这种机构的优点是结构简单，造价低，能在转速小于 200r/min 的冲压机械上使用。其缺点是需要较大的搭边，材料利用率比一般低 4%～6%，对太薄和过重的料不适用，否则会拉断搭边或钩子。

2. 钢珠式送料装置

图 2-9 是钢珠式送料装置，它是一种凸轮杠杆与滚珠夹头组合的夹紧送料机构。弹簧 2 使锥套 3 左移，通过座体 1 的内锥面迫使滚珠 4 趋向轴心线而夹持卷料。当座体 1 在凸轮杠杆机构驱动下向右送进时，由于卷料受到左边的制动力作用（该制动力可源于卷料自重的牵制，亦可来自校直器），滚珠和锥套有向左移的趋势，从而使滚珠将卷料夹得更紧，并且克服了左边的制动力而夹着卷料向右送进。当座体向左返回时，卷料已被右边的停料器夹住，锥套和滚珠便相对于座体向右移动而松开卷料。

这种机构结构简单、紧凑、夹紧力大，适用于线状卷料的送料。此机构的钢珠直径与坯料直径有关，一般卷料直径为 1～1.5mm，钢珠直径为 2～3mm；锥套的半锥角应大于摩擦角，使返回时能自动放松，一般 $\alpha = 10° \sim 17°$。

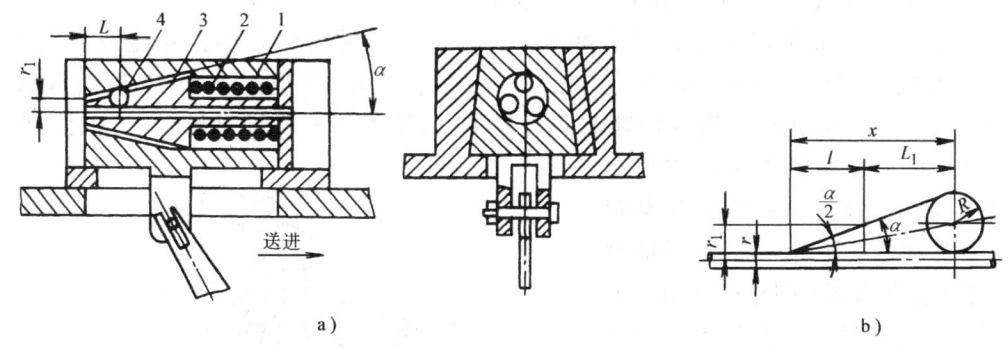

图 2-9 钢珠式送料装置
1—座体 2—弹簧 3—锥套 4—滚珠

3. 滚轮式送料装置

这类送料装置是靠滚轮与坯料之间的摩擦力进行送料的,其优点是滚轮与坯料之间的接触面积较大,不会压伤材料,故在金属丝、金属带及纸张、塑料薄膜等卷料的供料装置中得到非常广泛的应用。

送料滚轮既可间歇回转,又可连续回转,从而实现间歇送料或连续送料,滚轮的形状应与被送卷料的截面形状相适应,滚轮的材料要根据被送卷料的材料来确定,一般为钢材、橡胶等。

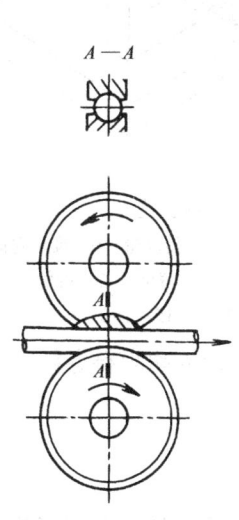

图 2-10 单滚轮式
送料装置

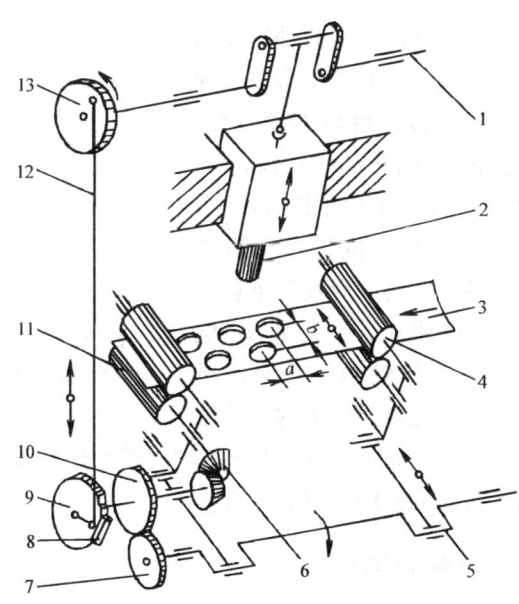

图 2-11 双滚轮式送料装置
1—曲轴 2—冲头 3—坯料 4,11—滚轮 5—曲轴
6—锥齿轮 7,10—齿轮 8—棘爪
9—棘轮 12—连杆 13—轮

图 2-10 为单滚轮式送料装置示意图，滚轮轴作间歇回转进行送料。

图 2-11 为双滚轮式送料装置示意图，它适用于薄带料或条料，并能兼起校直作用，当曲轴转动时，冲头 2 向下冲出第一个孔后，由轮 13 通过连杆 12 带动棘爪 8，使棘轮 9 转过一定角度，则棘轮轴上的齿轮 10 与锥齿轮 6 作同轴转动。这时，两对滚轮 11 和 4 使坯料 3 沿纵向移动一段距离 $a$，而另一方面由齿轮 10、7 带动偏心距为 $e=b/2$ 的曲轴 5，使安装在滑板（图中未表示）上的滚轮，连同材料横向移动一个距离 $b$，然后冲头再向下冲出第二个孔。以后就按 3，4，5，…的顺序在坯料上连续自动地冲孔。

若使出料滚轮的线速度比进料滚轮的高 2%~3%，则可使坯料具有一定张力不会弯曲，从而实现对坯料的校直作用，并且提高了送料的精度。

图 2-12 是在冲压设备上利用滚轮式送料装置自动送料的例子。该装置是由曲轴 1 驱动的。当曲轴转动而滑块向上运动时，通过偏心轮 3、连杆 8、棘爪 11，拨动棘轮 12 转过一个角度。棘轮 12 的转动带动齿轮 13 和 10，使一对送料辊 14 同时转一个角度，从而把卷料 7 推进一个进料距。当曲轴继续转动，滑块向下运动时，棘爪 11 返回动作，棘轮不动，冲头向下冲压。棘轮的运动是间歇的，送料辊的转动也是间歇的。曲轴

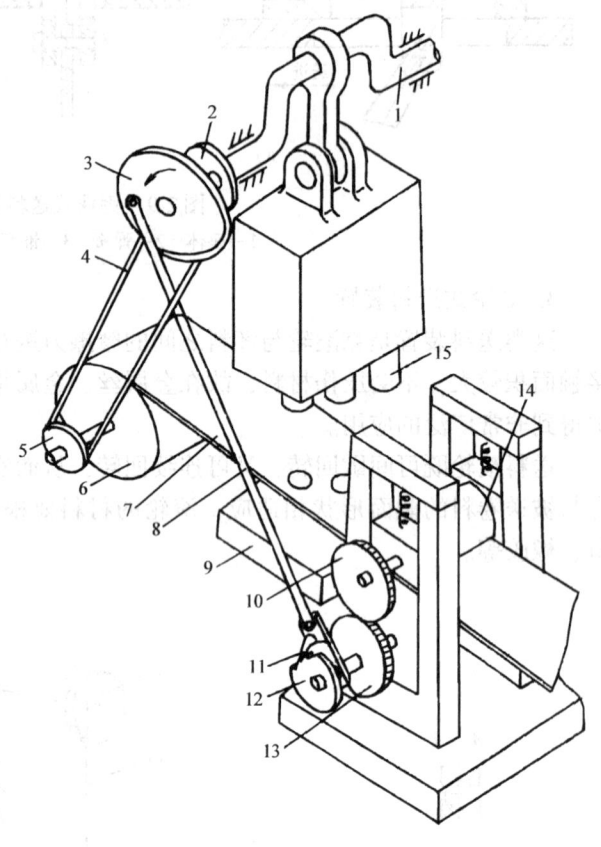

图 2-12　滚轮式送料装置
1—曲轴　2，5—带轮　3—偏心轮　4—传动带　6—废料卷筒
7—卷料　8—连杆　9—冲模　11—棘爪　12—棘轮
10，13—齿轮　14—送料辊　15—冲头

上还装有带轮 2，通过传动带 4 把曲轴的转动传到带轮 5 上，带轮 5 带动废料卷筒 6 一起转动，把废料卷成卷便于以后处理。

### 2.1.4　卷料裁切装置

裁切装置用于将输送中的卷料按要求进行切断，通常采用机械式裁切和热熔断裁切两种方法。机械式裁切适用于金属丝、金属带、纸张及塑料薄膜等，热熔断裁切适用于塑料薄膜及复合材料薄膜等。热熔断裁切多与热封装置组合一起使用。机械式裁切装置按其结构特点可分为飞刀切和滚刀切两种。飞刀裁切装置由飞刀和底刀两部分组成，底刀固定不动，飞刀刃与底刀刃处在同一剪切平面上。飞刀与底刀间可配置成剪切形式，此时，飞刀

可作反复摆动或转动，因卷料不停地前进，易使切口不整齐；飞刀与底刀亦可配置成齐切形式，此种情况下，飞刀应作往复平动，切口可保证齐整。图2-13所示为剪切式飞刀裁切装置示意图。

若将飞刀安装在圆柱体上，使飞刀刃口与圆柱体轴线平行，使圆柱体绕轴线回转，则可与底刀一起组成齐切形式的裁切装置，此时安装在圆柱体上的飞刀称为滚刀。

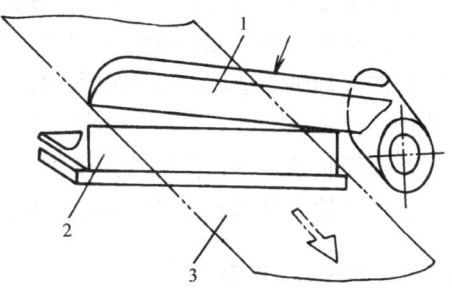

图2-13　剪切式飞刀裁切装置
1—飞刀　2—底刀　3—卷料

## 2.2　板片料供料装置

金属薄片、单张包装纸以及纸板等的供料机构均属于板片料供料机构的范畴。这类物料的定向，通常由人工进行，即把板片料成叠地放入储料库中，供料机构只需保证每次从库中取出一定数量（一般是一件）的板片料，并将其送到加工工位上。

在轻工业生产中，主要有如下四种板片料的供料机构。

### 2.2.1　摩擦滚轮式供料装置

这种类型的供料装置，是利用滚轮与板片（大多用在供纸上）之间的摩擦力大于板片之间的摩擦力，从而把与滚轮接触的单张板片料从储料库中分离出来。其主要用于小型块状产品的裹包机和贴标机上。

图2-14为香烟、糖果、香皂等包装机中常用的供纸装置。其工作原理为：等速回转的拨纸辊11在顶纸针9的配合下，将底层的纸片逐张拨出，进入输送辊2，再被导向板3引入台面下方的接纸钩6，成竖立状态，等候水平方向输送过来的块状物品，以完成"匚"形的折叠及后续的裹包作业。

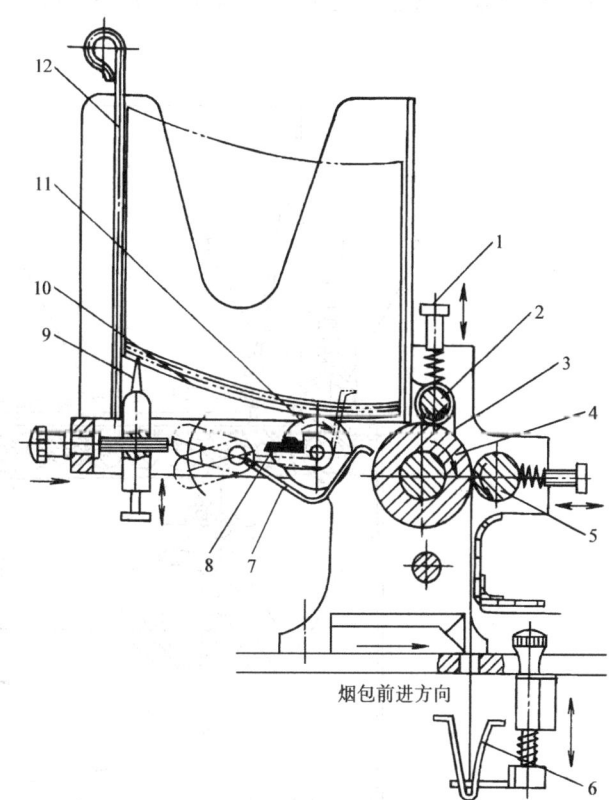

图2-14　摩擦滚轮式供纸装置
1—压纸调节螺钉　2,4—输送辊　3—导向板　5—横压纸辊
6—接纸钩　7—提纸杆　8—拨纸块　9—顶纸针
10—纸片　11—拨纸辊　12—挡板

当发生故障需要停止供送时，由提纸杆7将纸料垛抬起，使之与拨纸辊11上的弹性拨片脱离接触。由于此装置供送的纸片不可避免要被顶纸针9拉破边缘，故对强调表面效果完好的商标纸不适用，对质地太软，粘附力较大的纸片也不适用。在包装机的物料供送系统中，设置检测装置。当物料缺供时，检测装置发出信号，使提纸杆举起包装纸叠，使它脱离拨纸辊的承托，拨纸块拨不到纸片，从而实现停止供送。

摩擦滚轮式供料装置结构简单，应用较为广泛，但可靠性差，有时一次供上几张片。

### 2.2.2 推板式供料装置

对厚实而挺括，幅面较大的板片料，可用图2-15所示的推板式供料装置。其工作原理为：板片料呈微微前倾状态放于料仓中，由摆钩4提起板片料的前部，以减轻最下层板片料承受的物料总重量。位于机体下部的主动偏心销盘6带动摇杆7绕轴心摆动，摇杆7上端的推板1可作水平往复运动。板片料的后边缘被推板1扣住后被送到两个输送辊5之间，继而又被送到下一个作业区。这种供料装置用于较厚及较硬的板片料供料中，如箱扣装配自动机械中箱扣大小片的送料、冲压板片料的送料、包装纸壳的送料以及书芯的送料等，均可采用这种方法。其优点是结构简单，但可靠性不高。

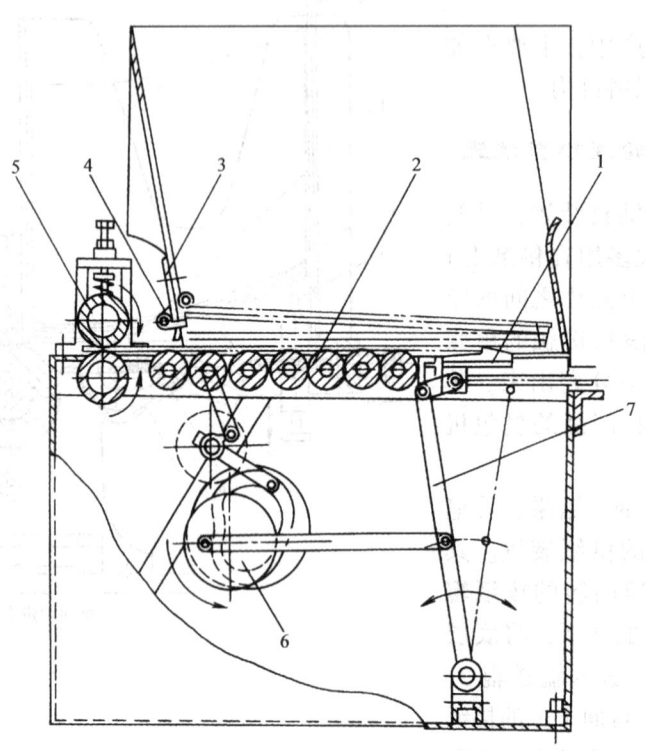

图2-15 推板式供料装置
1—推板 2—支撑滚筒 3—闸门 4—摆钩
5—输送辊 6—主动偏心销盘 7—摇杆

## 2.2.3 真空吸料式供料装置

真空吸料式供料装置广泛用于轻工业各种板片料的供料中,它既可吸送较厚板料(如钢板、硬纸板等),也可以吸送薄片料(如纸片、薄膜、刀片等)。对于厚料要用真空泵抽真空解决吸力;对于轻的薄片料,则可采用橡胶吸头紧压在薄片料上的办法进行吸取。前者要求真空度在80%左右;后者也要达35%。

图2-16是冲压自动机械中的片料供料装置。片料1放于料仓2中,橡胶吸头3被安置在支架4上,当支架作上下运动时真空吸头从料仓中压紧并吸取一张片料;当支架作左右运动时,片料被过桥滚轮5取走并送往加工工位。

图2-17为自动包装机中的纸页片供料装置原理图。纸页库1中的包装纸页2由真空吸嘴3吸送到对滚引纸辊4、5之间,经导板7引送到对滚引纸辊8、9之间再送到要求的工位上。吸纸时,真空吸嘴接通真空系统,同时由机械驱动吸嘴摆动到引纸辊4的环形槽中,从而使所吸持的一片纸页从纸库出来一部分,引纸辊5向下摆动压住纸页前头部分,并将该张纸页向前引送,此时,真空吸嘴与真空系统断开,并返向回摆到纸页库底部,准备再次吸纸。

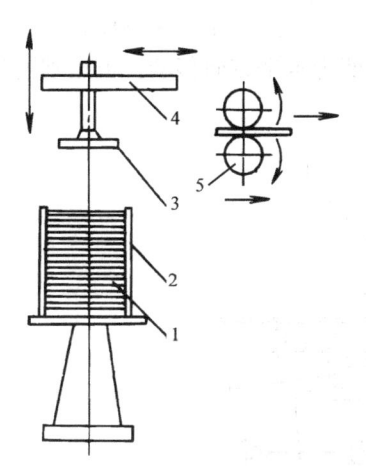
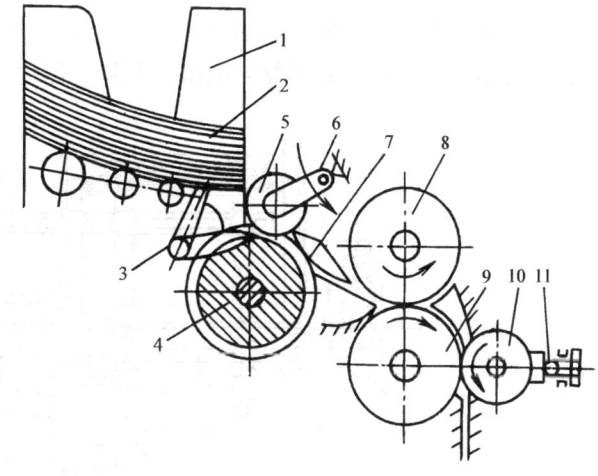

图2-16 橡胶吸头供料装置  
1—片料 2—料仓 3—橡胶吸头  
4—支架 5—过桥滚轮

图2-17 纸页片供料装置原理图  
1—纸页库 2—纸页 3—真空吸嘴 4,5,8,9—引纸辊  
6—摆杆 7—导板 10—侧压辊 11—调压螺旋

当引纸辊4、5将纸页片从纸页库引出绝大部分后,引纸辊5向上摆动,以备接受真空吸嘴再次吸送来的纸页片。这种装置保证了纸页片的完整性,但需配置真空系统,结构比较复杂。

根据吸料方向不同又可分为上部吸出、下部吸出和侧向吸出式。

图2-18所示为用于大型纸板供送的上部吸出式装置结构。其工作原理为:纸板叠放于料库的升降托板1上,为保持纸面平整便于吸出其顶部由多列平行滚筒6限位。作业时随着纸板从上部不断被吸出,叠层高度减少,但在配重砣7的作用下,料库托板可沿边框

导槽逐渐上升,其顶面纸板仍可保持与滚筒正常接触。当叠层纸板将要用完时,托板会撞上微动开关2而自动停机。

支承重砣的弧形滑轨的作用是使重砣的牵引力与托板的负载不断变化相适应。真空转鼓5需作吸纸和送纸动作循环,故作变速转动(由齿轮连杆机构控制),空气喷嘴3从侧面吹风,以减轻纸片间的吸附力和摩擦力。当真空转鼓突然停转时,整个料库在底部偏心轮8作用下正好升到最高位置,使转鼓能吸住顶层一张纸板,接着转鼓开始转动,把纸板抽拉出去,经输送辊4送出。

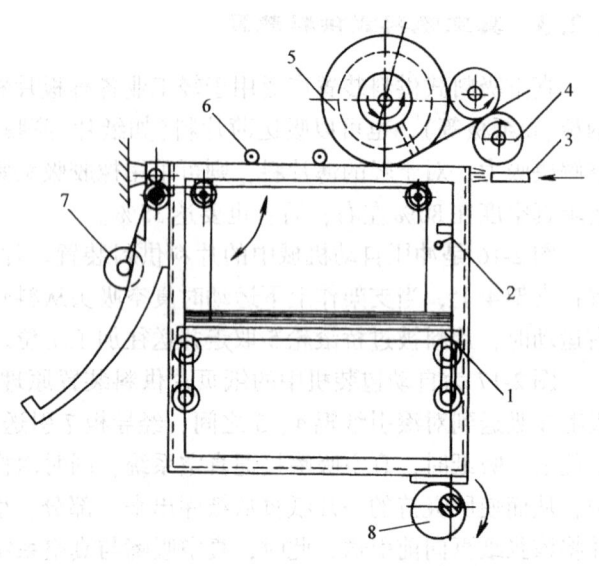

图2-18 上部吸出式大型纸片供送装置
1—升降托板 2—微动开关 3—空气喷嘴 4—输送辊
5—真空转鼓 6—限位滚筒 7—重砣 8—偏心轮

图2-19为一用于马口铁片供送的下部吸出式装置结构。其工作原理为:装于料库下方的铁片被吸盘4吸出,下降一定距离即变为水平方向移动,被送到输送

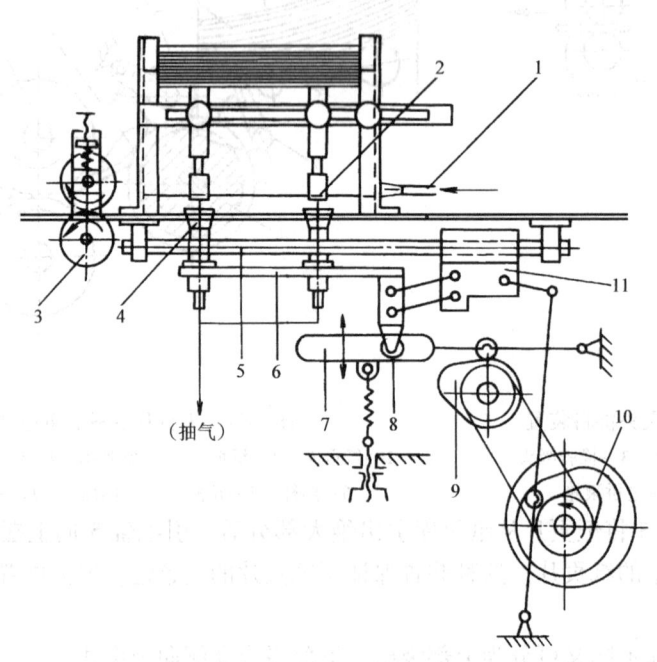

图2-19 下部吸出式马口铁片供送装置
1—空气喷嘴 2—卡头 3—输送辊 4—吸盘 5—导柱
6—吸盘安装板 7—滑槽 8—滚轮 9—凸轮
10—凸轮摇杆机构 11—水平滑块

辊 3 的工作区间。由凸轮摇杆机构 10 带动水平滑块 11 在导柱 5 上运动，此水平滑块可带动与其连接的吸盘安装板 6 左右移动，实现两个吸盘 4 的进退。滑槽 7 在凸轮 9 的驱动下可作摆动，它再带动滚轮 8，实现两个吸盘的上升下降微运动。

喷嘴 1 对铁皮的侧向吹气可减少两层铁皮间粘附力和摩擦力，有助于吸盘 4 顺利吸料。由卡头 2 支承住料库下方铁皮堆层的重量，送料过程中卡头 2 又自动调节物料底面的悬空高度。

图 2-20 所示为用于烟盒封签纸片供送的侧向吸出式装置结构。其工作原理为：当烟盒沿水平方向被送至翻转工位时，正好进入翻包叶轮片 10 之上，并绕叶轮轴逆时针向上运动，借固定弧形折纸板 9 折叠烟盒内衬纸的一边，在固定导向板 11 的限制下叶轮 10 迫使烟盒成竖直姿态，进入上位水平输送板。

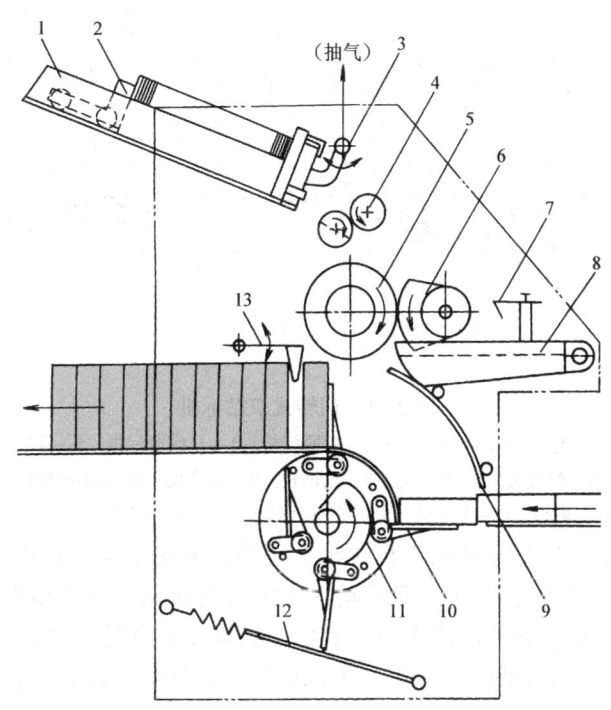

图 2-20　侧向吸出式烟包封签供送装置
1—封签存槽　2—压砣　3—摆动式吸嘴　4—输送辊　5—真空转鼓
6—上胶凸轮　7—刮胶板　8—胶水槽　9—折纸板　10—翻包叶轮片
11—固定导向板　12—缓冲杆　13—摆动式折角爪

此时，摆动式吸嘴 3 从料槽 1 内吸取一张封签纸，转动一定角度后正好送到一对输送辊 4 之间，进而被真空转鼓 5 吸住，转鼓转动的同时封签背面被上胶凸轮 6 涂上粘胶，转到烟盒上方时，转鼓充气，封签纸就被粘到烟盒封口处。随后，在摆动式折角爪 13 的作用下，完成烟盒上封签纸的向下折角并贴紧于侧面(前一包封签纸后折角和后一包封签纸的前折角同步完成)。

此装置中成叠纸片可存放于倾斜的存料滑槽中，既增加了存料槽的有效长度和延长了添料加纸周期,又可只用较小的吸力取料。

### 2.2.4 胶粘取料式

这种形式的机构是通过对工件或对纸张涂胶,在工件和纸张相接触时,靠胶水的粘力,从纸库中取走面上的一张纸。

图 2-21 为回转式双贴标机示意图。

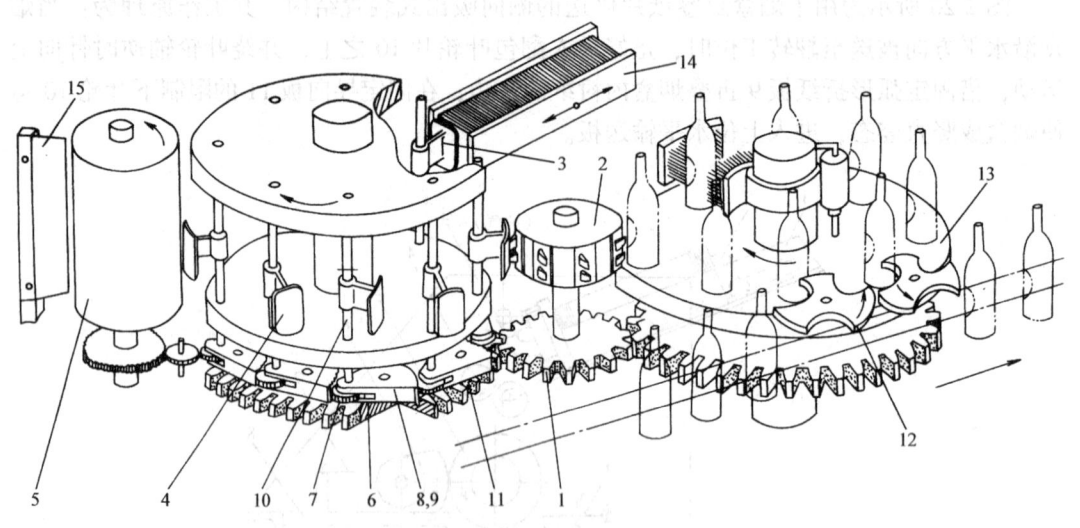

图 2-21 回转式双贴标机
1—齿轮 2—真空转鼓 3—颈标取标板 4—身标取标板 5—涂胶辊
6—凸轮底 7—小齿轮 8—扇面板 9—扇底板 10—小齿轮轴
11—大齿轮 12—星形轮 13—贴标回转台 14—标签盒门 15—刮胶板

链轮带动转鼓轴,使真空转鼓 2 和齿轮 1 转动,齿轮 1 又带动齿轮 11 旋转,从而使装在其上的小齿轮 7 随大齿轮 11 一起转动,小齿轮的运动又带动扇形板齿轮上的滚轮沿凸轮底盘 6 作曲线运动,致使扇形齿轮上的扇面板 8 和扇底板 9 除了随大齿轮 11 运动外,自身还有一个摆动(由凸轮曲线控制),而小齿轮 7 又和另一扇形齿轮的扇面板 8 和扇底板 9 相啮合。因此凸轮曲线通过扇形齿轮带动小齿轮作摆动,使小齿轮轴 10 作摆动。当轴 10 上的身标取标板 4 和颈标取标板 3 转到涂胶辊 5 位置时,取标板上胶,回转至标签盒位置时,取标板即可粘取颈标和身标,转到转鼓位置时商标纸经转鼓上的夹吸装置贴紧于转鼓表面,此时涂胶水面朝外,当转鼓上标纸与贴标回转台 13 上的酒瓶相接触时,标签即被转贴于酒瓶上,再经毛刷拭平后输出。灌装后的酒瓶经过此贴标机构完成贴标工序后即可装箱出厂。

## 2.3 件料供料装置

件料供料是指单件物品的供料。在加工、装配、包装等轻工业生产机械中所涉及到的单件物品是很多的,如链条的链套、链片、销轴,灯泡的灯壳、喇叭管、玻璃杆、排气管、导线和灯丝,灌装制品的盒、盖、瓶、塞以及火柴、铅笔、糖果、钮扣、钟表元件等。这类机械的工艺加工部分已由机器自动完成,而上料部分的自动化,有的至今难于实现,其原因之一是单件物品的定向问题难以解决。

根据单件物品的轮廓大小和构成形状,有些可以自动定向,有些必须用人工排列成一定方向和位置放到储料仓里。因此,件料供料装置可分成料仓式半自动供料装置和料斗式自动供料装置两种形式。下面将分述这两种形式的工作原理和结构组成。

### 2.3.1 料仓式半自动供料装置

物料由人工预先将其定向排列放入料仓中,然后按一定的节拍自动地将物料送到加工位置的称为料仓式送料装置。如图 2-22 所示,单件物品由操作者按一定方位装入料仓 1 中,当送料器 5 退到右边极限位置时,隔料器 2 被送料器 5 上的销钉 4 带动作逆时针旋转,使隔料器上部的一个物料落到送料器 5 的容纳槽中。送料时,送料器 5 向左移动,将物料送到待加工的工位,这时隔料器 2 和销钉 4 脱开,在弹簧 3 作用下,隔料器作顺时针旋转,挡住料仓中最下面的一个物料,使该物料同送料器隔离开。由此可以看出,料仓式供料装置主要由三部分组成:料仓、送料器、隔料器。下面介绍这三部分的结构。

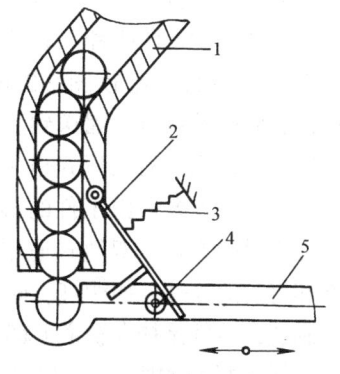

图 2-22 料仓式供料装置示意图
1—料仓 2—隔料器 3—弹簧
4—销钉 5—送料器

料仓式送料装置多用于物料外形较复杂,尺寸或重量较大,经不起碰撞或难于自动定向的场合。

1. 料仓

料仓在料仓式供料装置中起储料和送料两方面的作用,其主要形式有管式、槽式和斗式三种。管式和槽式的储量较小,斗式的储量较大,选用时可根据物品的形状、尺寸大小和加工时的要求来决定。

(1) 管式料仓 管式料仓有柔性和刚性之分。柔性料管是用弹簧钢丝绕成,可以弯曲变形,用于联接有相对运动的部件。它适于储存和运送小球、柱、轴类工件,不宜用于片、盖类扁形工件。刚性料管用钢管制成,适用于球、柱、轴、套、盖、环、片等类工件。

管式料仓是一种简单而方便的形式,它占的空间小且靠物品的自重送料,所以安装时可不受地点的限制而设置在任何地方。对于加工周期较长的物品,可采用直立式管;对于要求储量大,加工工位与加料地点相距较远的,或者加料点同工位不在同一平面的,可采用弯管形式。

在设计或选用管子时,应使料管内径大于工件外径 1/10~1/50,弯曲管道的最小曲率半径要保证不卡住工件。另外,直径较大的管式料仓,可在管壁开有观察槽,以观察工件下落的情况,及时排除卡住、挤塞等故障。

(2) 槽式料仓 当物品不是简单的球形或圆柱形时,用管式料仓就不能满足使用的要求,而需要用各种截面的槽式料仓来送料。

图 2-23 为常用的槽式料仓结构形式。图 2-23a 为矩形料仓,适用于杆形或圆盘形物

料，如销子、活塞、套筒、圆环等。左边为闭式，其上面有边包着，用于料仓垂直的或倾斜角大于 10°～15° 的场合；右边一种是开式的，其上面没有包围物品的包边，适用于倾角不大的场合。物品在矩形料仓中移动的方式是滚动。图 2-23b 是两种槽形的料仓，用于输送有肩的零件，如铆钉、螺钉、推杆等。左边是闭式的，工件倾斜，一端由肩部支持在前壁上移动，另一端尾部支持在后壁上移动。右边一种是开式的，工件仅支持在肩部移动，因肩部前后的两面都和槽壁接触，适用于肩部前后两面都光洁的工件。槽形料仓通常是垂直安装的。图 2-23c 是两种双轨式料仓，它则用于有肩零件。比较图 2-23b 和图 2-23c 可知，同样的螺钉，因送到工位上的方位不同，所选用的料仓形式也不同，因此在选型时，不仅要考虑工件的形状，还要考虑加工时的方位。双轨式适用于较大的零

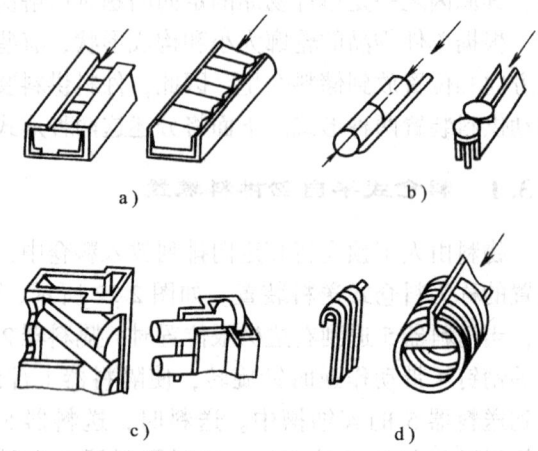

图 2-23 常用的槽式料仓
a) 矩形料仓 b) 槽形料仓
c) 双轨式料仓 d) 单轨式料仓

件和有肩的零件，如铆钉、推杆、螺钉等。图 2-23d 是两种单轨式料仓，它由不同截面的型钢制造，零件是挂在轨道上移动的。只要选择恰当，可使结构大为简化。

槽式料仓的倾角 $\alpha$ 是指料仓同地面之间的夹角。对于作滚动送进的工件，如工件表面质量较好，则 $\alpha > 7° \sim 10°$；工件表面较粗糙时，则 $\alpha > 10° \sim 15°$。对作滑动送进的工件，一般采用 $\alpha > 25°$。槽式料仓的材料，一般采用钢板或型钢，摩擦表面要经过热处理，硬度达 45～50HRC。

槽式料仓的送料方式，可利用物品本身的重量送料，也可利用重锤等外力强制的方法送料。

(3) 斗式料仓  槽式料仓的缺点是储料量有限，而斗式料仓占地较少，储料量较大，因此得到广泛的应用。

图 2-24 是斗式料仓及其搅动器示意图。在这种储料斗中，有些工件会出现互相挤压形成拱形，妨碍工件的流通，如图 2-24a 所示。为消除拱形，可在料斗中设置一个搅动器，定时或连续地搅动工件，使工件变换相对位置，从而达到畅通之目的。

搅动器采用周期性摆动的杠杆、旋转的凸轮、往复运动的齿条和旋转的缺口圆盘等机构，如图 2-24b～f 所示。

2. 送料器

送料器的作用是把坯件从料仓送到加工位置上去。根据其运动特征可分为直线往复式、摇摆式、旋转式和复合运动式等类型。

(1) 直线往复式送料器  图 2-25 是常用的几种直线往复式送料器示意图。图 2-25a 是推板式送料器，它是薄板状物品常用的送料器，其推板往复一次即推出一件物品。图 2-25b 是推杆式送料器，适用于管、套类的工件之送料。图 2-25c 是 V 形手送料器，适用于

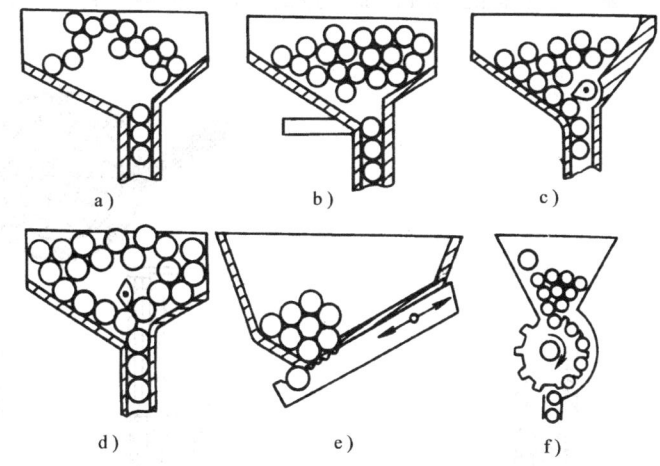

图 2-24 斗式料仓及其搅动器示意图

圆柱、小轴类坯件。V 形手由托臂、夹板和拉簧组成，物品落入托臂与夹板之间的缺口，托臂向左移动，同时挡住上面的物料不再下落，拉簧起到夹紧物料的作用。选择适当的间隙可保证每次推出一件。

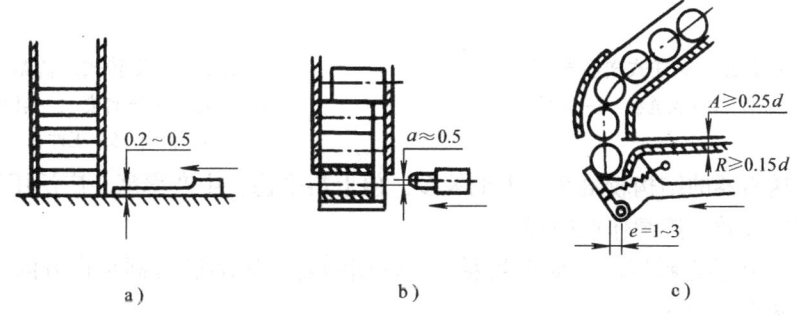

图 2-25 直线往复式送料器

送料器的运动可以用凸轮机构、偏心轮机构或曲柄连杆机构来实现，也可用气动、液压装置来实现。

直线往复式送料器构造简单、安装容易，但上料速度低，广泛用于单工位自动机械中。

（2）摇摆式送料器　图 2-26 所示为摇摆式送料器示意图，它由摇臂 1、铰链板 2 和弹簧 3 组成。当容纳槽对准仓口时，铰链板被料仓口的挡板顶住而张开，料仓中的物料就下落到容纳槽中；在摆动过程中，物料被弹性的铰链板夹住，平稳地送到加工工位。

摇摆式送料器结构简单，安装占地小，上料速度稍高，它也广泛用于单工位自动机械中。

（3）旋转式送料器　图 2-27 为磨床上用的旋转式送料器。当开有许多容纳工件槽孔的转盘 3 旋转时，槽孔顺次经过料仓 4 的开口处，工件 5 逐个进入槽孔并被带到工作地点，由前后顶尖 1 夹紧。在上料的同时，加工过的工件则被推入到下料槽 2 中。

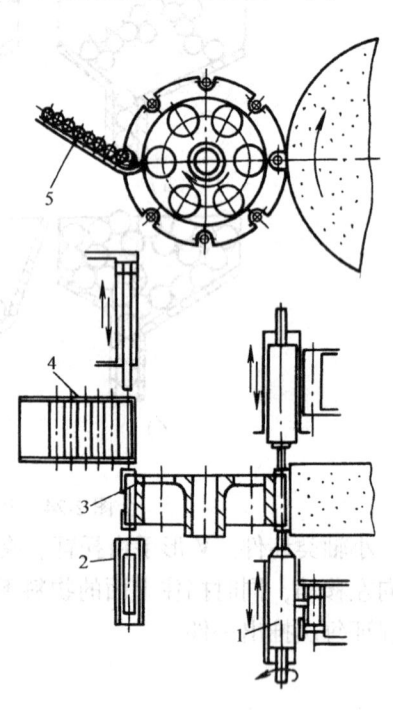

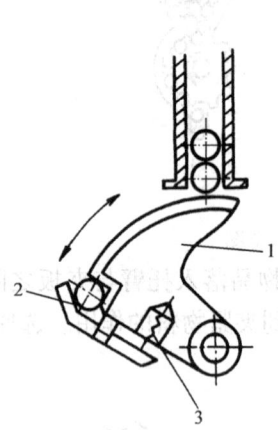

图 2-26　摇摆式送料器
1—摇臂　2—铰链板　3—弹簧

图 2-27　旋转式送料器
1—顶尖　2—下料槽　3—转盘
4—料仓　5—工件

旋转式送料器的结构较复杂，占地较多，但上料平稳，生产率高，广泛用于多工位自动机械或要求高效、连续作业的场合。

（4）复合运动送料器　根据工艺要求，常用的复合运动送料器是作升降与回转的组合运动，如图 2-28 所示。

在送料过程中，由于送料杆 4 上的螺旋槽作用，使夹料器 3 内的工件旋转 90°后再进入加工位置。

更复杂的上料运动可采用工业机械手。

3. 隔料器

隔料器用来调节从料仓进入送料器的坯件数量，即把一个或一组坯件从许多坯件中分离出来，有利于送料器送料。一般情况下，送料器兼有隔料作用（如图 2-25～图 2-28 所示），但是当工件过重或垂直料仓中工件数量较多时，应采用单独的隔料器。隔料器的类型和作用将在物料的定向排列和分隔中论述。

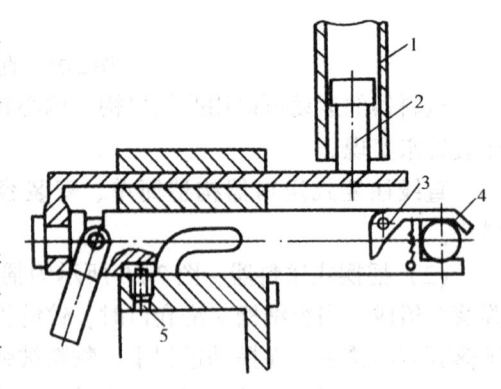

图 2-28　复合运动送料器
1—料槽　2—工件　3—夹料器
4—送料杆　5—销子

## 2.3.2 料斗式自动供料装置

物料在送料机构中自动地完成定向和定量送料的称为料斗式供料装置。在送料时，工人只需将杂乱放置的物料周期性的倒入料斗中，料斗中的定向机构能够自动地完成定向工作，并按一定的节拍把工件送到工作位置。料斗式供料装置用于物料形状简单，重量不大，但批量很大，加工时间短的场合。这在钟表、制笔、无线电等体积小、重量轻的零件的供料方面尤为需要。这里介绍常用的几种结构型式及其定向装置。

1. 直线往复式料斗

图 2-29 为直线往复式料斗，适用于圆柱、圆盘、螺钉及"⌐"形，"⊓"形工件。当凸轮 5 转动时，滑动板 4 就作上升或下降运动。滑动板在斗内上升时，斗中工件的方向和滑动板顶部沟槽方向一致时，工件为滑动板的沟槽所抓取，滑动板 4 继续上升，当它的缺口对准受料槽时，工件就沿着受料槽到达加工工位。滑动板 4 下降是为第二次上料的工件做准备。当受料槽充满零件时，滑动板虽不断上升，但其上的工件就不能进入受料槽 3，而仍留在沟槽中，因此不会产生阻力和故障，不需设置安全装置。剔除器 2 是排除定向错的工件。

直线往复式料斗的送料率较低，一般为 40~80 件/min；但改变滑动板顶部沟槽的形状，就可适应不同形状工件的上料，因此应用较为广泛。

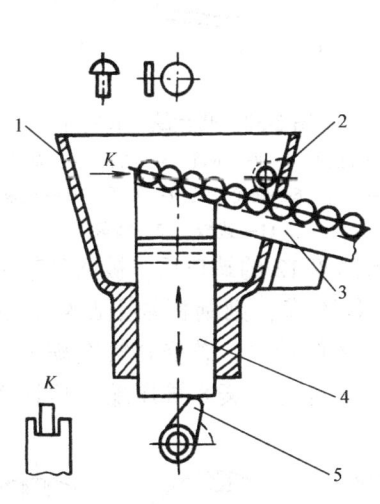

图 2-29 直线往复式料斗
1—料斗 2—剔除器 3—受料槽
4—滑动板 5—凸轮

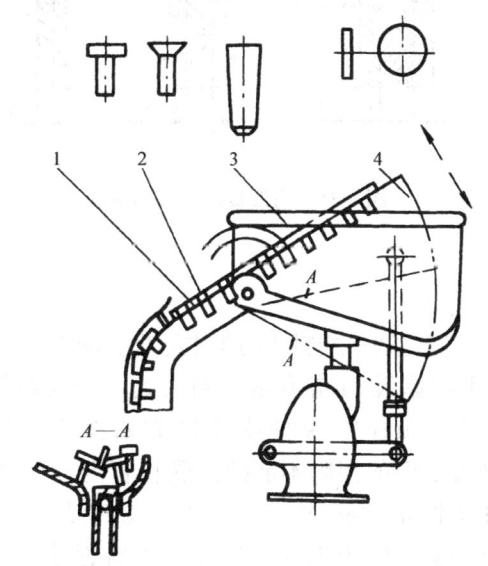

图 2-30 摆动式料斗
1—料道 2—工件 3—料斗 4—扇形板

2. 摆动式料斗

图 2-30 为摆动式料斗，适用于各种柱形、盘形、环形、喇叭形以及中小工件的自动

定向和上料。当扇形板 4 摆至料斗 3 的底部时，工件 2 落入扇形板的缝隙中定向，如剖面 A—A 所示。当扇形板摆至最高位置时，工件 2 滑入料道 1 中。

扇形板的驱动机构应满足扇形板上升慢而下降快的要求，故常用摇杆机构，对摆角不大的扇形板，可用凸轮机构。

扇形板定向截面形状和尺寸应视工件的形状和尺寸而定（见图 2-31）。

### 3. 回转式料斗

这里就常用的两种形式作一介绍。

（1）圆盘缺口式料斗　这种形式的料斗，生产率可达 150~200 件/min，噪声小，适用于圆形工件。其定向是靠工件落入圆盘缺口中实现的。

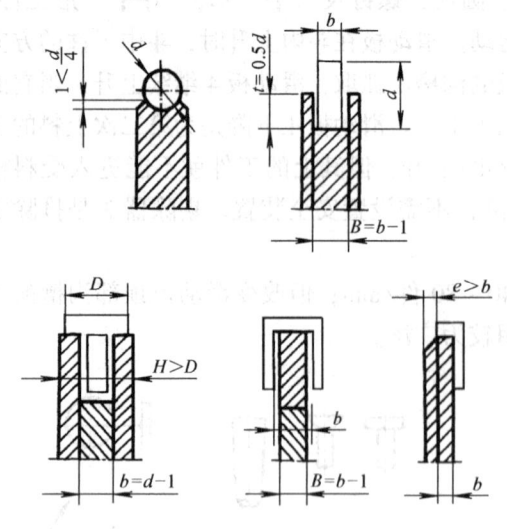

图 2-31　扇形板定向截面形状

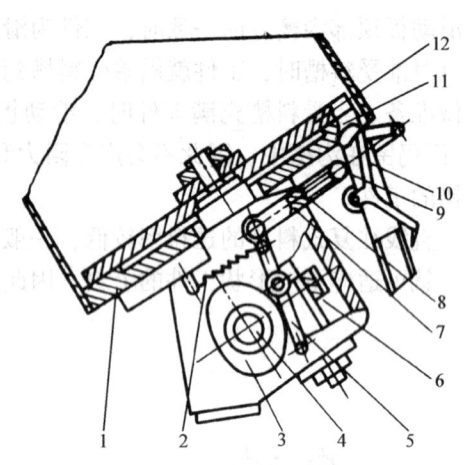

图 2-32　圆盘缺口式料斗
1—底板　2,8—弹簧　3—凸轮　4—蜗杆轴
5—杠杆　6—蜗轮　7,9—顶杆　10—受料管
11—遮板　12—圆盘

圆盘缺口式料斗的工作原理见图 2-32。工件落入圆盘 12 的缺口后，被圆盘带到底板 1 上由遮板 11 盖住的受料口处。若受料管 10 内工件不满，则蜗杆轴上凸轮 3 通过杠杆 5 和顶杆 7、9 使遮板 11 向右摆开，工件便落入受料管中；若受料管充满工件，则遮板下面的拐脚不能插入受料管内，受料口被关闭，这时弹簧 8 被压缩，顶杆 7 与顶杆 9 作相对移动，遮板仍不能转动，直到受料管中工件输出后，受料管才重新打开。

根据工件长径比 $l/d$ 的不同，圆盘有三种结构形式。试验得出：$l/d>1$ 的工件，工件的轴线可沿弦向分布，如图 2-33a 所示；$l/d<1$ 的工件，其端面贴在圆盘平面上，如图 2-33b 所示；

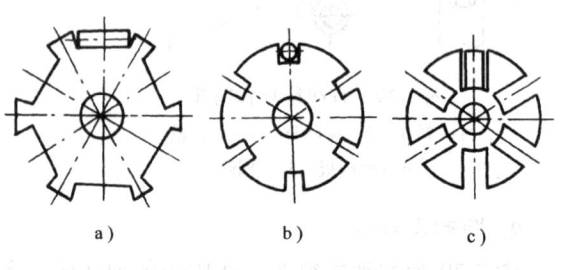

图 2-33　圆盘的结构类型

$l/d$ 接近 1 的工件，可采用工件轴线沿径向分布，如图 2-33c 所示的结构。

（2）钩子式料斗　钩子式料斗的形式很多，图 2-34 所示的是钩子均布在圆盘 7 四周的上料机构。倒入料斗 5 中的工件通过遮板 4 下的窗口进入左边壳体中。进入壳体的工件数，可由遮板 4 调节窗口的大小来控制。在壳体中的工件，被旋转着的圆盘 7 上的钩子挂住，并传送到受料管 6 中。

当受料管充满工件时，如果钩子被继续带动，钩子便被压在受料管的工件上，发生卡住现象。为了避免机构受损坏，必须设计保险装置，图中的安全离合器 3 就是这类保险装置之一。如果钩子被受料管

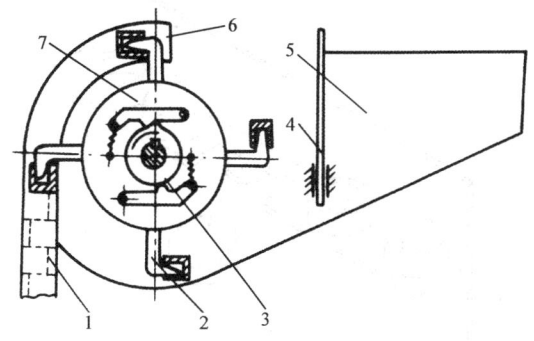

图 2-34　钩子式料斗示意图
1—工件　2—钩子　3—离合器　4—遮板
5—料斗　6—受料管　7—圆盘

中的工件所卡住，钩子 2 上的压力就增加，星形轮的转动只能拉长弹簧并越过凸起部分。当工件空出时，在弹簧作用下，保证了钩子同星形轮转动的一致性。

### 2.3.3　物料的定向排列和分隔

若要实现较高生产率，一般的物料供送系统对于入口处的物料的排列次序与方向有一定的要求。为此，必须在物料供送滑道上配以相应的定向机构和整列机构。对于不同类型的物件，须采用不同的自动排列定向与分隔供送装置。

对于滑道上的物件，可充分利用其本身的几何形状与特点完成排列定向。对散乱物料的排列定向可有两种方法，即消极定向法和积极定向法。

消极定向法的特点是按选定的定向基准，采取适当的措施让符合要求的工件能在输送道上始终保持稳定的运动状态，并设法剔除所有不符合选定方向要求的工件，使之集中回流。这种方法比较简便，应用较广。按其剔除不符合选定方向要求的工件的结构形式，可分为斜面剔除法、缺口剔除法、挡板剔除法、拱桥剔除法等。如图 2-35a 所示的侧面缺口剔除法。

积极定向法的特点是，采取强制性措施使原来不符合选定方向要求的工件全部改变为选定的基准方向。如图 2-35b 所示的导板翻转法。

下面介绍一些常见形状物件的定向排列机构，见图 2-36 和图 2-37。

图 2-36a 为圆盘状物件，机构只允许一层料物件从滑道中通过，超过一层料厚度的多余物件则从侧面滑落。图 2-36b 为圆柱状物件，机构只允许卧倒于滑道上的物件通过，竖于滑道上或呈其他姿态的物件则被挡块剔落。图 2-36c 为一头大（T 字形）的台柱物件，机构只允许大端在上的物件通过，因其肩部可挂在侧壁上，而大端在下的物件从大于大端直径的孔洞落下。图 2-36d 为圆台状物件，斜置的滑道板使大端在上的物件因重心偏高向侧边翻落，大端在下的物件可安然通过。图 2-36e 为两头大圆柱状物件，沿长轴线方向排列的物件可通过滑道，凡横向或斜向排列物件则不可能进入滑道内。图 2-36f 为木螺钉状物件，利用滑道中间的槽口，让钉柱部分嵌于其中而获通过，呈其他姿态的物件

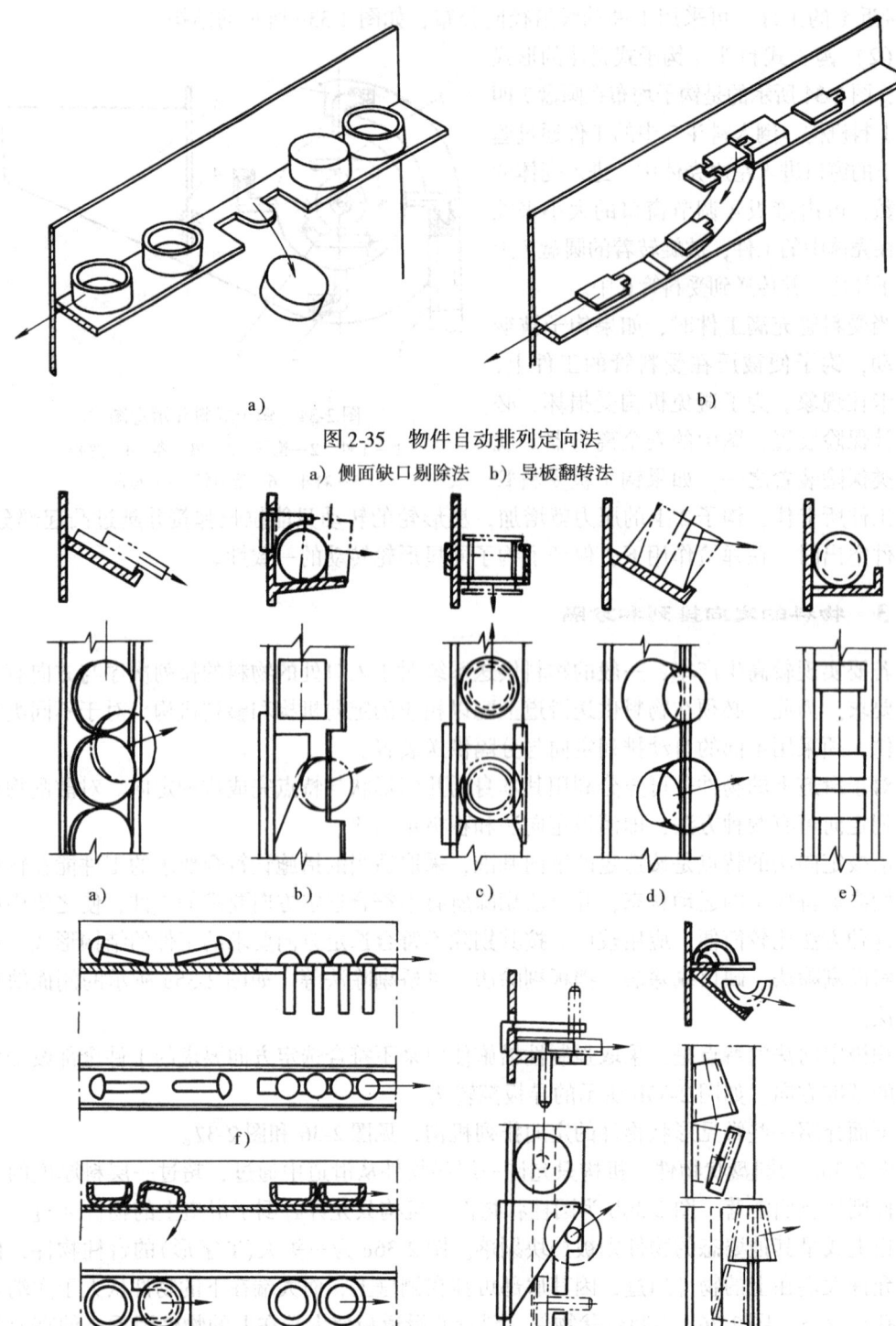

图 2-35 物件自动排列定向法
a) 侧面缺口剔除法  b) 导板翻转法

图 2-36 常见形状物件的定向排列机构（Ⅰ）
a) 圆盘  b) 圆柱  c) 台柱  d) 圆台  e) 阶梯轴  f) 木螺钉  g) 瓶盖  h) 螺钉  i) 锥管

或调整姿态，或滑落。图 2-36g 为瓶盖状物件，滑道上开有特殊形状的缺口，使凹口朝下的物件可从缺口处落下，凹口朝上的物件可以走过缺口。图 2-36h 为螺钉状物件，滑道上中间开槽口使钉部嵌入其中而使螺钉通过，钉部朝上的螺钉被上部挡板挡出滑道并向侧边倾翻，钉部水平姿态的螺钉也可以从另一缺口中落下。图 2-36i 为空心半圆锥状物件，利用滑道中间的斜槽孔，使小头朝前的物件通过而大头朝前的物件恰好从槽孔中滚翻而下被剔除。

图 2-37a 为阶梯形圆柱状物件，要求小端朝下排列。滑道上设有定向排列限制块（定向排列器），当大端向下通过滑道时被限制块挤出而滑落于下方料盘内。图 2-37b 为一头有底的中空圆筒状物件，要求沿滑道呈开口端朝前排列。轨道中设有上下坡障碍板，当开口端朝后方物件进入上坡道后，容易被从后尾方向吹来的气流吹落下去。图 2-37c 为圆锥状物件，要求大端向下依次排列。由于滑道上设有特定大小的 V 形缺口（$\sin\theta < d/2D$），小端朝下或卧姿的物件会从缺口处落下去，大端经过此缺口而不会落下。图 2-37d 为一端面上有凸起的短柱状物件，要求每个物件凸起端向上依次排列。利用挡板上的缺口，（与凸起外形相配合）使凸起向上的物件通过，而凸起不向上的物件被挡落而滑下轨道。图 2-37e 为短圆柱状物件，要求平行排列滚动向前。利用适形轨道（宽度略大于物件高度 $H$）上开设的落料孔（孔直径略大于物件端面直径 $D$）使直立的柱体从孔中落下。图 2-37f 为瓶形物件，要求物件首尾相接依次排列通过。利用滑道上开设的仿瓶形落料孔，使不合姿态要求的瓶体从孔中落下。图 2-37g 为一端中空的圆柱状物件，要求中空一端朝下竖直向下排列通过。利用外设的推料杆和挂钩的联合作用，使进入料槽的所有物件都能按要求落到竖直滑道中。孔端恰与推料杆相对时，杆头可插进孔中，物件被推到最终位置被挂钩钩住端面，然后推料杆退回，挂钩松开，物件即向后翻转 90°落下。相反情况时推料杆只顶住无孔端面，物件到达竖直滑道上方时自动向前翻转 90°落下。

图 2-38 为灌装压盖机上用的王冠盖自动定向排列机构示意图。不管哪个朝向的王冠盖，经垂直向下的滑道，可自动调整姿态，以同样的姿态（朝向）落下。

图 2-39 所示为胶囊的定向控制机构。升降滑杆 5 由凸轮传动作近似等速的往复直线运动，使斗内散乱的胶囊均以竖立状态充满导料槽板 1 的多排通道中。接着，受下料闸门 2 的控制落入固定槽板 6 的圆孔里，再借叉形推板 7 进行定向。下料闸门 2 的开闭与叉形推板 7 的进退由摆臂 10 同步协调控制。由于固定槽板上每一水平通道的内沿间距都是以胶囊的大头直径为基准按紧配合要求制作的（见图 2-39b），因此竖立在固定槽板圆孔里的每颗胶囊，不论其大头朝上或朝下，当它接触到叉形推板的前端而沿水平方向移动时，由于胶囊的大头承受较强的挤压摩擦作用，以致能够产生偏转而改变成小头朝前的水平状态。至接触排料推板 3 的底端，又被推下转换为大头朝上的垂直状态。最后靠自重落入充填转盘 4 的定位圆孔中完成分装作业。

各种产品的包装作业有各自的生产节拍要求，故在物件的定向排列同时或之后再配以物料的分隔送料机构，以满足下游作业机所需的送料节奏要求。

图 2-40 和图 2-41 为较典型的几种物件分隔送料机构简图。

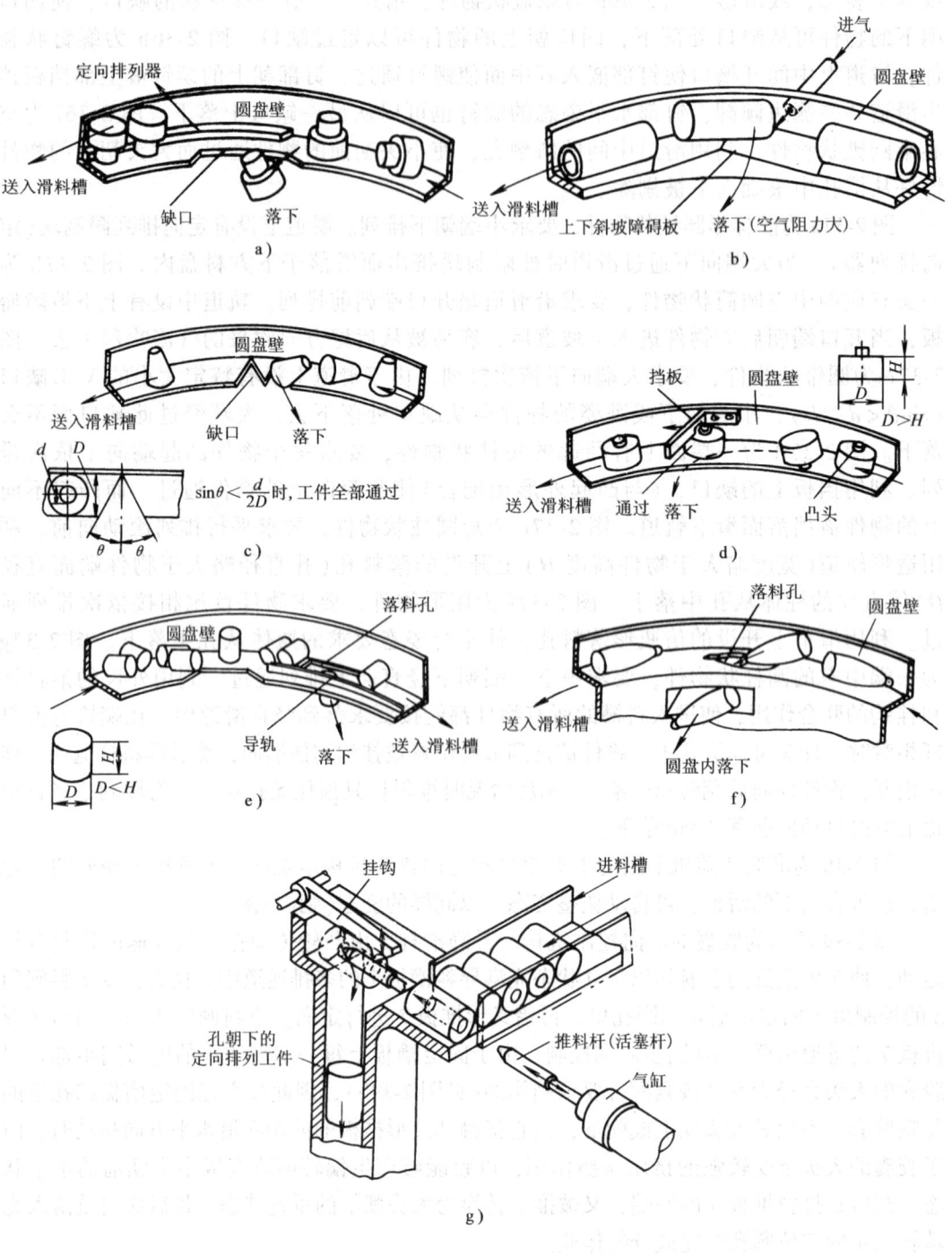

图 2-37 常见形状物件定向排列机构（Ⅱ）

a) 阶梯柱　b) 圆筒（吹气式）　c) 圆锥　d) 凸台短柱
e) 短柱　f) 瓶体　g) 圆筒（推杆式）

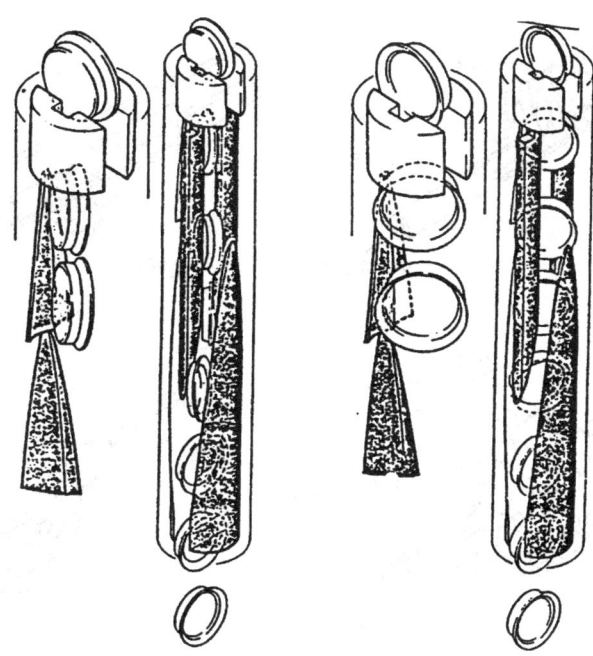

图 2-38 王冠盖自动定向排列机构

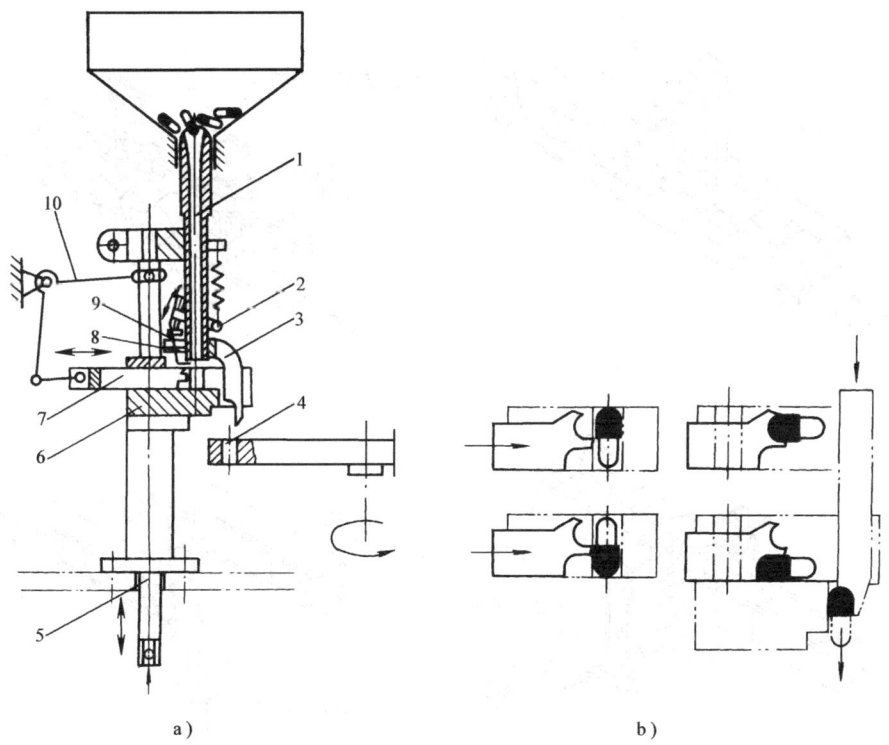

a)                                   b)

图 2-39 胶囊的定向控制机构
a) 机构图  b) 落料图
1—导料槽板  2,9—下料闸门  3—排料推板  4—充填转盘  5—升降滑杆
6—固定槽板  7—叉形推板  8—开门挡块  10—摆臂

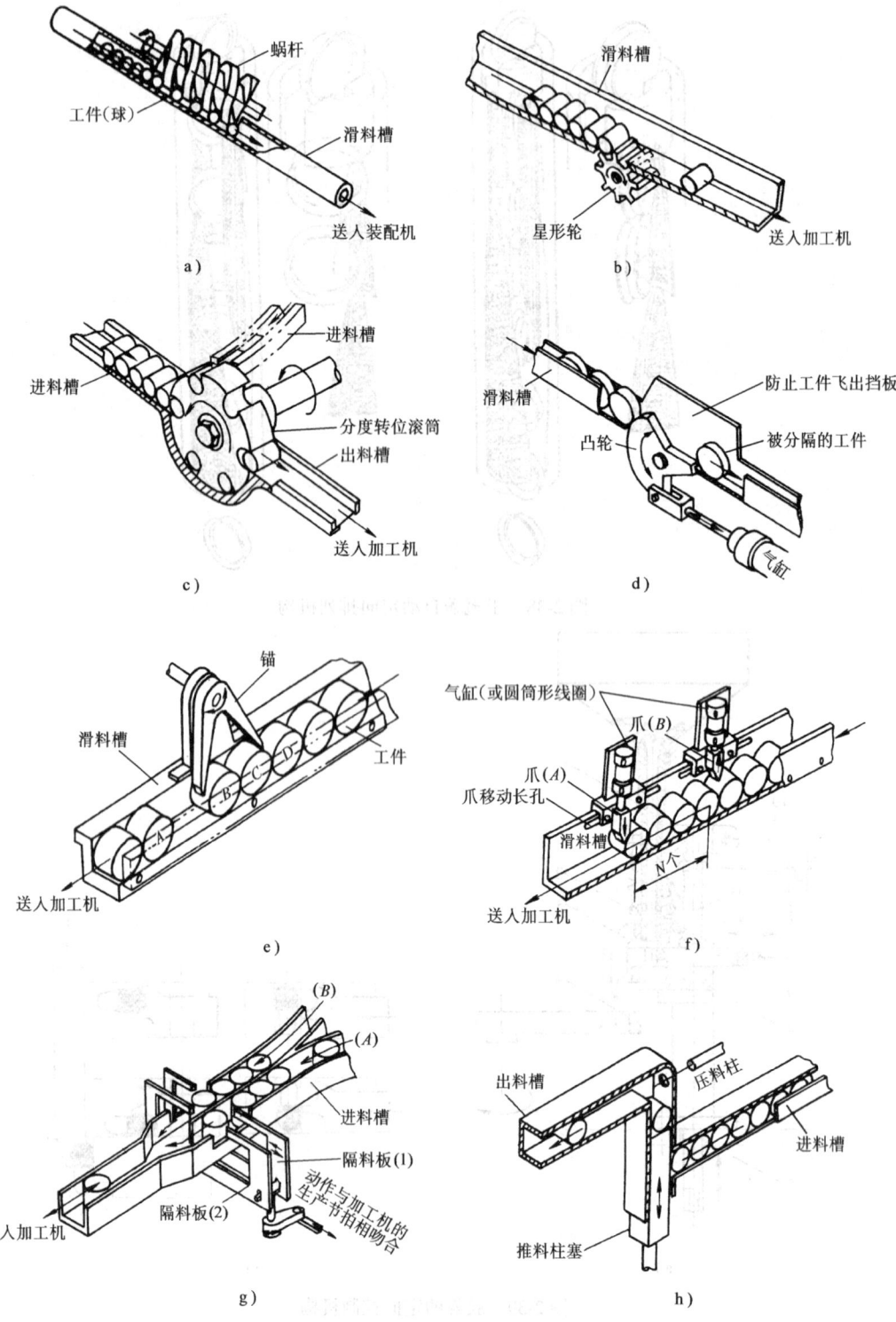

图2-40 物件分隔送料机构简图（Ⅰ）

a) 螺杆式 b) 星形轮式 c) 沟槽滚筒式 d) 凸轮式 e) 锚爪式 f) 可调式 g) 合路式 h) 升高式

图 2-40a 为螺杆式分隔机构,让物件进入螺杆齿沟内实现以螺距为间距的物料分隔。该分隔机构在球形、柱形、瓶类容器的强迫供给中广泛采用。图 2-40b 为星形轮分隔机构,使进入星形轮的物件能逐个定时送出,物料间不会产生干涉,图中的物料借重力滚向滑料槽。星形轮可连续转动或间歇转动。此装置中星形轮也可改为立轴式,物件沿圆周平面分隔输出。图 2-40c 为沟槽滚筒式分隔机构。此滚筒原理与星形轮类似,但其特点是物件可从两条位置不同的料槽进入滚筒沟槽中,滚筒可连续或间歇地转动。图 2-40d 为凸轮式分隔机构。利用凸轮的摆动实现分隔送料,十分简便。板形凸轮外形应与物件的流动特性相适应,便于其切向进入。图 2-40e 为锚爪式分隔机构。当物件在滑料槽中紧排成一列后,需间隔送料时使用图示锚形爪分隔机构最合适。图中 A 已送出,前爪分离工件 A 和 B,后爪挡住后面的工件 D,然后锚爪作顺时针转动,前爪即从 B 上方松开,后爪推动 B 与 C 向前走一段距离,然后锚爪逆时针转回,前后爪正好卡住 C 和 D,下一循环再送出 C。锚爪可在一次循环中逐个送出工件,也可一次分送 2 件或 3 件,这取决于两爪的跨距。锚爪的摆动节奏须与下游作业机的进料节奏一致。图 2-40f 为可调式分隔机构。这是适用于根据加工要求或物件尺寸变化、送件数量作经常变更的分隔送料机构。滑料槽上方设有位置可调的隔料爪(A、B),根据要求可改变 A、B 之间距离,爪的进给驱动与上下位移相配合,上下位移通过气缸或电磁线圈来实现,A 与 B 的动作恰好相反。图 2-40g 为合路式分隔机构。该机构能把来自两台机械的物料流 A 与 B 合流,再实现逐个分隔送料,同时还配有计数装置,方便又实用。物件的分隔采用双连梭式隔板装置,隔料板(1)和(2)以一定节拍交替工作。图 2-40h 为升高分隔机构。该装置可将定向排列的物料送到较高位置。采用长行程气缸推动柱塞使物件分隔,并把物件推出高位料槽。

图 2-41 为空纸杯分隔机构,用于分隔那些叠合在一起的预成形纸杯。此装置由一个大内齿轮驱动八个内接小齿轮,与小齿轮同轴相连的是隔(推)料凸轮。利用八个推料凸轮的同步转动,凸轮柱面上的槽口夹住纸杯口缘,使啮合的纸杯向下移动而脱离原纸杯料垛。

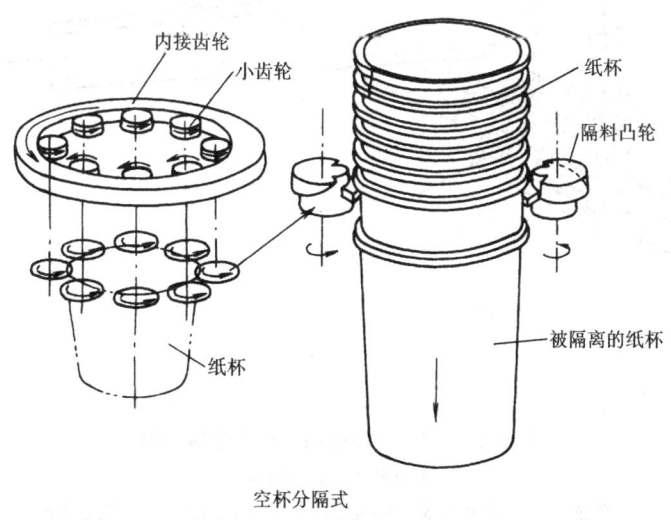

图 2-41 物件分隔送料机构简图(Ⅱ)

### 2.3.4 电磁振动供料装置

振动供料装置是一种高效的供料装置,它的结构简单,能量消耗小,工作可靠平稳,工件间相互摩擦力小,不易损伤物料,改换品种方便,供料速度容易调节;在供料过程中,可以利用挡板、缺口等结构对工件进行定向;也可在高温、低温或真空状态下进行工作。它被广泛应用于小型工件的定向及送料。

**1. 振动供料装置的分类及组成**

振动供料装置从结构上分直线料槽往复式(简称"直槽式",如图2-42所示)和圆盘料

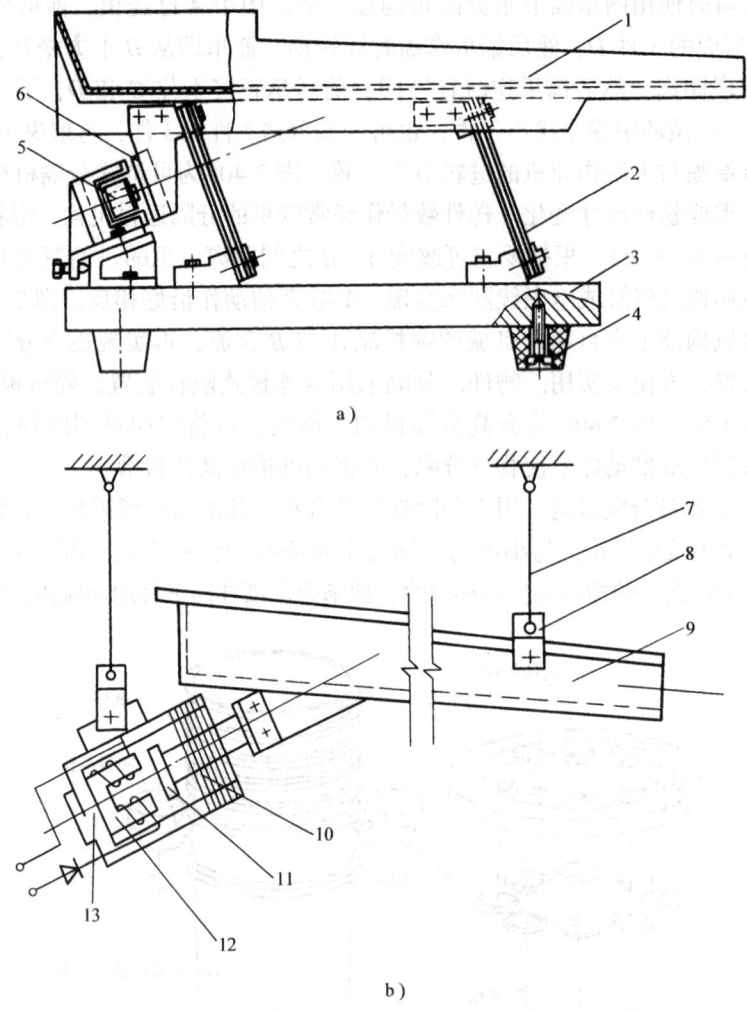

图2-42 槽式电磁振动给料器结构简图
a) 直槽式 b) 吊槽式
1—料槽 2—主振板弹簧 3—底座 4—隔振橡胶座 5—铁心线圈
6—衔铁 7—吊杆 8—隔振元件 9—料槽 10—主振板弹簧
11—衔铁 12—铁心线圈 13—激振器壳体及配重

斗扭动式(简称"圆盘式",如图 2-43 所示)两类。直槽式一般作为不需要定向整理的粉粒状物料的给料,或用于对物料进行清洗、筛选、烘干、加热或冷却的操作机;圆盘式一般作为需要定向整理的供料,多用于具有一定形状和尺寸的物料的场合。

如果从激振方式来区分,振动供料装置可分电磁激振式、机械激振式及气动激振式等。其中电磁激振式应用较为广泛。本节主要讨论圆盘式电磁振动供料装置。

直槽式振动给料器有支槽式和吊槽式两种不同结构类型,如图 2-42 所示。其中,图 2-42a 为直槽式,图 2-42b 为吊槽式。

图 2-42a 中直槽式电磁振动供料装置的结构特点为:

整机结构——主要构件有料槽 1、主振板弹簧 2、底座 3、隔振橡胶座 4 和激振器(包括铁心线圈 5、衔铁 6 和气隙调节元件等)。衔铁与铁心之间气隙大小要适当,可根据主振振幅变化加以调整。底座下对称分布四个或更多个隔振橡胶弹性垫座,起到对地面的隔振作用。

料槽——多用厚度为 1.2~2mm 的不锈钢或铝合金板制成,外廓尺寸主要取决于工作条件,需定向的用窄槽,反之用宽槽。生产能力不变时,槽宽大体与物料密度、料层厚度及传送速度成正比。常取料层厚度为 10~20mm,流速为 5~20m/min。料槽长度根据下料口高度和物料自然坡度来定,以确保停机时,内存物料不会从槽出口处自动流出。对于长槽,做成下倾式为好,可加快供料,但下倾角必须小于物料与槽底的摩擦角(一般为 10°以内)。对于短槽,其底部可呈水平式。

弹簧——料槽与底座之间装有两组或四组主振板弹簧。该板簧对底座的斜置角一般为 0°~25°,设计时要求保证激振作用力与板簧面相垂直。

供电——微型给料器多用交流电激磁(激振频率 100Hz),小型给料器用半波整流激磁,大型给料器用交直流联合激磁(激磁频率 50Hz)。改变电压可调节物料的供送速度和生产能力。

图 2-42b 所示吊槽式电磁振动给料器,其基本结构与直槽式相比,无大差别。主要优点是采用了压缩弹簧隔振悬挂式结构,无地面振动感;同时,因在空间安装省了占地面积。

圆盘式电磁振动供料装置一般由筒形料斗、支承板弹簧、电磁激振器、底座及在底座下面的减振器等组成,如图 2-43 所示。

圆盘式电磁振动供料装置根据振动料斗不同的结构形式,可分为内螺旋滑道、外螺旋滑道、内外组合螺旋形滑道和截圆锥形内螺旋滑道。图 2-44 四种滑道特点如下:

图 2-44a 为内螺旋形滑道,滑道位于料筒的外周内壁上,便于余料的集中回流,对各种物件定向适应性好。

图 2-44b 为外螺旋形滑道,位于料筒的中央,

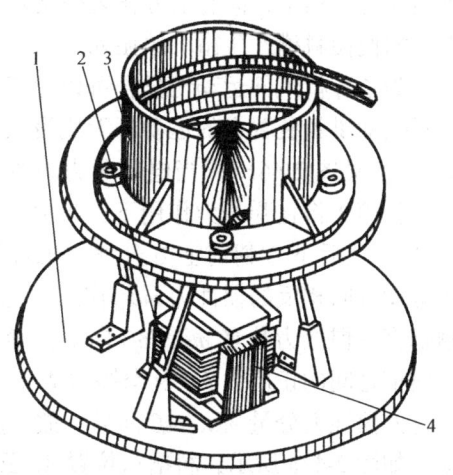

图 2-43 圆盘式电磁振动供料装置
1—底座 2—支承板弹簧
3—筒形料斗 4—电磁激振器

适于垂直输送，主体部位直径小高度大。

图2-44c为内外组合螺旋形滑道，内部空间滑道安排合理，小型物料可沿内圈上升，再沿外圈下降，增加了滑道总长度，自动定向效果好。

图2-44d 截圆锥形内螺旋滑道，底小口大，滑道的水平面上投影为发散的阿基米德蜗线，滑道的有效高度得以降低。

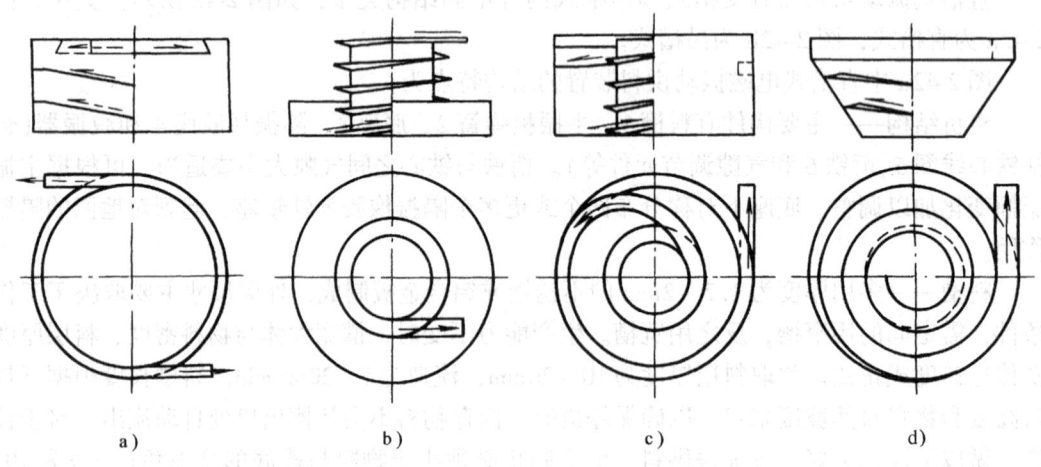

图2-44 金属振动料斗结构示意图
a）内螺旋形滑道 b）外螺旋形滑道 c）内外组合螺旋形滑道 d）截圆锥形内螺旋滑道

**2. 电磁振动供料装置的工作原理**

电磁振动供料装置如图2-45所示，工作时，将交流电经半波整流后，接通电磁铁5的线圈，产生频率50Hz的断续电磁吸力，吸引固定在料槽上的衔铁2，使料槽向左下方运动；电磁吸力迅速减少并趋近于零时，料槽在弹簧3的作用下，向右上方作复位运动，如此周而复始便使料槽产生微小的振动。

为了分析工件运动情况，可以把工件在槽式电磁振动供料装置上的运动，看成滑块在斜面上的运动（见图2-46a）。当电磁吸力减少为零的瞬间，料槽2将在弹簧力作用下，带动工件1以加速度 $a_1$ 从后下方朝前上方升移，工件受到与料槽运动方向相反的惯性力 $ma_1$ 作用。此时，与料槽垂直的惯性力分量 $ma_1\sin\beta$ 向下，增加了工件与料槽之间的正压力 $N_1$ 及摩擦力 $F_1$，而与料槽

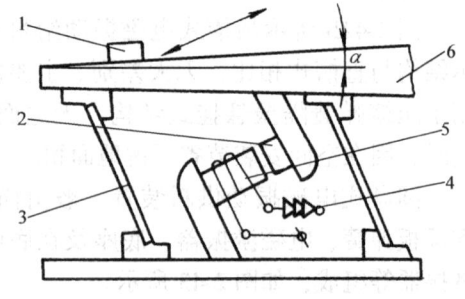

图2-45 直槽式电磁振动供料装置
1—工件 2—衔铁 3—弹簧
4—硅堆 5—电磁铁 6—料槽

平行的惯性力分量 $ma_1\cos\beta$ 向后，故一般不会使工件滑动，而只会随料槽一起往前上方运动。如图2-47a所示，料槽从位置 $A_1$ 至 $A_2$，工件从 $B_1$ 至 $B_2$。

在电磁吸力瞬间，料槽在吸力作用下（图2-46b），带着工件以加速度 $a_2$ 从前上方向后下方运动，工件受到与料槽运动方向相反的惯性力 $ma_2$ 的作用，此时，与料槽垂直的惯性力分量 $ma_2\sin\beta$ 向上，使工件作用在料槽上的正压力减小，摩擦力 $F_2$ 亦减小；若与料

槽平行的惯性力分量 $ma_2\cos\beta$ 大于摩擦力 $F_2$ 时，工件便沿料槽向上方滑移；若与料槽垂直的惯性力分量 $ma_2\sin\beta$ 大于工件自重在垂直料槽方向的分量 $mg\cos\alpha$ 时，工件将跳起来（如图 2-47a 从位置 $B_2$ 到 $B_4$）。

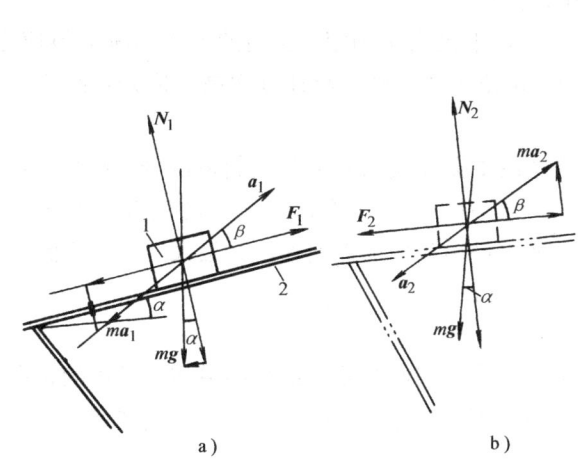

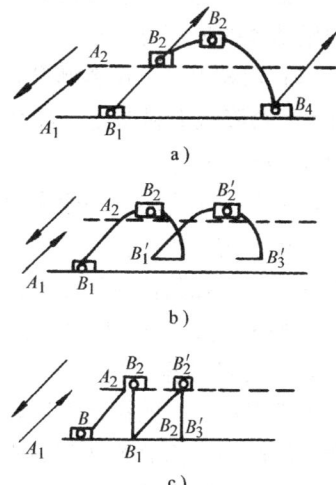

图 2-46 工件运动分析
1—工件　2—料槽

图 2-47　工件腾空时间与升移量的关系

那么，工件产生腾空的条件为

$$ma_2\sin\beta \geqslant mg\cos\alpha \qquad (2\text{-}1)$$

即

$$a_2 \geqslant \cos\alpha/\sin\beta \qquad (2\text{-}2)$$

如工件腾空时间等于料槽下降时间，则工件再与料槽接触时，就前移了一大步，如图 2-47a 所示工件从 $B_1$ 到 $B_4$。如工件腾空时间少于料槽下降时间，则工件将过早返回料槽，随同料槽一起下降，有如在料槽上"进两步退一步"，每次前移较小，如图 2-47b 所示。如工件腾空时间大于料槽下降时间，则工件将过晚返回料槽，跳得很高落得很近；甚至可能落回原位，没有前移，如图 2-47c 所示。

实际上，工件在料槽上的运动过程是比较复杂的。它受到工件的质量、料槽的升角、弹簧片的斜角、振动频率和振幅等多方面影响。

对于圆盘式振动供料装置，若截取其中很短一段料槽来看，工件在其上的运动也可当成斜面上的滑块进行受力分析。因此，可以认为圆盘式振动供料装置的工作原理与直槽式振动供料装置大致相同。

**3. 电磁振动供料装置的主要参数**

（1）振动频率 $f$　由振动学理论知，料槽振动频率 $f$ 亦是系统受到的激振频率 $f_j$，即 $f=f_j$。为了减少振动供料装置的质量和结构尺寸，使振动系统具有较大的固有频率 $f_0$，常选取较低的激振频率 $f_j$，且使振动系统在近亚共振状态下工作。电磁激振系统中，常用的激振频率为 $f_j=50\text{Hz}$ 和 $f_j=100\text{Hz}$。

（2）固有频率 $\omega_0$　为使振动系统在近亚共振状态下工作，应使激振角频率 $\omega_j$（$\omega_j=2\pi f$）与固有频率 $\omega_0$ 之比 $\lambda$ 满足近低共振式（$1 \approx \lambda = \omega_j/\omega_0 < 1$）。一般根据选定的振动频率

$f_i$ 及 $\lambda$ 值来确定系统的固有频率。常取 $\lambda = 0.8 \sim 0.95$,则系统的固有频率 $\omega_0$(rad/s)为

$$\omega_0 = 2\pi f/\lambda \tag{2-3}$$

(3) 振幅 $A$  振动体的振幅 $A$ 较大时,可提高供料速度,但动载荷较大,运动不平稳,常据经验选取,且使振幅大小由结构上保证可调,以控制给料速度。电磁激振供料装置中振动体的振幅可在 0.5~1.5mm 范围内选取。

(4) 料槽升角 $\alpha$  料槽升角由料斗升程及中径大小确定,$\alpha$ 角的大小影响上料速度。$\alpha$ 角太大会降低上料速度,甚至无法上料。$\alpha$ 角小些,则上料速度提高,但升程减小。一般取 $\alpha = 1° \sim 10°$。

(5) 振动升角 $\beta$  一般来说,振动升角由主振弹簧的安装角及料槽的升角确定。$\beta$ 角大小直接影响着作用在工件上的惯性力在垂直和水平两个方向上分量的比例。因此 $\alpha$ 角的选取应保证在其他条件相同的情况下,使工件沿料槽前进的速度为最大。一般当激振频率 $f = 100$Hz 时,$\beta = 10° \sim 16°$;当 $f = 50$Hz 时,$\beta = 20° \sim 25°$。

4. 料斗的防振机构

由于振动料斗的振动会影响机器的正常工作,因此必须考虑防振措施。常用的是在振动料斗的底座下面放置橡胶垫圈。当橡胶垫圈不能满足要求时,可以设置硬弹簧,甚至把振动料斗与机器分开安置。

5. 振动料斗内的定向机构

振动料斗内的定向机构一般都直接制造在料槽上,工件在料槽上前进过程中通过定向机构时剔除定向不正确的工件或者使之调头、转向,成为正确的定向。在选用这类定向机构时,首先应分析被送工件的特点,利用工件尺寸形状的差别或重心位置的差别,来剔除、筛选、区分不同位态的工件。常见的定向机构见表 2-1。

表 2-1 振动料斗的定向机构

| 形式 | 简图 | 特点 | 设计要点 |
| --- | --- | --- | --- |
| 斜面挡板 | | 可区别、分选竖立或横躺的工件,可剔除重叠的工件 | 挡板的高度稍大于横躺工件的高度。挡板斜角 $\theta$ 大于 $15° \sim 20°$ |
| 带棱边的斜底面 | | 可区别、分选重心高矮不同的工件,可区别、分选倒角倒圆的工件,可剔除重叠的薄片工件 | 棱边高度 $h \approx 0.5 \sim 2$mm 底面倾角 $\gamma = 20° \sim 45°$ |

(续)

| 形式 | 简 图 | 特 点 | 设计要点 |
|---|---|---|---|
| 半边缺口 | | 可区分开口向上或向下的盖类工件,可区分带内锥面的环类工件 | 槽宽约等于工件直径,缺口尺寸应能使工件重心落在支承点之外,剔除定向不正确的 |
| 成形孔 | | 筛选不对称的片、块状工件 | 槽宽约等于工件宽度,成形孔形状尺寸比工件略大 |
| 凹槽 | | 可区分小端向下的短钉类工件 | 凹槽宽度大于工件小端直径。深度大于小端长度,挡板高度稍低于工件高度 |
| 凹槽挡板 | | 可区分剔除小端向上的短钉类工件 | 斜度角小于15°~20° |
| 空槽 | | 可使螺钉带肩类工件定向成小端向下 | 空槽宽度大于小端直径而小于大端直径,螺旋斜槽的节距大于工件长度 |
| 凸筋加斜面挡板 | | 可使带凹槽的片块类工件定向 | 凸筋宽度,高度小于工件的凹槽面位置相适应。挡板斜角小于20° |

(续)

| 形式 | 简 图 | 特 点 | 设计要点 |
|---|---|---|---|
| 台阶加缺口 | 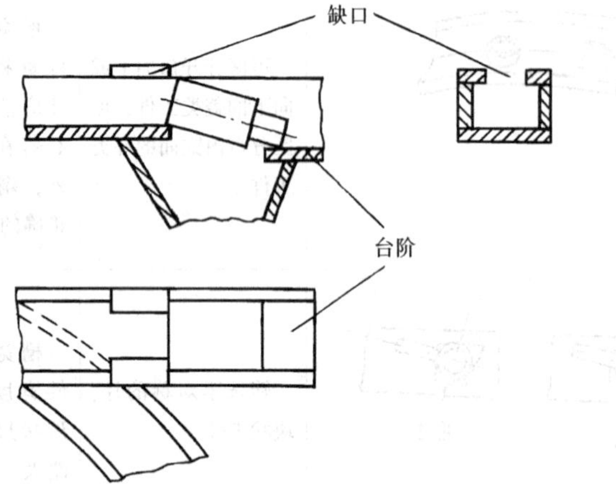 | 可使阶梯柱、轴调头定向成大端向下 | 缺口宽度稍小于工件小端直径 台阶至缺口的距离小于工件长度 |
| 窄斜槽加台阶 | 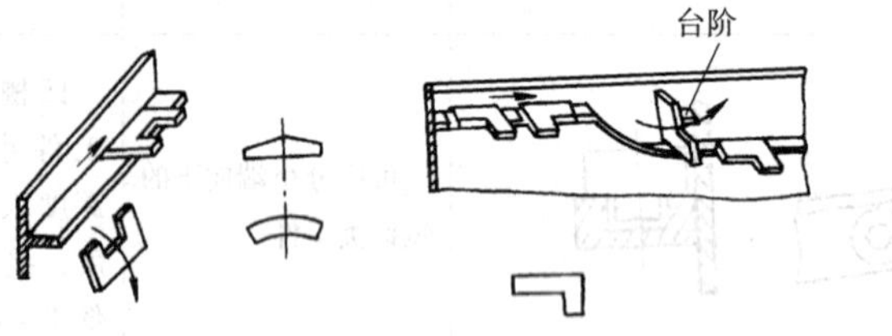 | 可使不对称的片块状工件调头定向成重端在前 | 料槽宽度稍大于工件重心到料斗壁的距离 台阶稍低于料槽,位置靠作图法及试验确定 |
| 缺口加可调台阶 | 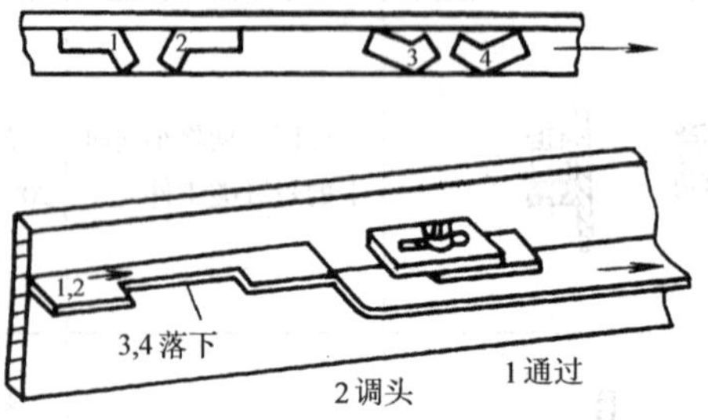 | 可使不对称的片状工件剔除,调头成一种位态(位态3,4被剔除,位态2调头成1) | 缺口宽度及可调台阶位置的确定法同上,前后调好后用螺钉固定 |

### 6. 电磁振动供料装置的安装与调试

影响振动供料装置正常工作因素较多,其中主要是该装置在设计时,如弹簧刚度、固有频率等主要参数都是采用近似的方法进行估算的。而且在制造和安装时也难免会有某些误差,因此安装后,必须经过调试方能使用。

(1) 通电前对加工安装质量的检查

1) 各零件的形状、尺寸、力学性能及安装精度,要满足图纸要求。
2) 各零件联接处的螺母及螺栓必须拧紧。
3) 料斗轴线与底盘面垂直。
4) 各主振弹簧的配置及安装角应一致。
5) 衔铁与电磁铁间气隙相等。

(2) 通电后对料斗工作点进行调试的要求 采用可调变压器或改变线包抽头供电,进行工作点调整，要达到下列四点要求：

1) 在通电电压达到额定值80%时，空载料斗便能起振。
2) 按设计能力加料后，调整电压便能得到预期的上料速度，且整个圆周上工件移动速度均匀。
3) 正常工作时，噪声较小。
4) 隔振性能好，机座振动小。

(3) 调试

1) 如果上述二款中前两项不符合要求，可能是振动系统工作点不是在近亚共振区，或激振器吸力太小，则应从 $\omega_0 = \sqrt{k/m}$ 出发，采取下列措施：①用适当改变支承弹簧片数（截面积）或倾角的方法，调整弹簧刚度 $k$。②用去除 $m_1$ 部分质量或增加 $m_2$ 部分配重的办法，调整折算质量 $m$。③必要时，用激振器—加速度传感器系统测定固有频率，再用上述方法，将其调谐值准确地控制在 $\lambda = \omega/\omega_0 = 0.8 \sim 0.95$，使振动供料装置在近亚共振区工作。④如经前①～③步调整后，振幅太小，则应换吸力更大的电磁铁。⑤如料槽上工件移动速度不均匀，时快时慢，应调整支承弹簧的配置及振动角。

2) 如振动供料装置工作时噪声过大，则可能是：①电磁铁的衔铁与电磁铁碰撞所致。每改一次电压后都应将吸合时的最小气隙调整至 $0.1 \sim 0.3$mm，保证料斗在"悬浮"下工作。②如果是由于线包太松产生的交流声，则应拧紧或更换旧的电磁铁。

3) 如果振动供料装置机座振动较大，则应采取如下措施：①合理调整上、下质量的比值。②用细长的铝、铁管为支承杆，使振动供料装置远离机台。③在机座与机台的接触面加垫阻尼值大的橡胶垫吸振。

## 2.4 定量装置

物料定量是物料包装时的一个重要工序，定量精确与否将直接影响包装质量。

根据物料的物理化学性质、自然形态、包装规格及销售、使用习惯的不同，需选用不同的定量方法。对于具有规则形体的物料，如块、棒、梗枝状物料，常采用计数法定量；对于松散的颗粒、粉末状物料及液体，粘稠物料常采用容积法定量；对于易粘结的颗粒、粉末状物料及无规则形体的块状物料，常采用称重法定量。

作为物料定量装置应满足的基本要求是：有较高的定量精度和速度，机构结构要简单，并能根据定量要求进行调整或自动调节。一般来说，计数、容积定量装置的结构比称重定量装置的结构较简单，定量速度也较快，造价也较低，但定量精度较差。

### 2.4.1 松散态粉粒物料的定容定量装置

定容定量法是根据一定体积内的物料，其质量在理论上必为某个定量值这一原理而进行定量的方法。其定量理论表达式为

$$m = V\rho \tag{2-4}$$

式中 $m$——所定量的物料的质量(kg)；

$V$——所定量物料的体积，一般使其等于定量容器的体积($m^3$)；

$\rho$——所定量的物料散堆堆积密度($kg/m^3$)。

由上式可知，只要定量容器的体积 $V$ 和物料的散堆堆积密度 $\rho$ 保持恒定，则物料的定量值 $m$ 亦为定值。定量体积 $V$ 对于调定的定量装置而言，已为定值，物料的散堆堆积密度 $\rho$ 一般是随着工况条件及物料的物理化学性质而变化的。因此，定容定量法只适用于定量散堆堆积密度比较稳定的物料，如松散态粉粒物料及液态物料的定量。

按定量物料容腔的可调性将定容定量装置分为固定容积定量装置和可调容积定量装置；按定量装置的结构特点，又可将定容定量装置分为量杯式、转鼓式、螺杆式及柱塞式定量装置。现分别介绍如下。

1. 量杯式定量装置

图 2-48 所示为转盘式固定量杯定量装置简图。它主要由供料料斗 1，回转圆盘 6 及刮板 5 等构件组成。圆盘 6 由转轴 4 带动回转，圆盘 6 上有四个圆筒形定量杯 8，定量杯 8 由活门 3 封着底口。粉粒物料从料斗 1 进入粉罩 2 内，再依靠自重流入定量杯 8 中，回转圆盘 6 回转时刮板刮去定量杯 8 上面多余粉粒物料，至此，即完成定量工作。已装好粉粒物料的定量杯随圆盘 6 回转到卸料工位时，顶杆推开定量杯底部的活门 3，粉粒物料自定量杯底口落入漏斗（图中未示出），装入待装容器中。当圆盘继续回转时，顶杆又将活门 3 推回到定量杯底部为再次装料定量做好准备。回转圆盘的连续回转，即可实现连续的定量充填作业。

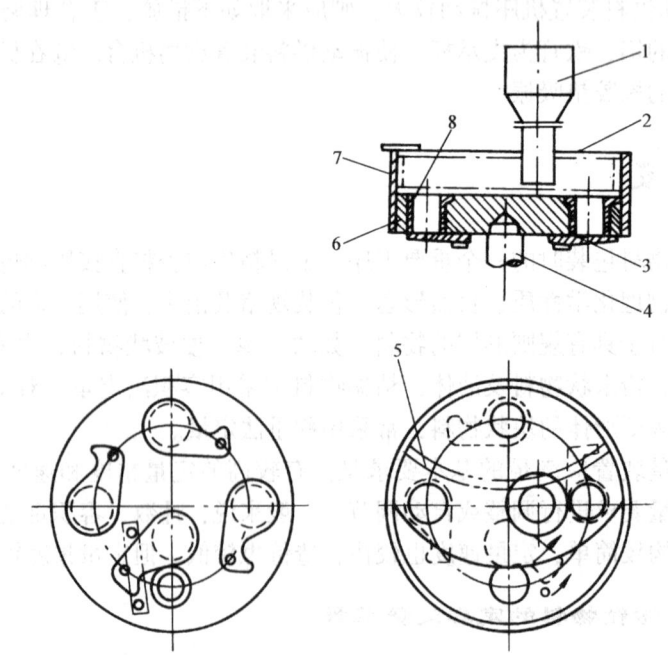

图 2-48 转盘式固定量杯定量装置

1—料斗 2—粉罩 3—活门 4—转轴 5—刮板 6—回转圆盘
7—挡料外圆筒 8—定量杯

图 2-49 所示为转盘式可调量杯定量装置简图。可调量杯 4 由上下量杯组合而成。通

过调节手轮 8 而使固装着下量杯的转盘 7 升降，从而改变量杯 4 的容积。量杯底部封盖 5 借助托盘 6 封住量杯 4 的底部。待转盘 2 上的量杯 4（此时，量杯容积已调为某一定值）转到漏斗 12 位置时，托盘 6 上的缺口使封盖 5 由于自重作用而向下翻转，量杯中的物料随即落下流入待装容器 11。当封盖 5 随转盘 2 转过缺口后，便又向上抬起而封住量杯 4 底口，为再次装料定量做好准备。随着转盘 2 的连续转动，即可使分布于转盘 2 上的所有量杯 4 重复上述工作过程，实现连续的定量装填作业。

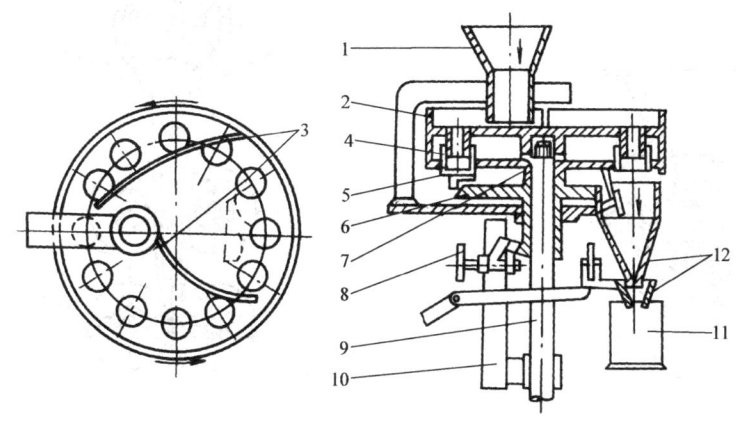

图 2-49 转盘式可调量杯定量装置
1—料斗 2—转盘（上） 3—刮板 4—可调量杯 5—封盖 6—托盘 7—转盘（下）
8—调节手轮 9—转轴 10—支架 11—待装容器 12—漏斗

转盘式量杯定量装置的生产能力 $Q(\text{kg/min})$ 为

$$Q = V\rho n m \tag{2-5}$$

式中　$V$——量杯体积（$\text{m}^3$）；
　　　$\rho$——物料散堆堆积密度（$\text{kg/m}^3$）；
　　　$n$——转盘转速（$\text{r/min}$）；
　　　$m$——转盘上均布的量杯数。

2. 转鼓式定量装置

转鼓式定容定量装置的转鼓为圆柱体，定量容腔开设在圆柱体外圆柱面上。容腔形状有直槽形、扇形和轮叶形等。容腔容积有固定式和可调式两种。

图 2-50 所示为容积可调式直槽容腔转鼓定量装置工作原理图。图 2-51 所示为容积固定式扇形容腔转鼓定量装置工作原理图。两者的定量工作原理基本相同。待装物料存放在料斗中，转鼓转动，当计量容腔经过装料口时，物料从装料口落入定容腔，随着转鼓转动，已装填物料的定量容腔转到排料口时，物料依靠自重作用而排出，装入待装容器中。

转鼓式容积定量装置的结构设计，应确保定量物料在随转鼓转动中，能顺利地充满定量容腔并完全排除干净。因此，不宜用深而窄的槽形，槽底不要有尖角，尽量采用扇形容腔。另外，转鼓外缘与转鼓外壳之间的间隙要根据物料的粒度、易碎性等因素选定。

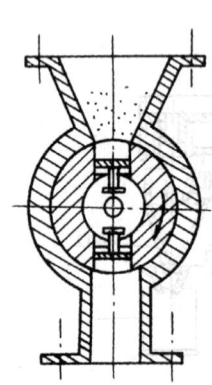
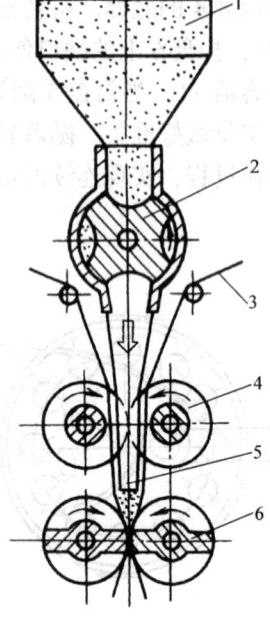

图 2-50 容积可调式直槽形容腔转鼓
定量装置工作原理图

图 2-51 容积固定式扇形容腔转鼓定量装置工作原理图
1—料斗 2—转鼓 3—材料带 4—牵引输送辊
5—排料 6—横封装置

转鼓式容积定量装置的生产能力 $Q(\mathrm{kg/min})$ 为

$$Q = V\rho nmk \qquad (2\text{-}6)$$

式中 $V$——定量容腔的体积($\mathrm{m}^3$);

$\rho$——物料散堆堆积密度($\mathrm{kg/m}^3$);

$m$——转鼓上定量容腔数;

$n$——转鼓转速(r/min);

$k$——物料充填系数,由试验确定,一般可取 $k = 0.6 \sim 1.0$。

3. 螺杆定量装置

螺杆螺旋槽的每个螺距之间具有一定的理论体积,螺杆定量装置就是利用螺旋槽的这一特性实现定量的。只要精确控制螺杆转数,即可得到准确的定量。螺杆定量装置对于粒状或小块状物料可能产生磨碎现象,故常用于粉末状物料的定量作业。

图 2-52 所示为螺杆定容定量装置工作原理图。物料由腔管 1 装入料斗 5,由搅拌器 6 进行搅动,再由螺杆 8 送入导管 7。电控离合器 3 控制螺杆每次定量的大小,控制闸 9 用于防止物料停送时散落。为了确保计量精度,螺杆螺旋必须精密

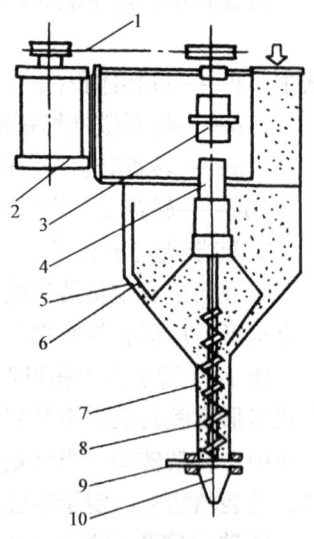

图 2-52 螺杆定容定量
装置工作原理
1—腔管 2—电动机 3—电控
离合器 4—轴 5—料斗
6—搅拌器 7—导管 8—螺杆
9—控制闸 10—漏斗

加工，使每一螺距内螺旋槽的理论容积都准确一致。螺杆应铅垂安装，以便于物料充满螺旋槽。螺杆外径与导管之间的间隙应选择适当。在导管内的螺旋扣数一般不少于5扣。

螺杆定量装置的生产能力 $Q(\text{kg/min})$ 为

$$Q = V\rho nm \tag{2-7}$$

式中 $V$——每圈螺旋槽的体积($\text{m}^3$)；
$\rho$——物料散堆堆积密度($\text{kg/m}^3$)；
$n$——每次定量螺杆的转数；
$m$——每分钟定量次数。

4. 柱塞式定量装置

图 2-53 所示为柱塞式定容定量装置简图。柱塞4 在往复运动的行程中形成一定的定量容腔。由于柱塞往复运动可承受一定的推力，故这种装置不仅适用于松散粉粒物料的定量，可用于流动性差、易结块的物品的定量。

柱塞式定容定量装置的生产能力 $Q(\text{kg/min})$ 为

$$Q = FS\rho nk \tag{2-8}$$

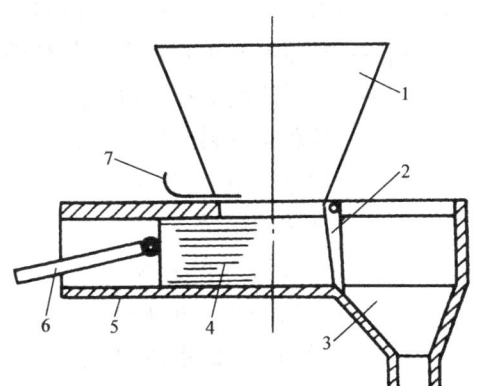

图 2-53 柱塞式定容定量装置
1—斗 2—活门 3—漏斗 4—柱塞 5—柱塞缸
6—连杆机构 7—调节阀门

式中 $F$——柱塞容腔横截面积($\text{m}^2$)；
$S$——柱塞行程(m)；
$\rho$——物料的散堆堆积密度($\text{kg/m}^3$)；
$n$——每分钟定量次数；
$k$——物料充填系数，由试验确定，一般可取 $k = 0.6 \sim 1.0$。

### 2.4.2 粉粒物料的称重定量装置

称重定量是利用秤对物料称取其质量值而实现定量的方法，其称量精度主要取决于称量装置的精度，一般可达 0.1%。因此，应用非常广泛。

称重定量法按工作原理的不同可分为两类：一类是基于杠杆力矩平衡原理的间歇称量法；另一类是基于瞬时物流闭环控制原理的连续称量等分截取计量法。后者定量精度高，速度快，在高速自动包装机中应用较广。

1. 间歇称重定量装置

图 2-54 所示为间歇称重定量装置工作原理图。秤的基本组成部分为秤梁、配重主砝码与微调砝码、支承座、称量料斗等，其力学模型如图 2-55 所示。由力矩平衡原理及 $m = W/g$ 可得

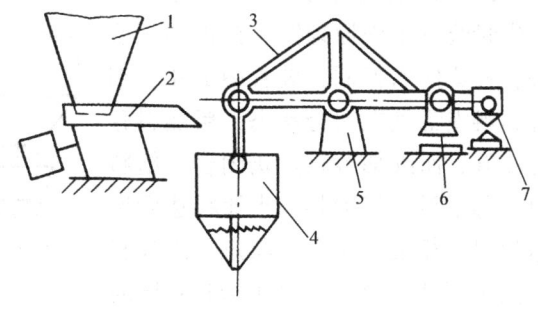

图 2-54 间歇称重定量装置工作原理图
1—料斗 2—供料机 3—秤梁 4—称量料斗 5—支承座
6—配重砝码 7—称重检测控制装置

$$W = (W_1 L_1 + W_2 L_2 + W_3 L_3)/L_0 - W_0 \qquad (2\text{-}9)$$

或

$$m = (m_1 L_1 + m_2 L_2 + m_3 L_3)/L_0 - m_0 \qquad (2\text{-}10)$$

式中　$L_1$——秤梁重心到支承点 $O$ 的水平距离(m);

　　　$L_2$——主砝码到支承点 $O$ 的水平距离(m);

　　　$L_3$——微调砝码到支承点 $O$ 的水平距离(m);

　　　$L_0$——称量料斗重心到支承点 $O$ 的水平距离(m);

　　　$W$——称量物料的重力(N);

　　　$m$——所称量物料的质量(kg);

　　　$W_1$——秤梁的重力(N);

　　　$m_1$——秤梁的质量(kg);

　　　$W_2$——主砝码的重力(N);

　　　$m_2$——主砝码的质量(kg);

　　　$W_3$——微调砝码的重力(N);

　　　$m_3$——微调砝码的质量(kg);

　　　$W_0$——称量料斗的重力(N);

　　　$m_0$——称量料斗的质量(kg)。

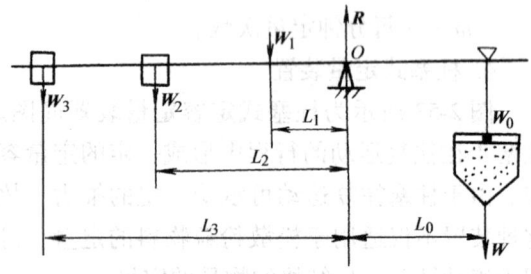

图 2-55　杠杆秤力学模型

对于给定的杠杆秤来说，称量料斗质量 $m_0$、秤梁质量 $m_1$ 及长度 $L_0$、$L_1$ 都为定值，而主砝码质量 $m_2$、微调砝码质量 $m_3$ 及长度 $L_2$、$L_3$ 为参变量，一般称 $m_2 L_2$ 为粗调参量，$m_3 L_3$ 为细调参量。称量时，先按计量值 $m$ 调好 $m_2 L_2$、$m_3 L_3$，再向称量料斗加入物料，使秤梁由向右倾斜转至水平状态。通常利用秤梁的位置变化实现称重定量的检测控制，从而达到对称量过程的自动控制的目的。

间歇称重定量的杠杆秤的秤梁的平衡属于动态平衡，为了减少惯性力的影响，常要求给称量料斗加料分为粗加料、细加料两个阶段进行。这就需要具有高灵敏度的检测控制装置予以保证。检测控制装置有有触点电气检测控制和无触点电气检测控制之分。

图 2-56 所示为有触点检测控制称重定量装置工作原理图。在粗加料阶段，秤梁向右倾斜，装置中的粗、细加料触点都处在闭合状态。粗加料触点断开，而细加料触点仍闭合，给料机对称量料斗细加料。当加料达到定量值时，秤梁处于水平状态，细加料触点也断开，给料机停止给料；同时发出开启称量料斗活门的信号，使称量料斗打开活门，把已称量的物料卸出。称量料斗卸完物料后，秤梁再次向右倾斜，粗细加料触点都又闭合，开始新的称量工作循环。电气触点检

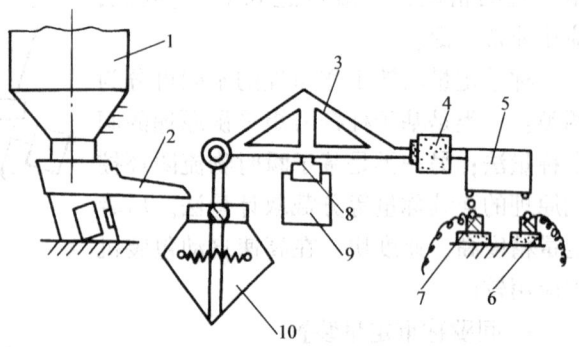

图 2-56　有触点检测控制称重定量装置工作原理图
1—料斗　2—电振给料机　3—秤梁　4—配重砝码
5—检控规板　6—粗加料触点　7—细加料触点
8—刃支承　9—支承座　10—称量料斗

测控制装置结构简单,但存在电火花熔蚀和粉尘沾污问题,长期工作,可靠性有所降低,需定时进行检修。

无触点检测控制装置应用差动变压器、光敏元件及电子器件检测传感器,对称量系统的预定称量程序进行检测控制,得到相应信号,经电子装置放大后,自动控制执行机构按要求程序进行称量工作,其控制原理图如图2-57所示。这种检测控制装置工作可靠,精度高,速度快,在高速包装机中应用较广。

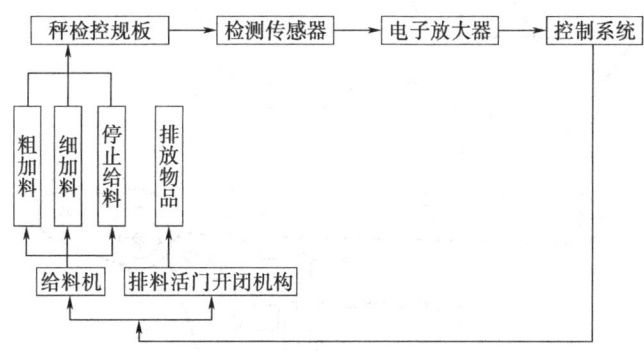

图2-57 无触点检测控制称重定量工作原理框图

图2-58所示为无触点二级光控称重定量装置工作原理图。开始计量时,由于砝码6的重量,秤梁向右倾斜,秤尾落于限位台10上,挡光板8移到第一级光控系统工作,电磁振动给料机2快速向称量料斗3加料。当加料达80%~90%时,秤尾已升起,挡光板8切断第一级光控光源,第二级光敏系统开始工作,发出信号,改变电磁振动给料机振幅,以缓慢速度实施细加料。当加到定量值时,秤尾挡光板8使第二级光控制的光源切断,发出第二次信号,使电磁振动给料机停止加料,至此,一次计量完毕,并同时控制称量料斗排料。排料完毕,秤梁又恢复向右倾斜状态,开始下一次称量工作循环。

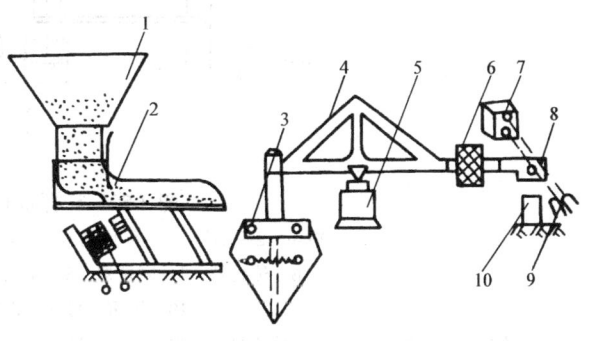

图2-58 无触点二级光控称重定量装置工作原理图
1—贮料料斗 2—电磁振动给料机 3—称量料斗 4—秤梁
5—支座 6—砝码 7—光控系统 8—挡光板
9—光源 10—限位台

2. 连续称重定量装置

连续称重定量装置的控制系统都是由电子系统组成的,故统称为电子秤连续称重定量装置。连续称重定量是通过控制物料流量及流动时间间隔来计量。根据物料 = 物料流速 × 时间 × 流道横截面积的关系式,当物料密度变化时,可借调节物料流的横截面积或移动速度来达到流量的稳定。要完成这一密度变化反馈与即时流动参数调节的连续过程,要求具有闭环控制回路。

连续式称重时,物料在秤盘上没有停顿时间,称量速度很快,一般达到150~300件/min。

因属于动态称重，物料在运动中难免会有振动或冲击等现象，影响到称量精度。

（1）带式秤　带式秤尤其适合于能连续依靠带式运输机输送的颗粒状物料，如粮食、盐、糖等的包装计量。

图 2-59 所示为一典型的杠杆带式秤结构简图。此带式秤主体由秤架和平行板簧组成，另配有传感器和限位器、阻尼器等。

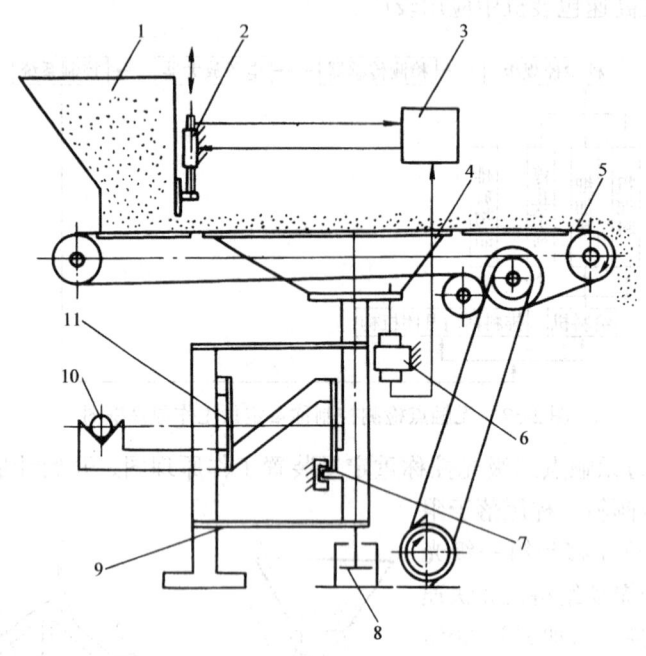

图 2-59　杠杆带式秤
1—料斗　2—闸门　3—称重调节器　4—秤架平台　5—传送带
6—传感器　7—限位器　8—阻尼器　9—平行板簧
10—配重　11—弹性支点

工作时，物料由料斗 1 流到传送带 5 上，当物流经过传动带下方的秤架平台 4 时即可测出该段物料的实际重量。若物料密度有变化，秤架将会产生上下位移，并由传感器 6 转换成电信号反馈给称重调节器 3，使控制阀门 2 的开启度得到微调，达到维持物料流量恒定的目标。

为了提高秤体的工作速度，可以采用比较平衡法，即，使秤架和物料的总重量与外加配重相平衡。先行设定一基准值，使平行板簧 9 呈水平状态的基准值，当物重偏离基准值时，平行板簧则因受力而变形。若是线性弹簧，则位移量与重量偏差量成正比，由此推算物料的实际重量。

图 2-60 所示为电子带式秤的计量原理图。除用作计量外，还可作为物料重量流量测定和计算及连续配比。计量精度 ±2%，计量范围为 50～1000g/包。其工作原理是：由秤盘 10 感应到其上面一传送带段上的物料重量变化。通过差动变压器 6 的位移变化，将此变化转为相应的电量变化，再经调节器和放大器，驱动可逆电动机 8，带动放料闸门控制传送带上物料层厚度，以保持带上物流流量为一定值。然后由与传送带同步转动的等分圆料盘，每次截取相同量的料层。秤体采用等臂天平微型轴承支承，精度高，对温度敏感度

小。Ω形弹簧5参与计量，并起制动作用。油阻尼器4达到稳定平衡目的。限位器3使秤的位移限制在一定范围内。

当外界或物料的比重有变化时，经过电子元件的反馈，可调节闸门9开关度，保证物料流量及时调整到给定要求。

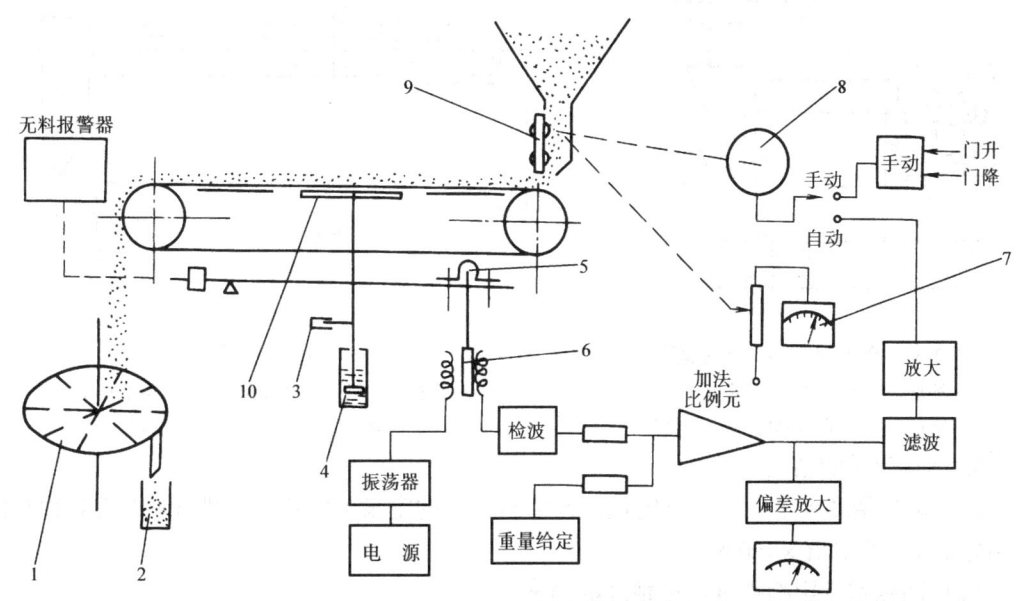

图 2-60  电子带式秤原理示意图
1—料盘  2—容器  3—限位器  4—油阻尼器  5—Ω形弹簧  6—差动变压器
7—比重计  8—可逆电动机  9—闸门  10—秤盘

（2）弹簧秤  图2-61为用于自动重量选别机上的弹簧平衡式电子秤。它可对运动中物品连续逐个称量，将合格品和不合格品进行自动分类。该弹簧秤适用于袋装、罐装、盒装的洗衣粉、食品、药品等的重量检验。

弹簧平衡式电子秤采用比较测量的方法，只测量对标准重量的偏差值，标准重量由定值机构5设定。如包装好的物件重为250g，送入秤盘1后，就立即和预设定的标定值250g作比较，在合格偏差范围内（如±10g），则无信号输出；若超重或超轻，则秤盘1发出位移信号，此信号通过差动变压器3把它变成电信号，经放大使电磁铁动作，不合格品即被分选出来。

弹簧平衡式电子秤的限位器2、阻尼器4等的结构和作用都与电子带式秤一样。不同的是它没有刀口或滚子轴承等作为支承点，而用平行弹簧片6作弹性支承。其优点是精度高、反应快、寿命长；缺点是温度对弹簧片影响较大。

（3）螺旋推进连续秤  螺旋推进连续秤适用于不会发生粘连和起拱的颗粒状物料。图2-62为其工作原理示意图。

物料经螺旋给料器3流到斜向挡板4上，根据物料下落的冲力的水平或垂直分量，经电子秤5转换成与该冲力成比例的电信号，通过控制器6调节螺旋给料器3的转速，达到准确定时称量的目的。物料的降落高度及对挡板的下冲角度和接触面积是影响螺旋推进连续秤正常工作的主要因素。

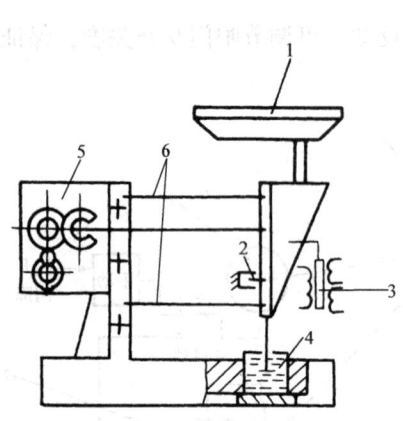 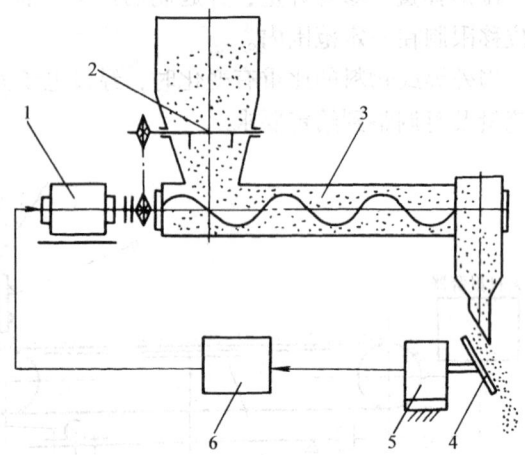

图 2-61　弹簧平衡电子秤原理图　　　　　图 2-62　螺旋推进连续秤
1—秤盘　2—限位器　3—差动变压器　　　1—伺服电动机　2—搅动器　3—螺旋给料器
4—阻尼器　5—定值机构　6—弹簧片　　　4—挡板　5—电子秤　6—控制器

**3. 称重定量的精度**

称重定量精度 $\delta$ 定义为称重定量误差值与给定的定量值的比率，即 $\delta = |$ 实际称量值 $-$ 给定值 $|/$ 给定值 $\times 100\%$。

（1）间歇称量影响称重定量精度的因素

1）给料系统的影响。一般间歇称重计量过程可分为三个阶段：粗给料、细给料与停止给料后的排料。给料装置要能很好地适应各给料阶段的给料要求变化，就要求给料机具有良好的可调性和灵敏度。由于检测传感器受反应灵敏的限制，以及信号的反馈及执行装置动作造成的时间滞后，都会引起计量偏差，因此，实际生产中，常进行反复测试、调试，尽量减小动作时间滞后的影响，以保证计量误差在允许范围以内。

2）落差的影响。给料装置的出料口与称量漏斗之间总有一定高度差。假定给料系统确能准时停止给料，但给料出口至称量漏斗内物料表面之间仍存在一段连续物流，它必定要落入称量料斗，从而也引起计量误差。因此，要减小物流落差的影响，设计时，应尽可能地减小给料装置出口至称量料斗之间的距离，并减小细给料时的物流量。

3）物料性能的影响。被称物料的物理性能，如流动性、散堆密度的稳定性、吸潮结块性等，在称量过程中都影响定量精度。如流动性差的物料，物料因粘附在称量漏斗壁上会引起计量偏小的误差；散堆密度不稳定的物料会通过落差而影响计量精度；物料易结块时，结块物料在坠落时产生冲击力较大，导致称量动作失常，引起误检测，造成计量误差。

（2）连续称量中影响称量精度的因素

1）机械系统的影响。首先是秤支承的影响。支承除满足感应灵敏度、具有良好的持久精度外，在称量检测过程中，各支承还不应有任何位移产生。载物输送装置用于物料的均匀输送与称量检测，应提供正确的物流流率调节依据，因此，必须保证称量的物流受到完全称量且不受干扰。传送带的张力过大、称量秤盘与托板间配置不当都会引起称量检测不完全或受干扰。传送带跑偏与打滑，将会造成严重的计量不准。等分截取装置中，各等分斗格的位置、形状、几何尺寸是否一致，运转速度是否恒定都直接影响每等分计量值是否符合要求。

2）电子系统的影响。电子系统必须具有高的灵敏度和工作可靠性。而其灵敏度和可靠性与电子元件的工作特性、供电电压的稳定性及电子线路的正确设计有关。供电电压的变动对电子器件的工作状态影响较大，对于要求计量精度高的电子秤称量装置，需配置高稳定性的供电电源。

3）物料性能的影响。物料在载物传送带上流动时或多或少有粘附现象，引起计量不准确；物料散堆密度突变，如有大结块，会引起检测系统误动作，造成较大的计量误差。对于有大结块的松散粉粒物料，须先进行必要的粉碎处理。

### 2.4.3 定形物料的计数定量装置

计数定量可分为单个物料（如香皂、糖果、面包等）的定量和集中物料（如火柴、卷烟、药片等）的定量。

单件物料的计数常采用冲头式计数装置；集中物料的计数常采用模孔计数装置、容腔计数装置、推板定长计数装置等。

现分别介绍常用的一些计数装置。

1. 冲头式计数装置

图 2-63 所示为冲头式块状物料的单个计数给料装置定量给料原理及程序图。图 2-63a 所示为物料 2 由输送机沿承物台推进，并由下冲头 3 所承接的工序图；图 2-63b 所示为上冲头 1 先下行，并与下冲头 3 一起夹持物料向下运动的工况，图 2-63c 所示为当上冲头 1 下行至挡住后续物料后停止向下运动，而下冲头 3 继续承托物料下行到与工作台面等高后也停止时的工况图；图 2-63d 所示为水平冲头 4 将物料向左推送到后续工位时的工况图；图 2-63e 所示为水平冲头 4 复位后，下冲头 3 向上行进去承接后一物料，与此同时，上冲头向上行进，以便其所挡的物料运动到下冲头 3 工作面工时的工况图。至此，一个计数工作循环结束，下一个计数循环开始。

冲头计数装置中冲头多为往复间歇运动，需要的驱动机构复杂，设计、制造难度较大，计数能力

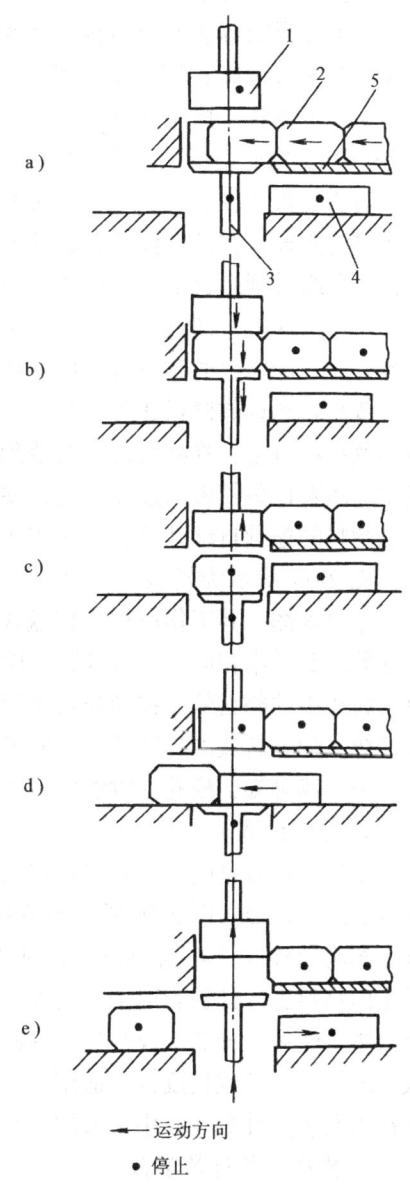

→ 运动方向
● 停止

图 2-63 冲头式计数给料装置工艺原理图
1—上冲头 2—物料 3—下冲头
4—水平冲头 5—承物台

低。因此，应尽量避免选用这类装置。

### 2. 模孔计数装置

模孔式计数装置按结构形式分为转盘式与转鼓式等。模孔计数法适用于长径比小的颗粒物料的集中自动包装定量。

图 2-64 所示为转盘式模孔计数装置工作原理图。计数模板 3 上开设有若干组孔眼，孔径比物料颗粒直径大 0.5~1.0mm。计数模板 3 厚度比物料厚度略大一点，确保每个孔只能容纳 1 个物料。计数模板 3 下端装有带卸料槽的承托盘 4，承托盘 4 固定不转，托住充填在计数模板 3 模孔中的物料。计数模板 3 上方装有扇形透明盖板 2，它将未落入模孔的多余物料刮除掉。在计数模板 3 转动过程中，某孔组转到卸料槽处，该孔组中的物料靠自重而落入卸料漏斗 6 进而装入待装容器。卸完料的孔组转到散堆物料处，依靠转动计数模板 3 与物料之间的搓动及物料自重，物品便自动充填到孔眼中。随着计数模板的连续转动，便实现了物料的连续自动计数、卸料作业。

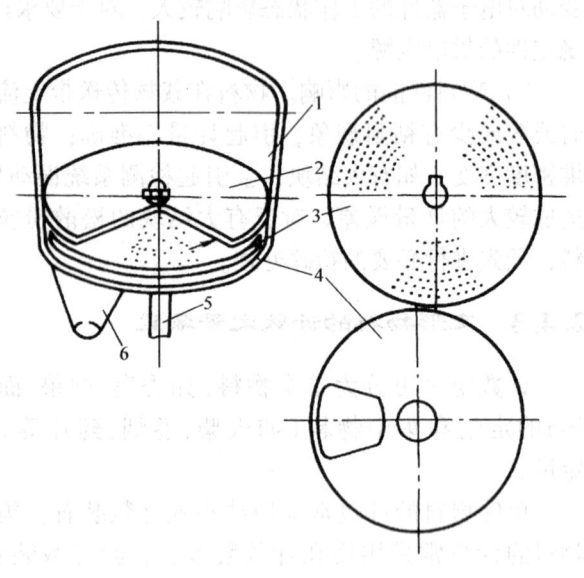

图 2-64 转盘式模孔计数装置工作原理图
1—料斗 2—盖板 3—计数模板
4—承托盘 5—轴 6—卸料漏斗

图 2-65 所示为转鼓式模孔计数装置工作原理图。其工作原理与转盘式模孔计数装置基本相同。转鼓外圆柱面上按要求等间距地开设出若干组计数盲孔。转鼓转动时，料斗中的物料依靠搓动与自重而落入盲孔，待转至出料口时自动落下，即完成一次定量计数。随着转鼓的连续转动，便可实现连续地自动计数作业。

由上述可知，模孔计数法定量准确，计数效率高，结构也较简单，故应用较广泛。

### 3. 容腔计数装置

根据一定数量的成件物料在容器中所占体积基本为定值的特点，利用容腔的大小实现物料的定量计数。图 2-66 所示为棒枝状物料容腔计数装置工作原理图。棒枝状物料顺利落下充满计数容腔 4。物料充满容腔后，闸板 5 插入料斗与容腔 4 之间的接口界面，隔断料斗内物料进入计数容腔 4 的通道。此后柱塞式冲头 2 将计数容腔 4 内的物料推送到包装容器中。然后，冲头 2 及闸板 5 返回，开始下一个计数工作循环。这种装置结构简单，计数速度快，但计数精度低，适用于具有规则形状的棒状物料且计量差较大的场合的计数，如在火柴装盒计数作业中常采用此类装置。

### 4. 推板定长计数装置

规则块体物品的尺寸是基本一致的，当这些物料按一定的顺序排列时，则在其排列方向上的长度就由单个物料的长度尺寸与物料的件数之积所决定。用一定长度的推板推送这些规则排列物料，即可实现计数给料的目的。

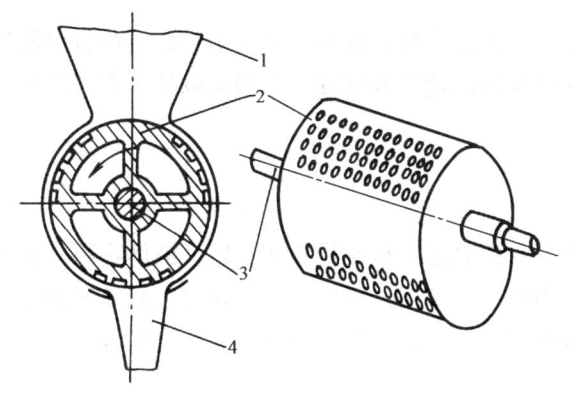
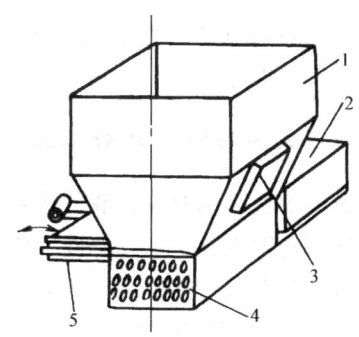

图 2-65 转鼓式模孔计数装置工作原理图
1—料斗 2—计数转鼓 3—转轴 4—卸料漏斗

图 2-66 棒枝状物料容腔计数
装置工作原理图
1—料斗 2—冲头 3—振动器
4—计数容腔 5—闸板

图 2-67 所示为推板定长计数给料装置工作原理图。待包装的规则块状物料 5 经定向排列后由输送装置 4 送达挡板 1、2 之间,然后由计数推板 3 推送物料到裹包工位。挡板 1、2 间的间隔尺寸即是推板 3 一次所计量的物料件数的总宽度,可表示为

$$B = nb + \Delta \tag{2-11}$$

式中 $B$——挡板 1、2 之间的距离(mm);
 $b$——每件规则物料在定向排列方向的宽度(mm);
 $n$——推板一次定量物料的件数;
 $\Delta$——余隙,常取 $1 < \Delta < 1/2 b$ (mm)。

推板的长度 $L$ 应满足 $(n-1)b < L < nb$ (mm),一般取 $L \approx (n-0.5)b$ (mm)。推板高度 $H$ 常取 $H \approx (0.8 \sim 1.2)h$ (mm),$h$ 为物料高度(mm)。

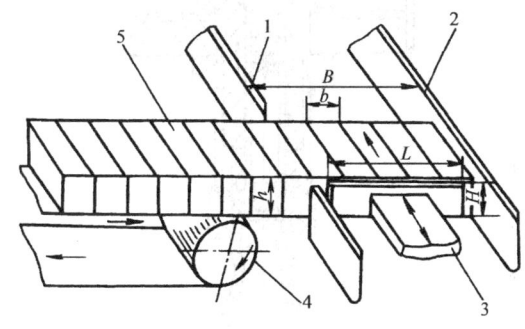
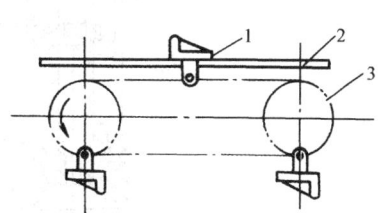

图 2-67 推板定长计数给料装置工作原理图
1,2—挡板 3—计数推板 4—输送装置 5—物料

图 2-68 链推板机构
1—推板 2—台面板 3—牵引链

计数推板 3 可用凸轮机构或曲柄连杆机构驱动作往复直线运动,或用图 2-68 所示的链推板机构。选用何种驱动机构,应由工艺要求及总体设计而定,应力求工作可靠、结构简单。

## 5. 其他形式的计数装置

规则形状的物料品种、类型很多，除上述各种计数装置外，还采用其他一些特殊的计数装置，如利用轮系中传动比的关系实现计数的齿轮计数装置，利用光电技术实现计数的光电计数装置等。

### 2.4.4 液体物料的定量装置

液体物料有纯液体、液汁或乳浊液等。与松散态的粉粒物料相比较，液体物料具有流动性好、密度比较稳定等特性，所以液体物料通常采用体积法定量。根据控制体积的方式来进行灌装定量，体积定量法分为：定量杯定量、容器自身定量和定量泵定量等。

#### 1. 定量杯定量装置

定量杯定量法是先将液体注入定量杯中进行体积定量，然后再将它灌入容器中。这种方法定量比较准确。

图 2-69 所示为移动式定量杯定量装置工作原理图。在瓶子未上升时，定量杯 1 的上缘由于在弹簧 7 作用下处于贮液箱 14 的液面之下而充满液料；随后，瓶子上升将灌装头 8

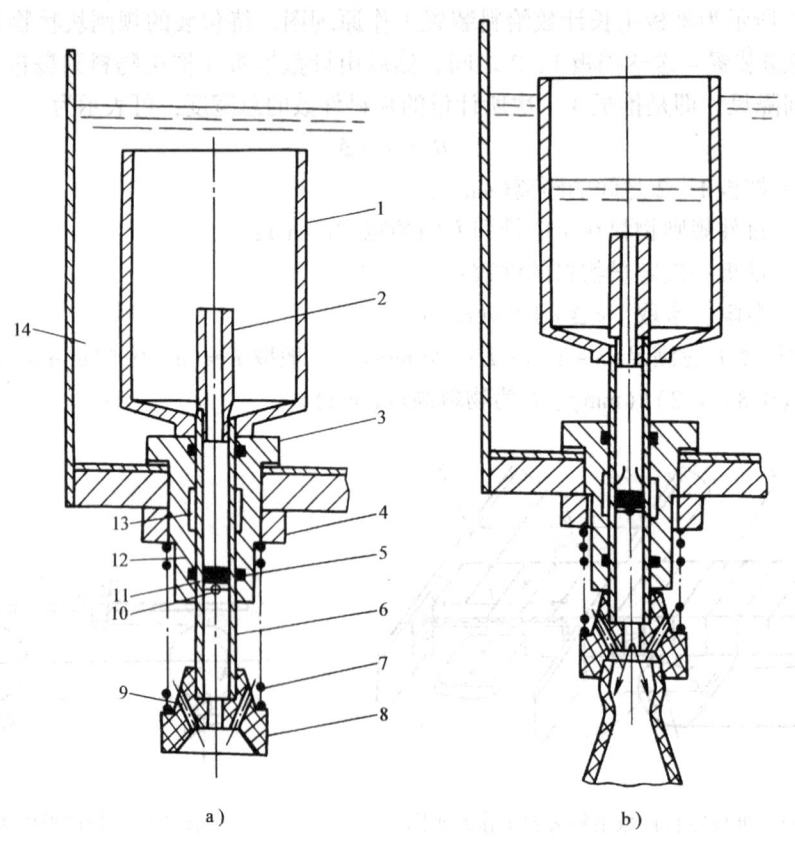

图 2-69　移动式定量杯定量装置工作原理图

1—定量杯　2—调节管　3—阀体　4—紧固螺母　5—密封圈　6—进液管　7—弹簧
8—灌装头　9—透气孔　10—下孔　11—隔板　12—上孔　13—中间槽　14—贮液箱

和与其固连的进液管 6、定量杯 1 一起向上抬，使定量杯上缘超出液面；此时，进液管 6 内的隔板 11 及两边上孔 12、下孔 10 恰好位于阀体 3 的中间槽 13 之间而连通。于是定量杯 1 中液料自调节管 2 流下进入瓶中。瓶中空气由灌装头 8 上的透气孔 9 逸出。当定量杯 1 中液料的液面降至调节管 2 的上沿面时，便完成一次定量灌装。改变调节管 2 在定量杯 1 中的相对高度即可调节每次灌装定量值。

图 2-70 所示为固定式量杯定量装置工作原理图，在瓶子未上升时（见图 2-70a），阀门 5 上口开启，液体物料由贮液箱流入定量杯 3 中。当定量杯 3 中液面上升至排气管 2 下端管口时，液料封住排气管 2 的管口，定量杯 3 内液面以上的空气无处排泄使液面不再升高。排气管 2 中的液面继续上升，直到排气管 2 中液面与贮液箱 1 中液面等高为止，此时即完成定量工作。当待装瓶上升并推动进液管 6 上升时，阀门 5 的上口关闭，而下部灌装阀开启，定量杯 3 中的液料经灌装阀，进液管 6 灌装入待装瓶内。调节排气管 2 插入定量杯 3 中的相对深度可调节每次灌装定量值。

2. 容器自身定量装置

容器自身定量法是通过灌装时直接对待装容器中液面高度的控制而实现定量的方法。因常用的待装容器多为瓶子，故此法又称为以瓶定量法。此种定量方法简便，但定量精度受瓶子几何尺寸精度的影响较大。

图 2-71 所示为容器自身定量装置工作原理图。如图 2-71a 所示，灌装前，灌装头 7 与滑套 6 下端口呈密闭状态，滑套 6 内腔液料被封死。当有瓶将滑套 6 抬起时，灌装头 7 与滑套 6 下端口之间形成液流口，液料灌注入瓶，待装瓶子内空气经排气管 1 排至贮液箱 9 上面的空气中，如图 2-71b 所示工作状态。

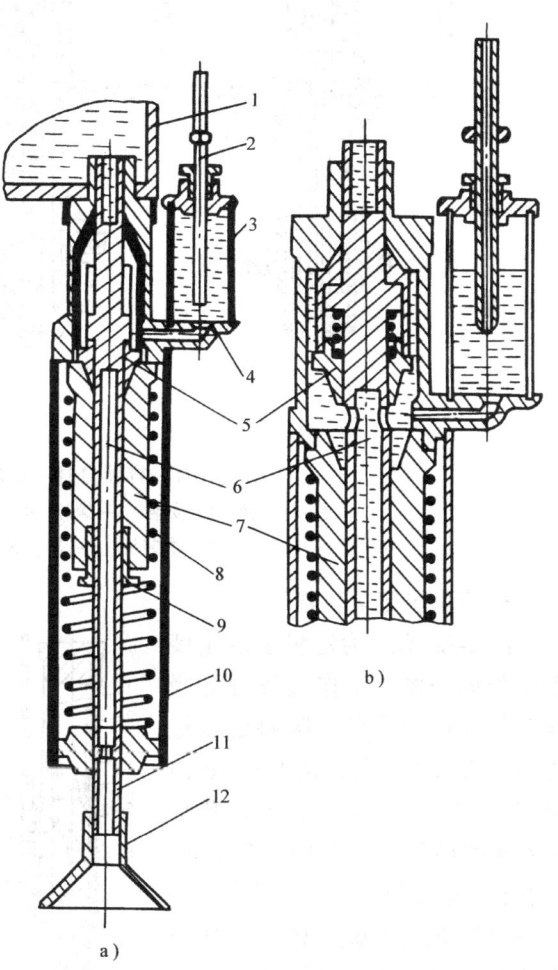

图 2-70 固定式量杯定量装置工作原理图
1—贮液箱 2—排气管 3—定量杯 4—座体
5—阀门 6—进液管 7—套筒 8—弹簧
9—填料盖 10—导管 11—灌装头 12—定心锥

当液面高度到达排气管 1 的管口 A—A 截面（如图 2-71c 所示工作状态）时，瓶内空气因无处排泄而被继续流入的液料所压缩。当瓶内液面以上的空气受到的压力与排气管 1 下端管口内截面上液料的静压力达到平衡时，瓶内液面不再升高，液料沿排气管 1 一直上升至与贮液箱 9 内液面等高为止，已装液料的瓶子下降后，在压缩弹簧 4 作用下，灌装头 7 与滑套 6 重新封闭。当已装液料瓶子瓶口与橡胶垫 5 脱离接触后排气管内的液料随即流入瓶内，使瓶内液面升到定量高度位置，即完成一次定量灌装作业。欲改变定量值，可借调节螺母 8 使排气管 1 插入待装瓶内的相对高度位置改变而实现。

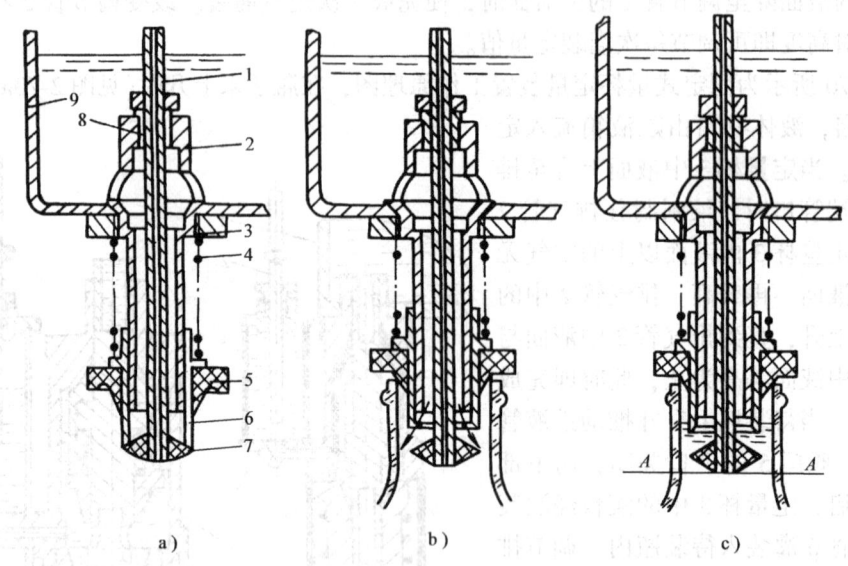

图 2-71 容器自身定量装置工作原理图
1—排气管 2—支架 3—螺母 4—弹簧 5—橡胶垫 6—滑套
7—灌装头 8—调节螺母 9—贮液箱

### 3. 定量泵定量装置

图 2-72 所示为定量泵定量装置工作原理图。工作过程分为吸料定量和压料灌装。吸料定量过程中，活塞 9 下行，活塞缸 10 内形成一定的真空度，此时，弧形槽 6 把贮料箱 1 和活塞缸 10 接通，贮料箱 1 中物料在大气压及自重作用下被吸压入活塞缸 10 中。压料灌装过程中，待装容器随升降机构上升，紧顶灌装头 8，且使下料孔 7 与活塞缸 10 接通，活塞缸 10 内腔与贮料箱 1 断开，此时，活塞上行，便把物料沿下料孔 7 压入待装容器。调节活塞行程即可改变定量值。

定量泵定量法适用于粘度大、流动性差的液体及粘稠体；也可

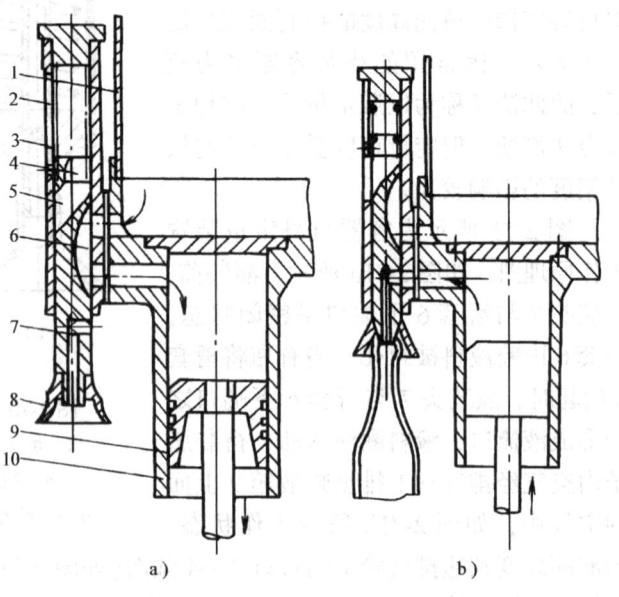

图 2-72 定量泵定量装置工作原理图
1—贮料箱 2—阀座 3—弹簧 4—导向螺钉 5—滑阀 6—弧形槽
7—下料孔 8—灌装头 9—活塞 10—活塞缸

用于粘度小、流动性好，但待装容器口颈的通流面积很小的液体物料，如针剂注射液等。

## 2.5 传送装置

传送装置的作用是将工件本身或工件的载送器按生产工艺的要求从一个工位传送到另一个工位，或在传送过程中对工件进行工艺操作。

传送装置可分为连续传送和间歇传送两大类。根据运动的方式，可分为直线—连续、回转—连续、直线—间歇、回转—间歇等方式。根据驱动方式，又可分为机械驱动、液压驱动、气压驱动和电磁驱动等。

### 2.5.1 连续传送装置

连续传送装置是按一定的传送路线连续地传送工件的装置。它是组织机械化生产、流水作业线及自动生产线的基础，在工业生产中得到了广泛的应用。例如，在糖果包装机中，把糖块从料斗连续不断地传送到包装工位；在啤酒灌装车间，在清洗、灌装、压盖、贴标与装箱工位之间配以相应的传送装置，就形成一条连续的生产线。

连续传送装置可分为直线—连续和回转—连续两种形式。

1. 直线—连续传送装置

直线—连续传送装置是采用传送带或螺杆等传送件将工件沿直线方向连续传送。其优点是生产效率高，传送距离长，设备简单，工作可靠和操作简便。常见的形式有带式传送装置、链式传送装置和螺杆式传送装置。

直线—连续传送装置的生产率 $Q$(件/h) 为

$$Q = 3600v/a \tag{2-12}$$

式中　$v$——传送装置的工作速度(m/s)；

　　　$a$——每两件物料之间的距离(m)。

（1）带式传送装置　图 2-73 所示为用于玻璃瓶退火的传送装置，它由下列主要零部件组成：驱动辊 1、传送带 2、转向辊 3、张紧辊 4 和承托辊 5。传送带 2 绕在各辊上，由驱动辊驱动，成形的玻璃瓶从传送带的右端进入传送带，缓慢地经过退火窑炉腔，在传送带的左端即可获得已退火的玻璃瓶成品。

在带式传送装置中，传送带既是牵引构件，又是承载构件，常用的传送带有橡胶帆布带、编织带、塑料带、尼龙绳、钢带和钢丝网带等。驱动辊由驱动装置驱动，驱动传送带的能力与传送带在驱动辊上的包角大小、传送带与驱动辊之间的摩擦因数有关。转向辊用于增大传动包角。承托辊用于承托物品的

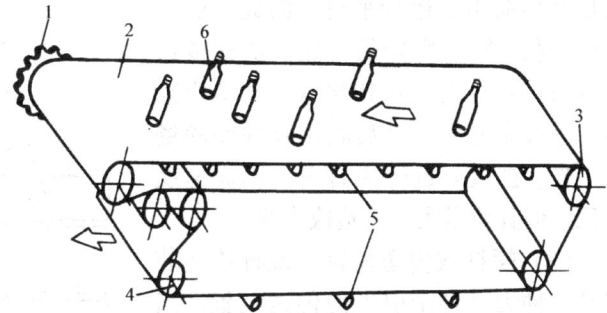

图 2-73　带式传送装置
1—驱动辊　2—传送带　3—转向辊
4—张紧辊　5—承托辊　6—玻璃制品

重量，防止传送带下垂。张紧辊用于调节传送带的张紧力，以保持传送带的驱动能力，常用的张紧装置有重锤式和螺旋式两种。

(2) 链式传送装置　链式传送装置中的牵引链一般采用标准套筒滚子链、特制长链片的套筒滚子链、平板链等。

图 2-74 为牙膏装盒机上传送牙膏的链式传送装置简图。牙膏支承在托板 1 上由传送链 4 带动作直线匀速传送，托板在导板上滑动。在传送过程中把牙膏装入牙膏盒内。托板 1 固定在底板 2 上，底板 2 固定在传送链特制的外链片 3 上。传送链由安装在工作分支前端的链轮驱动(图中未画出)。在工作分支上的底板 2 支承在导轨上，而导轨则固定在机架上，也可在底板下安装滚轮，这样可使传送链不因坯件的重量而下垂。

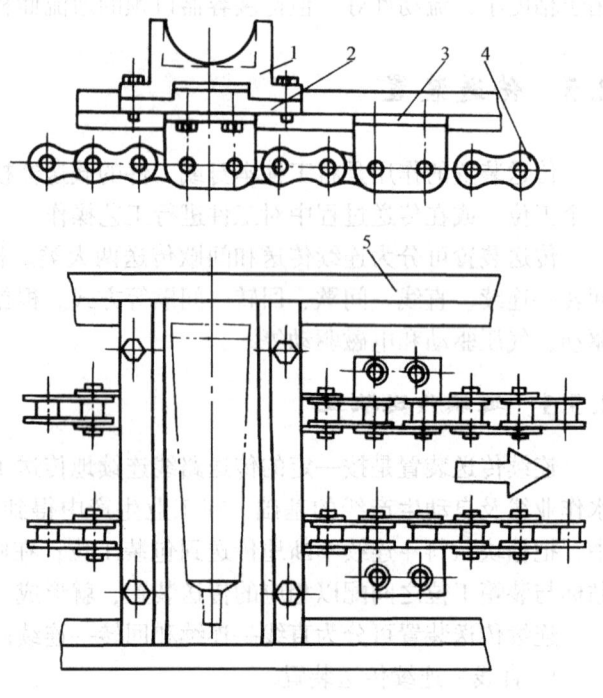

图 2-74　牙膏传送链简图
1—托板　2—底板　3—特制外链片　4—传送链　5—导板

在一些小型传送装置中，传送链可由平板链片用小轴铰接组装而成。平板链片结构如图 2-75a 所示，它既是牵引构件，又用作承载工件的托板，工件被放在平板链片上而被传送。与链片相啮合的链轮如图 2-75b 所示。传送装置运行中，平板链由导轨(导板)承托。这种传送装置的特点是结构简单，运行平稳。因此，被广泛用于瓶、罐等容器的传送。链式传送装置与带式传送装置相比较，其结构紧凑，承载能力大，以及能在条件差的场合工作。链板与链轮无打滑，因而速度平稳。但其重量大，制造成本高。

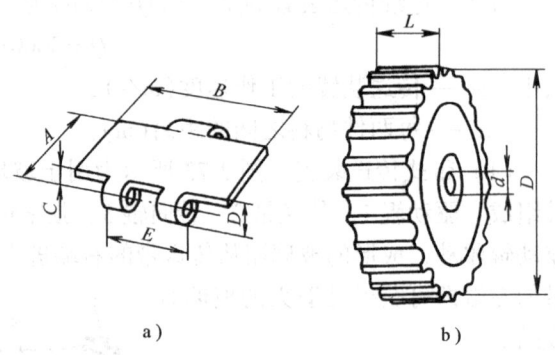

图 2-75　平板链片及链轮结构

(3) 螺杆式传送装置　螺杆传送装置是一种无挠性牵引件的传送装置。当螺杆旋转时借助于螺旋面将工件连续地向前传送。图 2-76 所示为双螺杆传送装置，其中一个为左旋螺杆，另一个为右

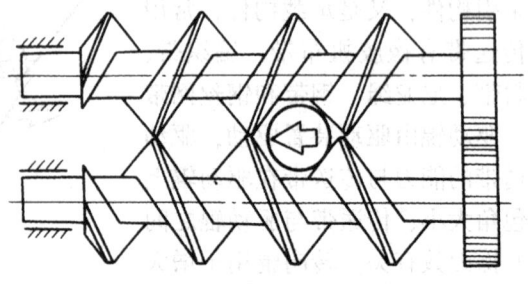

图 2-76　反向双螺杆传送装置

旋螺杆，两螺杆反向旋转，使工件连续地向前移动。

图2-77所示为食品、制药行业中所用的瓶、罐单螺杆传送装置工作原理图。它由螺杆2及侧面导板3组成，此螺杆的螺距沿长度方向逐渐变大。螺杆由传动系统驱动作等速转动，由传送带送来的瓶或罐导入螺旋槽中，在螺旋的推动下前进，同时被螺旋槽分隔开，到达出口端即传送给星形拨轮4与导板5组成的传送装置。

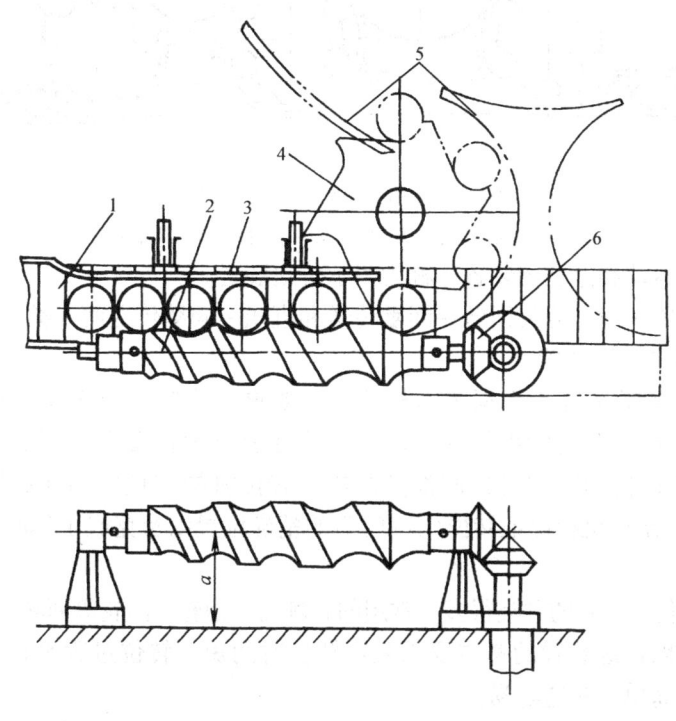

图2-77 单螺杆传送装置
1—传送带 2—螺杆 3—侧面导板 4—星形拨轮 5—导板 6—齿轮

2. 回转—连续传送装置

回转—连续传送装置通常用于多工位连续回转的自动机上，在工件连续回转的过程中对其进行工艺操作。回转—连续传送装置是由电动机、减速器和回转工作台等组成，使工作台获得匀速的回转运动。图2-78为液体装料机的传送示意图。空瓶罐由链式传送带1从左端送入，由爪式拨轮2分隔整理排列，沿定位板进入装料机3进行装料，装完料的瓶罐再由拨轮送入压盖机4中进行压盖，最后由拨轮送到链式传送装置的右端，向右输出，完成整个系统的瓶罐传送工作。设计时，爪式拨轮2的工作圆周的节距与工作机的工作圆周的节距须相等。

由于整个传送是连续进行，故其传动装置较为简单，只须由电动机经过一定减速就可传至各执行机构。

### 2.5.2 间歇传送装置

在多工位自动机中，工件需周期性的运动和停歇，停歇时完成对工件的工艺操作。这

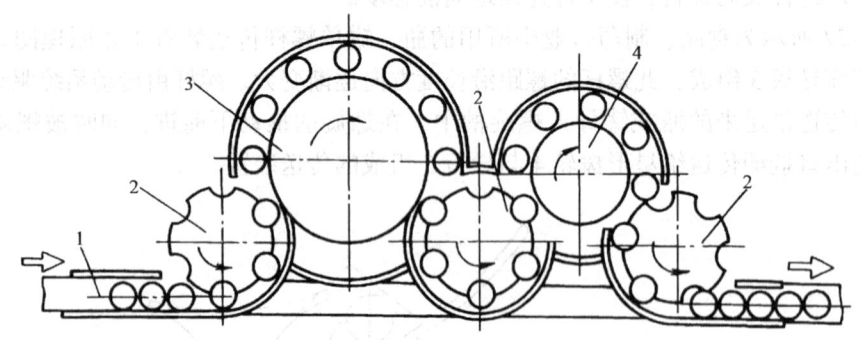

图 2-78 液体装料机传送示意图
1—链式传送带 2—拨轮 3—装料机 4—压盖机

种能使工件定期运动和停歇的装置,称为间歇传送装置。

间歇传送装置一般可分为回转—间歇传送和直线—间歇传送两大类。

1. 回转—间歇传送装置

回转—间歇传送装置是根据工作机的工作要求,将输入的连续回转运动转变为间断回转的输出运动,并使输出轴在回转后停止在要求的位置上。因而,回转—间歇传送装置应由转位机构和定位机构两部分组成。转位机构实现定期地旋转一定角度的转位(分度)动作。定位机构保证转位(分度)后的精确位置以及克服工作时可能产生的位置偏离。

回转—间歇传送装置的种类很多,常用的有棘轮、槽轮、凸轮等回转—间歇传送装置。

对回转—间歇传送装置的基本要求是:转位时间短,转位过程平稳无冲击,定位准确、持久,结构简单,制造容易。

(1) 棘轮回转—间歇传送装置  棘轮回转—间歇传送装置是利用棘轮机构来实现回转—间歇运动。如图 2-79 所示,棘轮机构由棘轮、棘爪与机架等组成的。主动杆 1 空套在与棘轮 3 固连的从动轴上。驱动棘爪 4 与主动杆 1 用转动副相联。当主动杆逆时针方向转动时,驱动棘爪便插入棘轮的齿槽使棘轮跟着转过其一角度。这时止回棘爪 5 在棘轮的齿背上滑过。当主动杆顺时针方向转动时,止回棘爪阻止棘轮发生顺时针方向转动,同时主动棘爪在棘轮的齿背上滑过,所以,此时棘轮静止不动。因此,当主动杆作连续的往复摆动时,棘轮便作单向的步进转位运动。

一般说来,凡是能使带棘爪的摆杆实现往复摆动的机构,都可以作为棘轮回转—间歇传送装置。如曲柄摇杆机构、凸轮机构、气液装置或电磁装置等驱动的棘轮机构。

(2) 槽轮回转—间歇传送装置  在各类回转—间歇传送装置中,应用最普遍的是槽轮转位机构。其特点是:效率

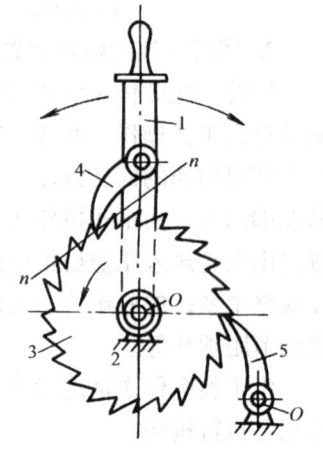

图 2-79 棘轮机构
1—主动杆 2—机架 3—棘轮
4—驱动棘爪 5—止回棘爪

高、结构简单、尺寸小、传动平稳。它的类型很多,主要有外槽轮机构和内槽轮机构。

图 2-80 为外槽轮机构,它由具有径向槽的槽轮 1 和具有圆柱销的转臂 2 等组成。主动件 2 作等速转动,而从动件 1 作间歇转动。当转臂上的圆柱销进入槽轮槽中时,转臂即驱动槽轮回转;当各转过一定的角度后,转臂上的圆柱销自槽轮的径向槽中脱离出来,由于槽轮的内锁止弧被转臂的外圆卡住,转臂继续回转,而槽轮则静止不动。直至转臂上的圆柱销再进入槽轮的另一径向槽时,又重复上述的运动循环。

图 2-81 所示为内槽轮机构,主动件转臂 2 与槽轮 1 转向相同,其工作过程与外槽轮机构相类似,应用没有外槽轮机构广泛。

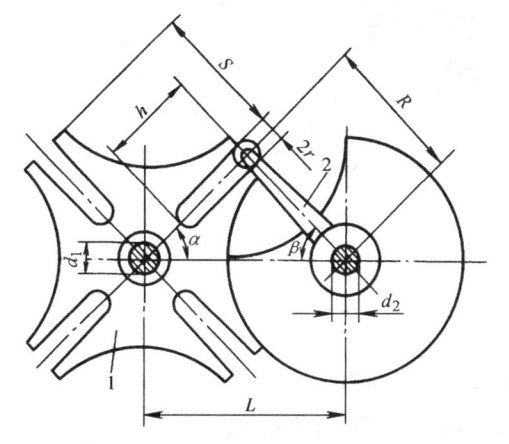 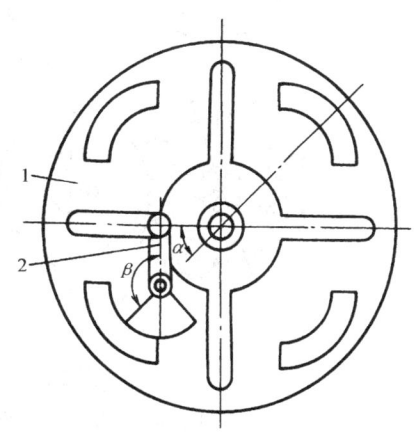

图 2-80　外槽轮机构  
1—槽轮　2—转臂

图 2-81　内槽轮机构  
1—槽轮　2—转臂

(3) 凸轮回转—间歇传送装置　前述的棘轮机构、槽轮机构虽然在各种自动机械中广泛用作分度转位传送机构,但由于其运动和动力特性完全受制于机构本身的结构形式,它们的运转速度不宜太高,否则,机构转位运动时的动载荷很大,产生强烈的冲击和振动,难于保证机器工作的准确度和可靠性。随着多工位自动机的高速化发展,要求有能在高速条件下平稳工作的转位机构与之相适应。具有强制驱动方式的凸轮转位机构,能较好地适应这种需要。

在回转—间歇传送装置中,采用凸轮转位机构,依靠凸轮轮廓曲线强制驱动从动件转位。它的运动规律完全取决于凸轮轮廓的形状,而凸轮轮廓曲线可以在设计时加以选择,以使其转位部件得到较理想的运动和动力特性,以适应高速转位需要。

下面介绍几种用于分度转位的凸轮机构。

1) 平行分度凸轮转位机构。图 2-82 所示为平行分度凸轮转位机构。主动件是由两个共轭凸轮 I、II 用键固结在主动轴 1 上构成的,凸轮 I 在凸轮 II 之上,为区别,将凸轮 I 画成实线,凸轮 II 画成双点画线,重合部分画实线。从动件由从动轮 3、从动轴 2 等组成。

图 2-82a 为半周式,即主动件旋转半周,从动件完成一次分度。在从动轮上面,均匀分布了 4 个从动辊,用 I′表示,画成实线;在从动轮下面,亦均匀分布 4 个从动辊,用 II′表示,画成双点画线;上下两层从动辊相间布置,相当于整个圆周上均匀分布了 8 个

从动辊，即每一次分度的度数为 45°。凸轮 I 每转一周，就驱动从动辊 I′，带动从动轴 2 转过一个分度角。凸轮 II 每转一周，亦驱动从动辊 II′，带动从动轴 2 转过一个分度角。凸轮 I 和凸轮 II 是对称布置，即当主动件转半周，必使从动件转过一个分度角。

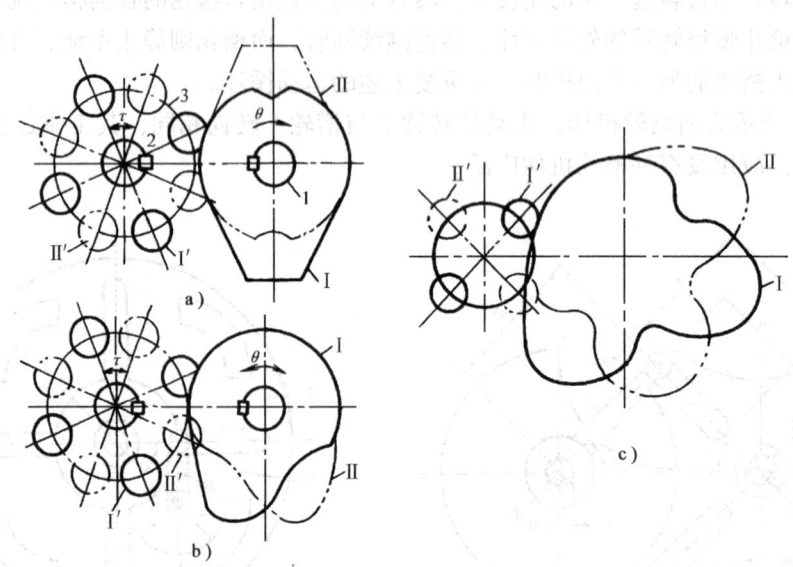

图 2-82 平行分度凸轮转位机构

I, II—凸轮　I′—凸轮 I 的从动辊　II′—凸轮 II 的从动辊
1—主动轴　2—从动轴　3—从动轮

图 2-82b 为一周式，即主动件匀速回转一周，从动件则转过一个分度角。如图示位置，当主动件匀速回转，开始驱动从动辊带动从动轴以某种特定的运动规律旋转，直到主动件转过 180°，从动件才转过 90°，主动件继续旋转 180°时，从动件保持静止不动。一个循环就完成了。

图 2-82c 所示的位置，主动件匀速旋转，凸轮 I 和凸轮 II 分别驱动各自的从动辊带动从动件旋转。当主动件转过 270°时，从动件转过 360°；主动件继续旋转 90°时，从动件静止不动。

2）圆柱分度凸轮转位机构。图 2-83 所示为圆柱分度凸轮转位机构，由圆柱分度凸轮 2 和滚子转盘轮 1 组成。圆柱分度凸轮的轮廓由螺旋曲线段和垂直轴线的直线段组成；滚子转盘轮端面用销轴安装着若干滚子，滚子按要求均布配置在同一圆周上。圆柱分度凸轮轮廓与滚子转盘轮上两滚子保持接触，凸轮轮廓与滚子保持着相当于蜗杆与蜗轮之间的啮合传动关系。凸轮作等速连续转动时，滚子转盘轮得到单向周期转位运动。

在图 2-83 情况下，转盘轮上 A、B 滚子与凸轮廓形工作面保持接触，滚子 B 开始进入凸轮轮廓的曲线段，凸轮转动时驱动滚子转盘轮转位，滚子 A 则逐渐脱离凸轮轮廓。随凸轮转动滚子 B 与凸轮轮廓的接触由曲线段到直线段，与滚子 B 相邻的滚子 C 将逐渐进入到与凸轮轮廓直线段的另一侧面相接触。由于凸轮轮廓的直线段与其轴线相垂直，因此，凸轮转动，滚子转盘轮则停止不动，为分度转位后的停歇阶段。凸轮每转一周，完成一次分度。

圆柱分度凸轮的轮廓设计可以按平面直移凸轮的设计方法求得近似解。

3) 圆弧面分度凸轮转位机构。图 2-84 所示为圆弧面分度凸轮转位机构，其主动件是绕制在圆弧形柱面上的凸轮轮廓棱线的圆弧面凸轮 2，从动件是一个滚子转盘轮 1。圆弧面分度凸轮转位机构的传动原理和结构形式类似于蜗轮蜗杆传动。凸轮连续等速旋转，滚子转盘轮单向周期转位运动。

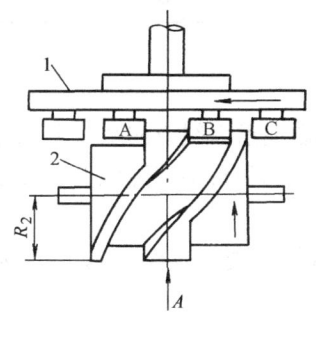

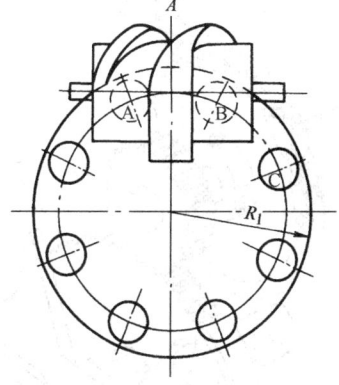

图 2-83 圆柱分度凸轮转位机构
1—滚子转盘轮　2—圆柱分度凸轮

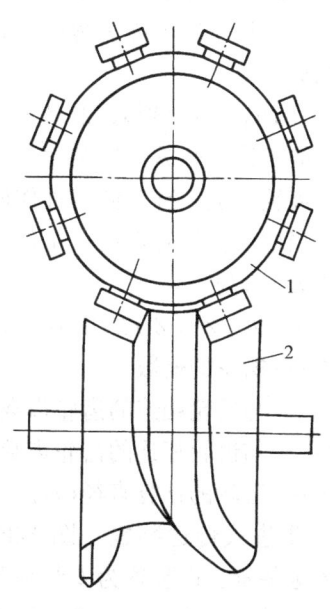

图 2-84 圆弧面分度凸轮转位机构
1—滚子转盘轮　2—圆弧面分度凸轮

与圆柱分度凸轮相比，凸轮的轮廓带有斜度，而圆柱凸轮为直面，因此，轴承装配时很容易实现预紧，以消除径向游隙，滚子与凸轮轮廓磨损也可以不断的补偿，大大提高了传动精度。

以上三种凸轮转位机构的特性见表 2-2。

表 2-2 三种凸轮转位机构的特性

| 比 较 项 目 | 平行分度凸轮 | 圆柱面分度凸轮 | 圆弧面分度凸轮 |
| --- | --- | --- | --- |
| 分度数 | 较少，但可达 $n=1$ 工位分度 | 可实现多工位分度，如 $n=60$ | 分度精度高，可达 30′ |
| 转位转速 | 高于 200r/min | 高，接近 1000r/min | 高，可达 1000r/min |
| 转位时冲击 | 小 | 小 | 小 |
| 动静时间比 | 受到一些因素限制 | 可任意给定 | 可任意给定 |
| 停歇时位置精度 | 较精确 | 精确 | 精确 |

(续)

| 比较项目 | 平行分度凸轮 | 圆柱面分度凸轮 | 圆弧面分度凸轮 |
| --- | --- | --- | --- |
| 工作可靠性 | 较高 | 高 | 高 |
| 设计难易 | 易 | 较易 | 较不易 |
| 加工制造 | 较易 | 较难 | 较难 |

2. 直线—间歇传送装置

直线—间歇传送装置的作用是将工件或其载送器间歇地沿直线方向从一个工位移向另一工位。它广泛应用于传送物料或应用于轻工业列式工作机和自动装配机上。其形式一般有下列几类。

(1) 由回转—间歇传送装置演化而成的直线—间歇传送装置  图2-85所示为由槽轮机构驱动的直线—间歇传送装置。由槽轮机构通过齿轮、链、链轮使工件作间歇直线移动，当槽轮机构确定后，工件每次传送的距离 $L(\mathrm{m})$ 为

$$L = (1/Z)(Z_1/Z_2)\pi D \quad (2\text{-}13)$$

式中  $Z$——槽轮的槽数；

$Z_1$——与槽轮相连的齿轮齿数；

$Z_2$——与链轮相连的齿轮齿数；

$D$——链轮的计算直径(m)。

(2) 步进式传送装置  图2-86为一步进式传送装置，该装置为安装在下部的气缸驱动，带动滑块上的推爪，推爪抓住装在链板上的格条运动，使链板带动工件向前前进一步。气缸返回时，推爪在格条上滑过，链板与工件处于停歇状态。这样气缸动作一次，工件就前进一步。

(3) 动梁式传送装置  动梁式传送装置是利用动梁使工件一步步向前传送，这种装置一般适用于轴状工件。图2-87为动梁式传送装置示意图。工件搁在两块固定的定位板上，见图2-87a所示，使其保持一定的间隔距离。另有两

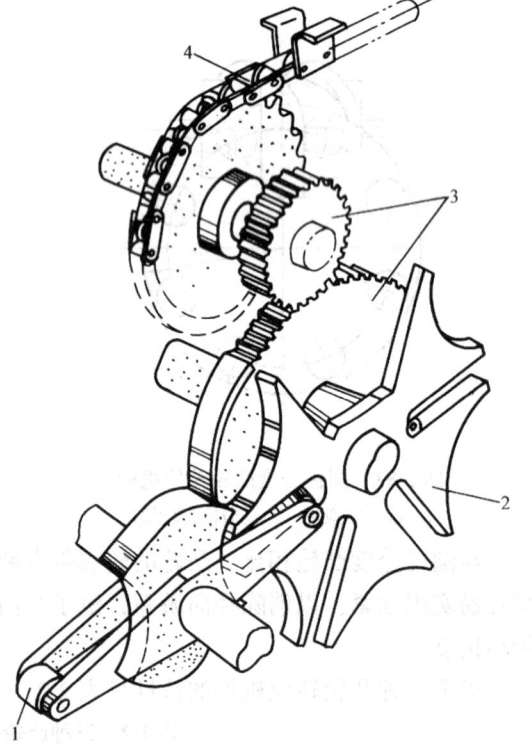

图2-85  直线—间歇传送装置
1—滚子  2—槽轮  3—齿轮  4—链

块动梁板，由偏心轮驱动，偏心轮旋转一周就带动动梁抬起工件向前传送一步，见图2-87b、2-87c所示。

在动梁式传送装置中，动梁作平动。这种装置结构简单，传送可靠，故应用较广。

# 第 2 章 自动机与自动线常用装置

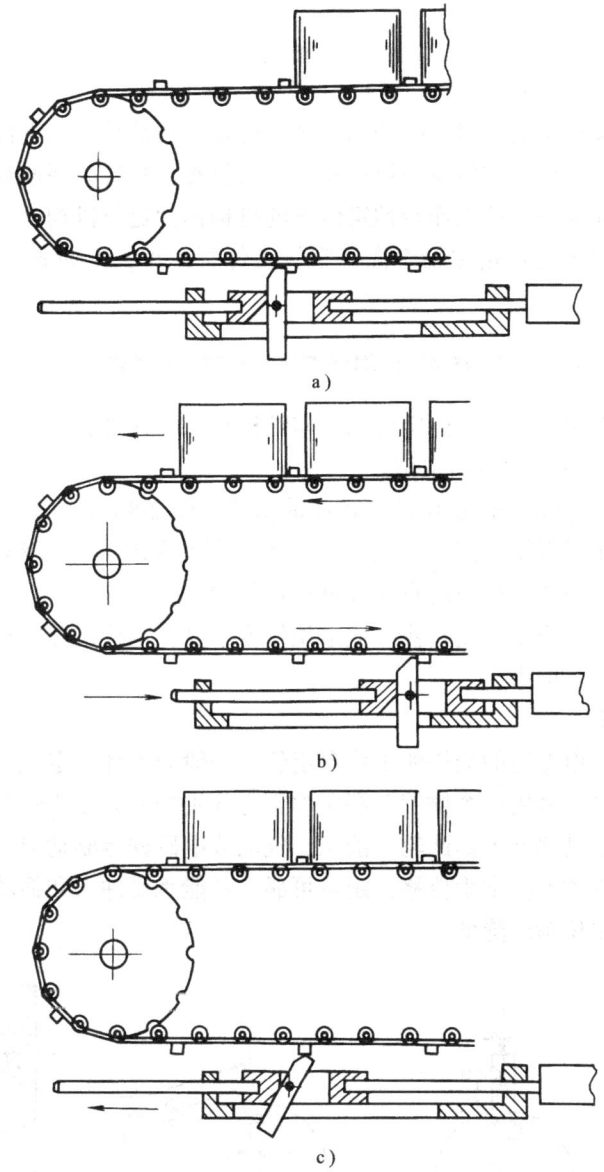

图 2-86 步进式传送装置
a) 起始位置  b) 传送  c) 停歇、气缸返回

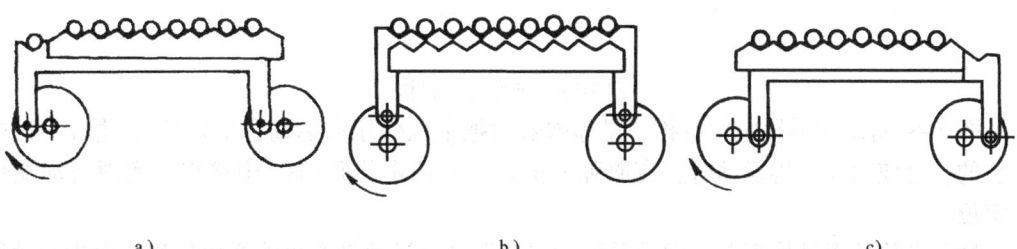

图 2-87 动梁式传送装置

## 2.6 定位机构

由于回转多工位自动机和自动线的加工操作过程一般都是在工件传送以后静止时间内进行的,这就要求工作台完成转位后停留在预定的位置,并且,即使在外力作用下也能保持该预定的位置。确定并保持工作台预定位置的机构称为定位机构。

对定位机构的要求是:定位精度高,定位元件磨损小,寿命长,定位动作快,结构简单。

### 2.6.1 回转—间歇传送装置所采用的定位原理与结构

回转—间歇传送装置所采用的定位原理与结构有以下几种类型。

1. 利用转位元件的轮廓表面定位

利用转位元件的轮廓表面定位的原理如前所述。图 2-80 是外槽轮机构,利用主动件与从动件之间的锁止弧定位。图 2-83 圆柱分度凸轮转位机构与图 2-84 圆弧面分度凸轮转位机构,两者均是利用凸轮轮廓的直线段进行定位的。

这种定位方法结构简单,动作快,但定位精度不高,定位表面磨损大,一般用于定位精度要求不高的转位机构中。

2. 利用插销定位

当转位完毕后,由专门的插销使工作台定位。一般分为弹性定位和刚性定位。图 2-88 所示的刚性定位机构,采用一个插销,利用弹簧力或别的外力作用强制插入定位,当需要解除定位时,必须靠其他外力如凸轮、液压、气动或电磁铁等驱动退出。这种结构,当定位件定位后,运动件就不会发生位移,定位可靠,并能承受冲击和振动,但随着工作时间增加,磨损加大,定位精度降低。

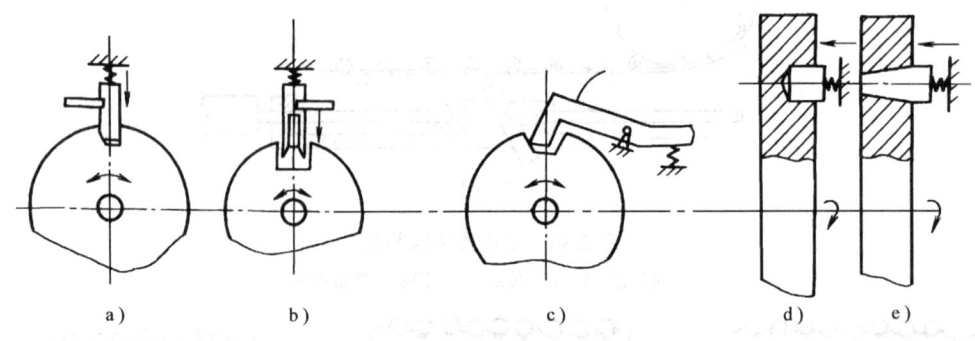

图 2-88 刚性定位机构

图 2-89 所示为弹性定位机构,是靠弹簧力把定位件压向运动件的定位孔(槽)中进行定位的,且使运动件再运动时,克服弹力把定位件从定位孔(槽)中挤出,实现自动变位和定位。

这种定位装置结构简单。但当受到冲击或振动时运动件有可能产生位移,而当运动件质量较大或摩擦力矩较大的情况下,如果运动件未到位或转位过头,就难以使定位正确。

因此，弹性定位仅适用于运动件质量小，摩擦力矩小，无冲击和振动以及定位精度要求不太高的场合。

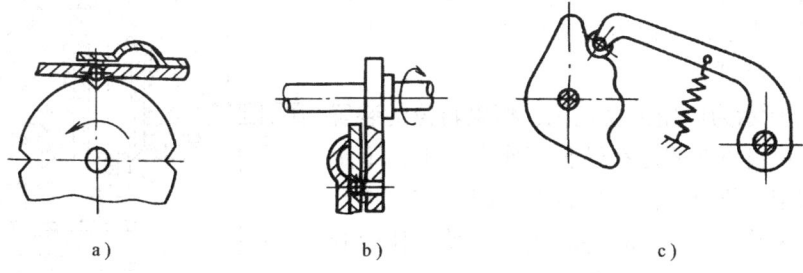

图 2-89 弹性定位机构

**3. 复式定位机构**

前面所述的刚性定位、弹性定位机构只有一个定位元件。复式定位机构如图 2-90 所示，它有两个插销，其中一个是定位元件，另一个是引导定位元件。当转位机构停歇时，即图中转台停歇，定位销 A 在凸轮作用下，强制插入转位台右端定位槽，定位销与定位槽的斜面产生一个与转位台转动方向相反的附加力矩阻止转位台继续旋转，直至完全停止。同时，定位销 B 在弹簧力作用下插入左边定位槽，以阻止转台由于 A 销的插入而有可能产生的反向旋转。转位时，A 销靠凸轮控制退出，B 销靠斜面挤出。B 销的主定位面不受磨损，寿命较长。

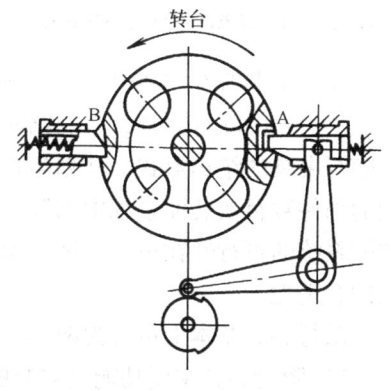

**4. 齿盘定位机构**

前述几种定位机构的定位精度都不很高，且由于磨损，冲击的不可避免，定位精度也不能保持很久。

图 2-90 复式定位机构

当需要精密定位，要求定位精度保持时间较长时，可以采用齿盘式定位机构。

齿盘式定位机构由两个端面制作有牙齿的圆盘即上、下齿盘组成。齿盘结构如图 2-91 所示。牙齿断面形状是顶交角为 90°的三角形，沿圆盘的周边圆环径向均布。两个齿盘结

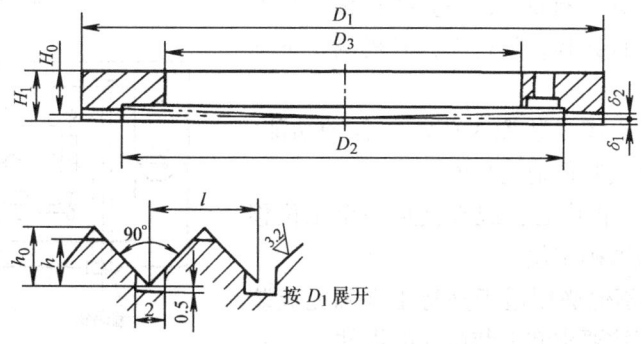

图 2-91 齿盘结构

构相同，一个固定在机座上，另一个固装在转位盘上，两齿盘保持同心。上、下两个齿盘的牙齿相互形成嵌合接触，没有齿侧间隙而实现定位，所以定位精度、刚度都比较好，且能适应工位数可变的场合中定位。但齿盘必须精密加工，齿盘的工作齿面须经研磨。

图 2-92 所示为应用齿盘定位、槽轮转位的装置实例。上定位齿盘 2 固定在转位工作台 1 上，下定位齿盘 3 固定在机座上。工作台转位时，首先传动系统通过锥齿轮 13、14 驱动偏心轴 7，使工作台升高，上、下定位齿盘便脱离开。另外，齿轮 10、11 驱动滚子转臂 8、传动槽轮 9。再通过齿轮 5、6 驱动工作台转位。转位停止时，偏心轴转位使工作台落下，上、下齿盘的牙齿又相互嵌合而准确定位。

### 2.6.2 自动装配系统中的随行夹具定位

在自动装配生产线中，为了便于加工和装配，使用了大量的随行夹具。产品结构和装配次序决定了随行夹具的结构形式、计划生产率、产品中待装配的部件数目及装配系统中的随行夹具数目。自动装配系统的可行性在很大程度上取决于随行夹具结构的合理性。

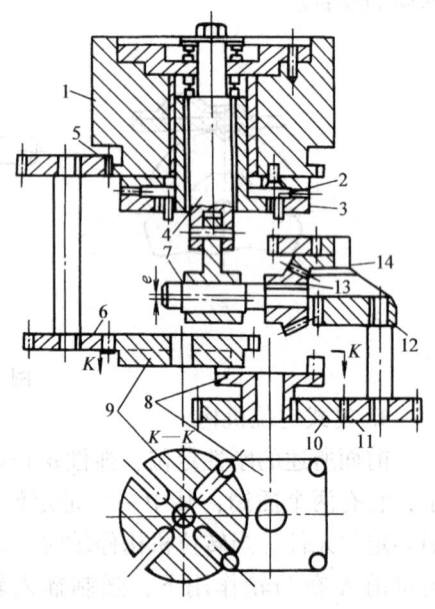

图 2-92 齿盘定位应用实例
1—转位工作台 2—上定位齿盘 3—下定位齿盘
4—工作台轴 5，6，10，11，12—齿轮
7—偏心轴 8—滚子转臂 9—传动槽轮
13，14—锥齿轮

随行夹具基本上可分为两类。

1）随行夹具主要功能是对装配件按要求传送，如果随行夹具仅用于承载基础件，并且各个装配、切削和检验操作都可在基础件上进行，那么可以说随行夹具主要用于传送。

2）随行夹具除了完成待装配部件的传送功能外，主要用做装配夹具这类随行夹具还备有对正中心、保持或夹紧装置。在装配复杂的产品时，往往需要大量的随行夹具。例如，在一直线式传送线上可能需要几百个随行夹具。随行夹具必需满足下列基本要求。

1）随行夹具应满足装配时所需的各种功能，如包含夹持、支撑及其他辅助功能。

2）移动时能对正中心，或夹具从一个工位移到另一个工位时应准确定位。

3）随行夹具不但必须适于夹持工件和完成装配操作，还应便于按要求卸下装配完的组件。

图 2-93 是直线式传送系统使用的随行夹具，也

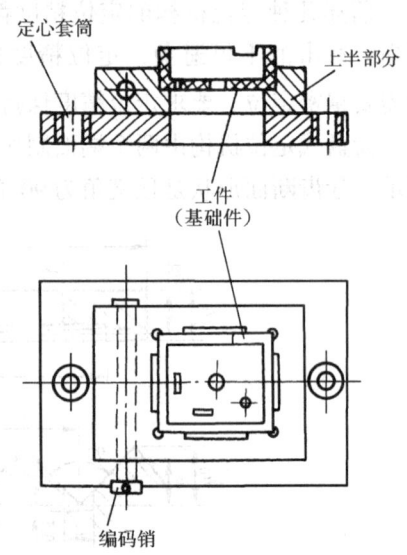

图 2-93 双带系统的随行夹具

就是随行夹具与运输设备没有永久性连接的情况。装配组件的基础件用其外形来夹持并定位。此时,随行夹具没有其他功能,因为待装配部件要直接装在基础件上。随行夹具有两个定位孔,以便在自动化工位中正确定位。随行夹具有一个水干式编码销,以便储存检查工位的结果。

## 本 章 小 结

1. 本章主要介绍了自动机与自动线的常用装置。这些常用装置通常可将其分为供料装置、定量装置、传送装置和定位装置。

2. 按照坯料的几何形状和物理力学性能分类,把供料装置分成五类,即卷料供料装置、板片料供料装置、单件物品供料装置、液体料供料装置及粉粒料供料装置。

3. 卷料供料装置一般由支承张紧装置、校直装置、送料装置和裁切装置等组成,主要有解决卷料供料、卷料的张紧和卷料的校直问题。

4. 板片料供料装置采用人工送料,供料机构只需保证每次从库中取出一定数量(一般是一件)的板片料,并将其送到加工工位上,主要有摩擦滚轮式供料装置、推板式供料装置、真空吸料式供料装置和胶粘取料式四种板片料的供料机构。

摩擦滚轮式供料装置主要用于小型块状产品的裹包机和贴标机上。此装置结构简单,应用较为广泛,但可靠性差,有时一次供上几张片。

对厚实而挺括、幅面较大的板片料可用推板式供料装置,其优点是结构简单,但可靠性不高。

真空吸料式供料装置广泛用于轻工业各种板片料的供料中,它既可吸送较厚板料,也可以吸送薄片料。对于厚料要用真空泵抽真空解决吸力;对于轻的薄片料,则可采用橡胶吸头紧压在薄片料上的办法进行吸取。前者要求真空度在80%左右;后者也要达35%。

胶粘取料式机构是通过对工件或对纸张涂胶,在工件和纸张相接触时,靠胶水的粘力,从纸库中取走面上的一张纸。

5. 件料供料是指单件物品的供料。单件物品供料根据坯料的形状来确定是采用人工送料还是自动送料,因此,件料供料装置可分成料仓式半自动供料装置和料斗式自动供料装置两种形式。

物料由人工预先将其定向排列放入料仓中,然后按一定的节拍自动地将物料送到加工位置的称为料仓式送料装置。料仓式供料装置主要由三部分组成:料仓、送料器、隔料器。料仓式送料装置多用于物料外形较复杂、尺寸或重量较大、经不起碰撞或难于自动定向的场合。

物料在送料机构中自动地完成定向和定量送料的称为料斗式供料装置。在送料时,工人只需将杂乱放置的物料周期性的倒入料斗中,料斗中的定向机构能够自动地完成定向工作,并按一定的节拍把工件送到工作位置。料斗式供料装置用于物料形状简单,重量不大,但批量很大,加工时间短的场合。

6. 根据物料的物理化学性质、自然形态、包装规格及销售、使用习惯的不同,需选用不同的定量方法。对于具有规则形体的物料,如块、棒、梗枝状物料,常采用计数法定量；对于松散的颗粒、粉末状物料及液体，粘稠物料常采用体积定量法；对于易粘结的颗粒、粉末状物料及无规则形体的块状物料，常采用称重定量法。

作为物料定量装置应满足的基本要求是：有较高的定量精度和速度，机构结构要简单，并能根据定量要求进行调整或自动调节。一般来说，计数、体积定量装置的结构比称重定量装置的结构较简单，定量速度也较快，造价也较低，但定量精度较差。

7. 传送装置的作用是将工件本身或工件的载送器传送到另一个工位，或在传送过程中对工件进行工艺操作。传送装置可分为连续传送和间歇传送两大类。根据运动的方式，可分为直线—连续、回转—连续、直线—间歇、回转—间歇等方式。根据驱动方式，又可分为机械驱动、液压驱动、气压驱动和电磁驱动等。

8. 定位机构多用于回转多工位自动机和自动线中，以确定并保持工作台预定的位置。

对定位机构的要求是：定位精度高，定位元件磨损小，寿命长，定位动作快，结构简单。

# 第 3 章 控 制 系 统

**学习目标** 了解分析与维护工业上常用的可编程序控制器组成的自动机与自动线控制系统；掌握可编程序控制装置的特点、功能，可编程序控制装置的选购、安装与维护；了解可编程序控制装置在工业控制中的应用。

## 3.1 概述

自动机是以自动供料、自动加工、自动输送等环节相连接来进行连续作业的机器。组成自动机的各个环节都必须按规定的顺序动作且相互配合形成统一协调的生产系统。为此必须有一个准确可靠的控制系统。控制系统的完善程度往往是自动机自动化水平的重要标志。

控制系统的核心是控制器，使被控参数按某一规律变化的装置称为控制器。因此控制器是对给定指令和检测信号进行逻辑处理的装置，相当于人的大脑，并能给出处理结果的执行情况。控制器也称调节器、数据处理装置或运算装置等。

不同的控制器可以组成不同的控制系统：用气动控制器作为控制器组成的气动控制系统；用电动控制器作为控制器组成的电气控制系统；用可编程序控制器等工控机作为控制器组成的控制系统是当今自动机与自动线设备最理想的控制系统；由凸轮分配轴构成的机械控制系统中，凸轮分配轴就是机械式控制器，由它控制的系统称为机械控制系统。本章主要介绍可编程序控制器。

控制技术发展很快，种类繁多，控制系统常按以下方法分类。

1. 按控制理论分

有经典控制系统和现代控制系统两大类。前者用频域法，以传递函数为数学工具，对象常为单输入、单输出的定常数系统。后者用时域法，以状态方程为数学工具，对象常为多变量系统。目前经典控制系统在应用中还占大多数。现代控制系统是20世纪60年代开始发展起来的，作为经典控制系统的补充和提高，是非常有前途的控制系统。

2. 按控制方式分

有顺序控制系统，反馈控制系统，最优控制系统。顺序控制是根据时间节拍或条件满足与否来控制被控参数，它通常是开环系统。所以顺序控制系统也称为开环控制系统。反馈控制是利用偏差原理进行控制，如电子秤连续称重计量装置中的物料流量控制系统，锅炉的给水控制系统。反馈控制系统也称为闭环控制系统。最优控制系统是现代控制系统中的一个重要内容，它是根据系统的需要从众多的控制方案中寻求出一个最佳的方案并对被控制量进行调节。

3. 按控制作用与时间的关系分

有连续控制系统和采样控制系统。连续控制系统常常是模拟控制,采样控制系统常指数字或数字计算机控制系统。

4. 按控制的结构和层次分

有集中型控制系统和集散型控制系统。后者是近20年发展起来的先进控制系统,在由多个被控对象组成的系统中,各被控制量分别有各自独立的控制器,组成子控制系统,同时还有一台主控制器对所有的子控制系统进行管理和监督。任何一个子控制系统的故障不会导致整个系统的瘫痪。

## 3.2 可编程序控制装置

可编程序控制器(Programmable Logic Controller,PLC)是目前在自动控制领域中使用最广泛的控制装置之一。它是以微处理器为基础,综合计算机技术与自动控制技术而发展起来的新一代工业控制器,具有逻辑判断、计数、定时、记忆、算术运算、数据处理、联网通信、PID回路调节、人工智能等功能。PLC以其优异的性能,低廉的价格和高可靠性等优点,在机器制造、冶金、化工、煤炭、汽车、纺织、食品等诸多行业的自动化储藏中得到广泛的应用。目前,可编程序控制器、集散控制系统和工业控制计算机这三类自动化控制装置几乎占领了所有控制装置产品的市场。而在自动机与自动线中,可编程序控制器已成为首选的控制装置。

### 3.2.1 可编程序控制器的由来和定义

早期,由各种继电器、定时器、接触器及其触点按一定的逻辑关系用导线连接起来组成的控制系统,即为传统的继电器接触器控制系统,由于它简单易懂、使用方便、价格低廉,在一定范围内能满足要求,因而在控制领域中得到了广泛应用并曾占主导地位。但是由于这种继电器接触器控制装置采用固定接线方式,是一种专用控制装置,一旦生产过程有所变动,就需重新设计线路连线安装,因此这种装置的通用性和灵活性较差,不利于产品的迅速更新换代,也不符合当今生产全面柔性化的要求。

20世纪60年代末期,美国汽车制造业竞争激烈,为了适应生产工艺不断更新的需要,1966年美国通用汽车公司(CGM)首先公开招标对控制系统提出具体要求:①编程简单容易。②采用模块式结构。③输入输出采用115V交流(美国标准)并能直接驱动继电器和电磁阀。④具有数据通信功能。⑤能在恶劣工业环境下工作。⑥价格便宜。这实际上是要求把继电器和接触器控制的优点与计算机的功能齐全、灵活性和通用性强的特点结合起来,用计算机的编程软件逻辑代替继电器控制的硬接线逻辑。1969年美国数字设备公司(DEC)根据上述要求,研制出世界上第一台可编程序控制器PDP-14,并在CGM汽车生产线上首次应用成功,实现了控制器更多地具有计算机功能,它不仅用逻辑编程取代硬接线装置,还具备了运算、数据传送和管理等功能,真正成为了一种电子计算机工业控制器,而且做到了小型化和超小型化。

国际电工委员会(IEC)对可编程序控制器(PLC)作出如下定义:"可编程序控制器是一种专为在工业环境下应用而设计的数字运算操作的电子系统。它采用一种可编程序存储器,在其内部存储执行逻辑运算、顺序控制、定时和算术运算等操作的指令,通过数字式的输入输出来控制各种类型的机械设备或生产过程。可编程序控制器及其有源设备的设计原则是:它应按易于与工业控制系统连成一个整体和具有扩充功能。"定义明确指出了PLC应直接用于工业环境,通过存放在存储器内的程序来实现其控制功能,若要对控制功能作必要的修改,只需改变指令即可,使硬件软件化,同时PLC还具有很强的抗干扰能力,有很强的环境适应性。这正是PLC区别于一般微机的一个重要特征。

## 3.2.2 PLC的特点、功能和应用场合

1. PLC的主要特点

从上述定义可以看出,PLC与其他控制装置相比具有以下特点:

(1) 适合工业控制环境 PLC工作条件不需要通常的计算机机房设备,可直接置于工业控制现场之中,其I/O模块输出具有一定的功率驱动能力,输入也允许一般工业环境中的交、直流电源,许多情况下可与电器元件、调速器、检测元件直接相连接。

(2) 高可靠性 PLC是专为工业控制而设计的,在设计过程中采取了多层次抗干扰的精选元件措施,可在恶劣工业环境下与强电设备一起工作,运行的稳定性和可靠性较高。一般用MTBF(平均无故障时间)和MTTR(平均修复时间)这两项指标来衡量其可靠性。PLC主机CPU的MTBF一般可达20万h以上,I/O模块可达80万h左右,PLC系统的MTBF可达2万h以上。

(3) 可编程 PLC的最大特点之一,就是PLC的控制逻辑靠用户编程来实现。与计算机编程相比,它采用易学、易懂的梯形图编程语言,它以计算机软件技术构成人们惯用的继电器模型,形成一种独具风格的形象编程语言。梯形图控制符合定义,且与常规继电器展开图完全一致,电气操作人员使用起来得心应手,不存在计算机技术与传统电气控制技术之间的专业"鸿沟"。了解PLC的工作原理和它的编程技术后,就可以结合实际需要进行应用设计,进而将PLC用于实际控制系统中。

(4) 易于扩展 ①控制规模上的扩展。I/O点数增加,目前最小的PLC单元为16点,可扩充的最大规模高达2000点。②控制区域上的扩展。以ABD公司的PLC5系列为例,其主机到最远一个I/O站的距离可远达3km。③控制功能上的扩展。PLC系统拥有丰富的特殊功能模块,如高速计数模块、通信联网模块、存储扩展模块等。④通信功能上的扩展。PLC具有通信联网功能。目前PLC的通信网络,下可接单元仪表、回路调节器,上可接小型计算机及其管理网络,是实现管控结合、工厂自动化不可缺少的重要部分。⑤体积小,易于维护。PLC的体积小、重量轻、易于安装和维护。PLC配备有自检和监控功能,能检查出自身的故障并随时显示给操作人员,能动态地监视控制程序的执行情况,为现场的调试和维护提供了方便。并且,由于接线少,维修时只需更换插入式模块,维护方便。

2. PLC的主要功能

(1) 条件控制 PLC具有逻辑运算功能,可代替继电器进行开关量控制。

(2) 限时控制 PLC具有定时功能,它为用户提供了用定时指令设置的若干个电子定

时器进行限时控制和延时控制。

(3) 计数控制　PLC 具有计数控制功能，它为用户提供了用设置指令计数的若干个计数器，电子值可以在运行中读出与修改。

(4) 步进控制　PLC 具有步进控制功能，使系统在完成前道工序后才能转入下道工序，实现步进控制。

(5) 数据处理　PLC 具有数据处理功能，如并行运算、并行数据传送等。

(6) 通信和联网　PLC 采用通信技术，进行上位链接，构成一台计算机与每台 PLC 的分布控制网络，以完成复杂的网络控制和通信。

(7) A/D 和 D/A 转换　可完成对模拟量的控制。

(8) 对控制系统进行监控　操作人员可以通过监控命令监控有关程序的运行状态，调整定时计数设定值。

(9) 自诊断功能　可以在线诊断系统的软、硬件故障状况，诊断机器和生产过程中的故障状况。

3. PLC 的应用场合

自 PLC 问世以来，它就逐渐取代了传统的继电器接触器逻辑控制装置，成功地应用于汽车制造、化工、造纸、冶金、机械、纺织、轻工等行业。现代 PLC 采用微机技术，使其程序存储器容量大大增加，处理速度增加，功能增强，特别是增加了模拟量处理功能和通信联网功能，使 PLC 应用领域非常广泛。目前 PLC 应用领域大致可分为四类：

(1) 开关逻辑控制　主要用于对自动机与自动线规定的逻辑动作控制，如自动机液压、气动动作控制、传动系统电动机及变频器控制等；用来进行顺序控制和程序控制，如传动系统、电梯控制、采矿带的运输等。总之，可用于单机控制、多机控制和自动生产线的控制。

(2) 闭环过程控制　给 PLC 配上 PID 调节控制、比例控制等过程控制软件后，能广泛应用于锅炉、酿酒、盒装牛奶包装、啤酒灌装、水处理等场合，并可用于闭环的位量控制和速度控制，如自动电焊机控制、连轧机的位置控制等。

(3) 机械加工的数字控制　PLC 能和机械加工中的数控装置组成一体，联机使用。

(4) 组成分布控制系统　PLC 具有通信联网功能，可组成小型分布式控制系统，广泛应用于石油、化工、轻工、电力等部门。

### 3.2.3　PLC 的结构和工作原理

PLC 是在工业环境中使用的以数字操作为主的电子控制系统。它使用可编程序存储器存储用户设计的程序指令，这些指令用来实现逻辑运算、定时、计数及算术运算和通过数字模拟输入/输出来控制机电一体化系统。PLC 实质上是一台面向用户的专用数字控制计算机。图 3-1 为 PLC 的硬件结构框图。PLC 通过输入输出接口与被控对象相连接。控制系统的具体要求通过编程器预先把程序写入到存储器中，然后执行此程序，完成控制任务。当系统被控对象改变时，只需相应变化输入/输出接口与被控对象的连线，重新编程，即可以形成一个新的控制系统。

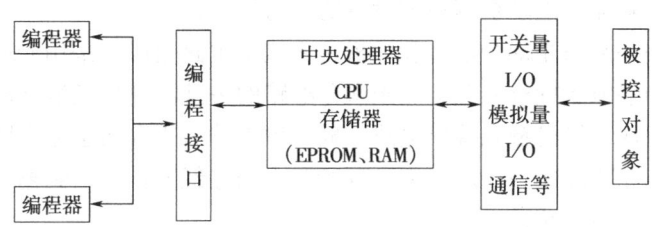

图 3-1　PLC 硬件结构框图

1. 总体结构

一台 PLC 主要由 CPU 模块、I/O 模块、机箱、扩展机箱、电源、编程器和编程软件等组成，其中最主要的是 CPU 模块、I/O 模块、机箱，电源、编程器和编程软件，这些称为基本配置。根据控制需要和用户要求，可能还有以下配置：如远程 I/O（包括远程 I/O 适配器、远程 I/O 机架）、网络适配器、各类智能模块、工业图形组软件等。

2. CPU 模块

中央处理器是 PLC 的大脑，它主要完成与手持编程器通信、系统自检、解算用户程序、I/O 模块、扫描驱动和远程 I/O 站通信、网络通信等，它由中央处理器、存储器和各种控制逻辑电路所组成。

（1）中央处理器(CPU)　CPU 一般由控制电路、运算器和寄存器等组成，这些电路集成在一个芯片上。CPU 通过地址总线、数据总线和控制总线与存储单元、输入/输出(I/O)接口电路连接。CPU 按系统程序赋予的功能，接收由编程器键入的用户程序和数据，存入随机存储器 RAM 中。CPU 按扫描工作方式，从存放在 RAM 中的第一条用户程序指令开始，到用户程序的最后一条指令，不停地作周期性扫描。凡每扫描一次，用户程序就执行一次。

（2）存储器　存储器为具有记忆功能的半导体电路，用来存放程序、用户程序、逻辑变量和其他的一些信息。

在 PLC 中使用两种类型的存储器：只读存储器(ROM)和随机存储器(RAM)。

1) ROM 是只读存储器，存放在 ROM 中的程序或数据在掉电后再加电时，程序或数据不丢失。CPU 可以从中取出程序来运算、执行，但不能向其写入数据，因此它用来存放由厂商编制的用户不能修改的系统程序，并且永远驻留。

2) RAM 是可读写存储器，存放在 RAM 中的程序或数据在掉电后再加电时，程序或数据将丢失。读出时，存放在 RAM 中的信息不被破坏；写入时，写入的信息就会消除原来的信息。为了防止掉电后，RAM 中的信息丢失，PLC 使用了专用电池对 RAM 进行掉电保护，一般将用户程序逻辑变量、供内部程序使用的工作单元存放在 RAM 中。

（3）输入/输出部分　这是 PLC 与被控设备相连接的接口电路。用户设备需要输入 PLC 的各种控制信号，如限位开关、操作按钮、选择开关、行程开关以及其他一些传感器输出的开关量或模拟量等，通过输入接口电路将这些信号转换成中央处理器能够接收和处理的信号。输出接口电路将中央处理器送出的弱电控制信号转换成现场需要的强电信号输出，以驱动电磁接触器、电动机等被控设备的执行元件。

输入接口电路一般由光耦合电路和微机输入接口电路组成。采用光耦合电路的目的主要是为防止现场的强电干扰进入 PLC。光耦合电路的关键器件是光耦合器，它由发光二极管和光敏晶体管组成。微机输入接口电路一般由数据输入寄存器选通电路和中断请求逻辑电路构成，这些电路集成在一个芯片上。现场输入信号经光耦合送到输入数据寄存器，然后通过数据总线传送给 CPU。

输出接口电路由微机输出接口电路和功率放大电路组成。微机输出接口电路一般由输出数据寄存器、选通电路和中断请求逻辑电路集成而成。功率放大电路是为了适应工业控制要求将微机输出的信号放大。一般 CPU 通过数据总线将要输出的信号放到输出数据寄存器中，然后经功率放大电路加以放大，控制直接驱动继电器、晶闸管和晶体管。

（4）编程器和软件系统　PLC 作为工业现场使用的控制器，在使用运行阶段不允许任意修改程序，但在开发阶段应提供给某一种编程和修改程序的设备，这就是编程器。编程器由键盘、显示器和工作方式选择开关等组成。它是开发维护 PLC 自动控制系统不可缺少的外部设备。它可用于程序的输入、检查、修改、调试，也可监视 PLC 本身的工作情况。考虑到现场调试环境，编程器多为手持式(如便携式、手提式)编程器。它通过易于插拔的电缆与 PLC 相连。

软件系统主要由系统程序和用户程序组成。系统程序用来控制和完成 PLC 各种功能的程序，这些程序由 PLC 制造厂家用相应的 CPU 的指令系统编写，并固化到 ROM 中，不允许用户任意修改。它一般由检查程序、翻译程序、监控程序组成。

1）检查程序在 PLC 加电后，检查程序首先检查 PLC 各部件操作是否正常，并将检查结果显示给操作员。

2）翻译程序将用户键入的程序变换成由 CPU 指令组成的程序，然后执行，并对用户程序进行语法或格式检查。

3）监控程序它相当于总控程序，根据用户的需要调用相应的内部程序。例如，若编程器选择 PROGRAM 程序工作方式，则总控程序就调用键盘输入处理程序，将用户键入的程序送到 RAM 中；若编程器选择 RUN 运行方式，则总控程序将启动程序。

用户程序是指用户根据工程现场的生产过程和工艺要求编写的控制程序，通过编程器来修改和增删。用户程序一般采用梯形图语言、指令表语言、顺序功能图语言编写。

（5）电源部件　电源部件将交流电源转换成供 PLC 的中央处理器、存储器等电子电路工作所需要的直流电源，使 PLC 正常工作。目前 PLC 使用开关式稳压电源供电，用锂电池作停电时的后备电源。

3. 工作方式

PLC 采用循环扫描工作方式。这种工作方式是在系统软件控制下，顺次扫描各输入点的状态，按用户程序进行运算处理，然后顺序向各输出点发出相应的控制信号。整个工作过程分为输入采样、用户程序执行、输出刷新三个阶段，其工作过程框图如图 3-2 所示。

图 3-2　PLC 工作过程框图

PLC 的中央处理器在开始时，首先对各个输入端进行扫描，将输入端的状态送入输入状态寄存器中，这一过程称为输入采样阶段，然后中央处理器将指令逐条调出执行，以对输入和原输出状态(这些状态系统称为数据)进行处理，即按程序对数据进行逻辑、算术运算，再将正确的结果送至输出状态寄存器，这一过程称为程序执行阶段。当所有的指令执行完毕时，集中把输出状态寄存器的数据通过输出部件转换成被控设备所能接收的电压或电流信号，以驱动被控设备，这一过程称为输出刷新阶段。

PLC 完成这三个阶段的工作过程，称为一个扫描周期。完成一个周期后又重复执行上述过程，扫描周而复始地进行。扫描周期是 PLC 的重要指标之一，扫描时间主要取决于程序的长短，一般每秒钟可扫描数十次以上，这对于工业设备通常没有什么影响。

### 3.2.4　PLC 控制与其他控制方式的比较

**1. PLC 与继电器控制的比较**

由于 PLC 采用反复扫描工作方式与工业现场的机器需要反复执行一系列操作的工作方式相似，因此 PLC 的程序可以与机器的动作过程一一对应，直观明了，容易编写和修改。PLC 与继电接触器控制的重要区别之一就是工作方式不同。继电器接触器控制是按"并行"方式工作的，也就是说，只要有电流通过，就可能有几个电器同时动作；而 PLC 是以反复扫描的方式工作的，它是循环地、连续逐条地执行程序，任一时刻只能执行一条指令，也就是说，PLC 是以"串行"方式工作的，避免了继电器控制的触点竞争和时序失配的问题。PLC 与继电器控制相比，其优点突出表现在以下几个方面。

(1) 控制逻辑继电器采用硬接线逻辑　它利用继电器接触器线圈和触点的串、并联，利用延时继电器的滞后动作等继电器控制功能组成控制逻辑，连线复杂、体积大、功耗大。当一个控制系统研制成功后要做出改动是很困难的，也就是说，继电器控制逻辑灵活性和扩展性差。而 PLC 采用存储逻辑，除了输入、输出端要与现场连接外，控制逻辑以程序的方式存储在 PLC 内存中。控制逻辑的复杂程序取决于程序的长度。PLC 系统需对控制逻辑进行修改时，其主要工作是修改程序。因此灵活性和扩展性非常好。

(2) 控制速度　继电器控制逻辑是依靠触点的机械动作(如闭合或断开)来实现的。工作频率低，触点的开闭动作一般达几十毫秒，使用继电器越多，逻辑控制速度越慢。而 PLC 是由程序指令控制电子电路来实现控制的，速度相当快，一般一条用户指令的执行时间为微秒级。由于 PLC 内部有严格的同步控制方法，不会有"抖动"问题。

(3) 限时控制继电器控制逻辑　利用时间继电器的滞后动作进行限时控制。时间继电器一般分为完全阻尼式、电磁式、电磁摆式和电子式等。用时间继电器实现定时控制时，会存在定时的精度不够，定时时间多受环境的湿度和温度变化的影响，时间调整困难等问题。PLC采用集成电路作为定时器，计时脉冲由晶体振荡器产生，精度相当高（可小于10ms），定时时间不受环境影响。

（4）可靠性和可维护性 继电器采用大量的机械触点，硬件连线多，因此可靠性和可维护性差；PLC采用微电子技术，大量的开关动作由无触点的电子电路完成，寿命长、可靠性高。同时PLC还配备自控和监控程序，能自动检查出自身故障，并随时显示给操作员，还能动态监视控制程序的执行情况，为现场调试和维护提供了方便。

2. PLC与单片机比较

可编程序控制器的核心就是一台单片机，在单片机外围配置了相应的接口电路（硬件），在单片机中配置了监控程序（软件），但它又和单片机控制系统有所不同：

1) PLC具有高可靠性。可以说到目前为止没有任何一个工业控制设备可以达到可编程控制器的可靠性。PLC在硬件和软件两个方面来解决可靠性的问题，如采用光电隔离、数字滤波、电磁屏蔽等等措施来提高PLC的可靠性。单片机与之相比这方面比较逊色，它在运行过程中很容易受到外界环境的干扰。

2) PLC编程方便，易于使用。PLC可以采用梯形图编程，而梯形图就是从实际电路接线图演变来的，因此这种图形编程方式易懂易编；但单片机采用专门的编程语言，指令多，关系复杂，对使用者要求具有较高计算机编程能力和接口技术。

3) PLC与其他装置配置连接方便。PLC的接口原则就是使用外部接线，电平转换尽量少，一般PLC的输出有继电器型、晶体管型和晶闸管型三种，它们直接与相关的电器元件相连。另外PLC还配置了A/D、D/A、RS232等接口元件，不要用户来考虑具体的设置问题。大量的问题在PLC内部解决了。但用单片机构成一个控制系统时，则需要用户考虑电子转换、滤波、功率放大等问题。

4) PLC多用于过程控制，而单片机多用于实时控制系统。

## 3.3 PLC选购、安装与维护

### 3.3.1 PLC的选购

选择PLC是使用可编程控制器的第一步。目前PLC产品的种类繁多，同一厂家也常常推出几个系列的产品，这些产品的功能、I/O点数、用户存储器的容量、运算速度和结构形式各不相同，价格上也有较大的差异。现在PLC厂家硬件和软件上均采取了一定的措施，一般都具有较高的可靠性。PLC机型的选择主要是考虑在功能上如何满足被控对象的需要，从而不浪费机器容量。一般从以下几方面来分析控制系统对PLC的要求，进一步来选择合适的可编程序控制器。

1. I/O端口的数量和种类

可根据对控制设备的分析，列出与PLC相连的全部输入、输出装置，并按它们是输入还是输出、开关量还是模拟量，以及所需电压电流的大小和种类，分别列表，确定出全部的 I/O 点数。在选择 PLC 时，应按多于 10% 点数作为设计余量来进行 I/O 点数的确定。

2. 对 CPU 功能及其运行速度要求

CPU 的运行速度由用户程序指令的执行时间来计算。对一般简单的、速度不高的控制过程，几乎所有的 PLC 都可适用。对有实时性要求的工业控制，应考虑到 CPU 的运行速度。在功能上应该是能满足系统要求就可以了，当然控制系统中有特殊功能要求的，如系统要对模拟量进行控制，对频率极高的开关量计数的、反应速度高的场合等，就选择具有相应功能的 PLC 型号。

3. 对内存容量及存储器种类的要求

PLC 内存容量的大小取决于用户程序的大小。存储器的种类目前多选用 EPROM 类型，它可以支持用户的改写，不需要后备电池的支持。

4. 对外围设备的要求

目前 PLC 多采用上位机编程，对于模块化生产系统或柔性生产系统，在选择 PLC 时应选择具有通信功能的类型，以便程序的输入和联网工作。

5. 结构形式要求

PLC 系统的结构目前主要有整体式和模块式两种，整体式结构紧凑，安装比较方便，模块式则在故障维修方面显得更方便，日后系统扩展容易，更新较快。

### 3.3.2 安装环境

PLC 的定义中强调了它可以直接应用于工业环境，因此在设计制造时，已采取了很多措施，使它的环境适应力增强。但是它对使用场合、环境温度等仍有一定的要求，使 PLC 有良好的工作环境条件，可以有效地提高它的工作可靠性和使用寿命。因此，在安装可编程序控制器时要避开下列场所：

1) 环境温度超出 0~55°C 的范围。
2) 相对湿度超过 85% 或者存在凝露。
3) 太阳光直接照射的地方。
4) 有腐蚀性和易燃的气体，如氯化氢、硫化氢等。
5) 有大量铁屑或灰尘。
6) 频繁或连续的振动，振动频率超出 10~55Hz，幅度超出 0.5mm 的范围。
7) 超过 10kg 的冲击。

这些情况实际上已超出 PLC 规定的技术指标，因此要避免或采取必要的措施，以免影响 PLC 的使用性能和寿命。

### 3.3.3 PLC 的安装

小型 PLC 外壳上均有安装孔，它有两种安装方法。一种是用螺钉固定，不同的 PLC 有不同的安装尺寸要求；另一种是利用轨道固定，多采用德国工业标准 DIN 的轨道来固定，DIN 轨道配套使用的安装夹板左右各一对，在轨道上先放好左右夹板，装上 PLC，然后拧紧螺钉。为了保证 PLC 在工作状态下其温度保持在规定的环境温度范围内，安装 PLC

时，应有足够的通风空间，基本单元和扩展单元之间应有30mm以上的间隔。若周围环境超过55℃时，要安装风扇强迫通风。

下面以德国 SIEMENS S7-300 PLC 的安装为例，作简单介绍。安装顺序如下：

1）将总线插头插在 PLC 上，如图3-3所示。

2）把模板钩在导轨上，如图3-4所示，再向下转动入位。

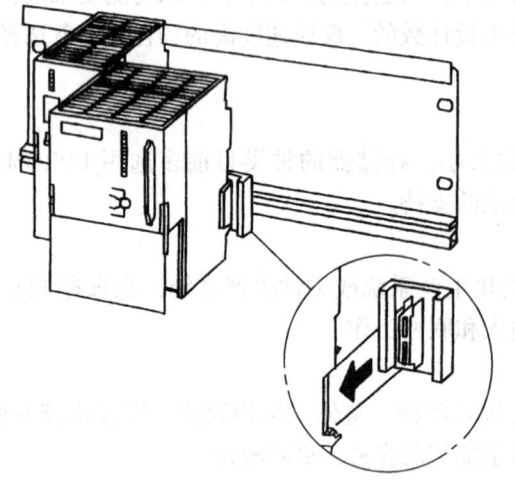

图3-3 把总线插头插在 PLC 上

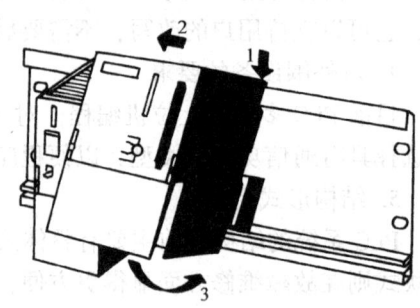

图3-4 模板的安装

3）拧紧 PLC 的紧固螺钉，如图3-5所示。

4）重复第1)步~第3)步，装入扩展的功能模块，如图3-6所示。

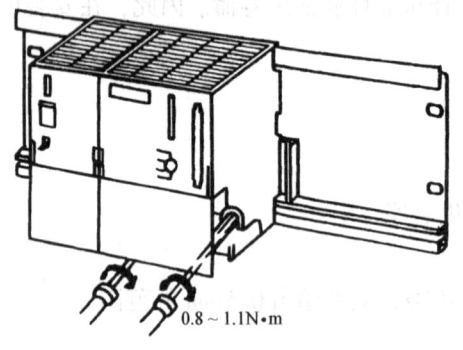

图3-5 模块的固定

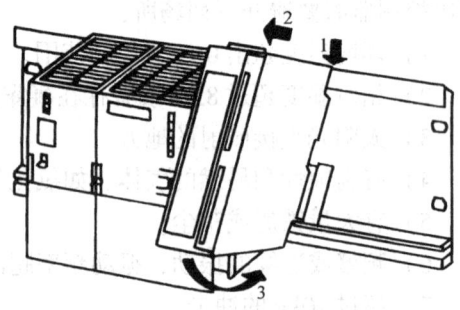

图3-6 扩展模块的安装

5）一旦装完所有 PLC，把钥匙插在 CPU 的方式选择开关上，如图3-7所示。

### 3.3.4 接线

**1. 电源**

以 SIEMENS S7-300 为例。电源的安装方法如下：

(1) 设置电源电压选择开关(图3-8)

1）用螺钉旋具撬开盖子。

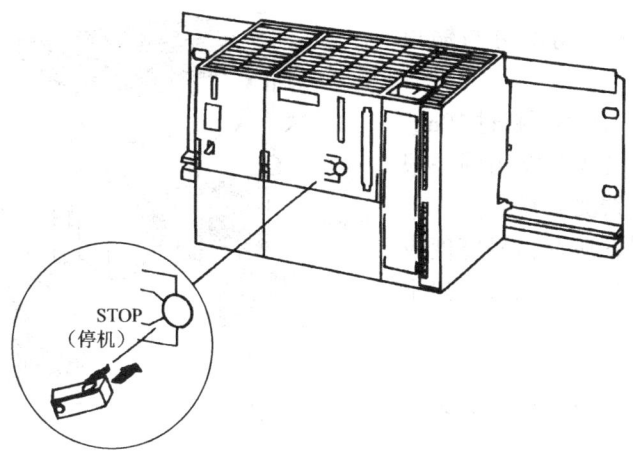

图 3-7 钥匙的安装

2）检查 PLC 上电压选择开关设置是否正确，如不正确，把选择开关设置到要求的系统电压。

3）盖上盖子，如图 3-8 所示。

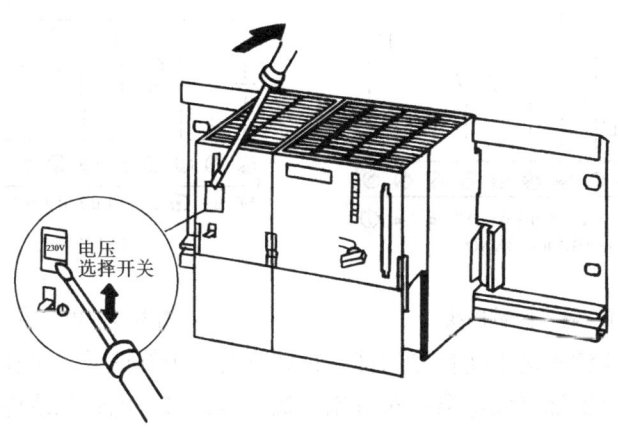

图 3-8 模板上的电压选择开关

（2）连接系统电缆 S7-300 的接线要求使用截面积介于 0.25～2.5mm² 之间的多芯电缆。连接方法如图 3-9 所示。

在电源接线时应注意基本单元和扩展单元必须同时进行，即两者共用一个电源开关；目前市面上的 PLC 产品大多提供直流 24V 接线端，该端子可作为传感器、光敏开关的直流电源；对于电源的干扰，PLC 本身已具有足够的抗干扰能力，在电源干扰特别严重时，可安装 1:1 的隔离变压器。

2. 输入接线

PLC 一般接收行程开关、限位开关等输入的开关信号。输入信号接线一般是指外部传感器与输入接口的接线，如图 3-10 所示。

输入接线注意事项：

1）输入 COM 端切不可与输出 COM 端相接。

2）输入接线一般不要超过 10m。

3）输入、输出线不能用同一根电缆，输入、输出线要分开走。

PLC 所能接受的脉冲信号宽度应大于扫描周期的时间，否则将采集不到输入端的状态。

3. 输出接线

PLC 一般输出信号可用于对交直流继电器、晶闸管和晶体管进行控制，其输出接线可分为独立输出和公共输出，按一般 20 点以下的基本单元和扩展单元为独立输出。其输出接线如图 3-11 所示。

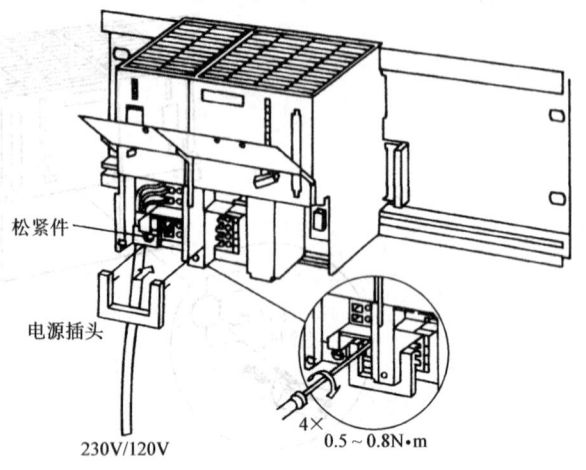

图 3-9 使用电源插头给电源模块和 CPU 模块接线

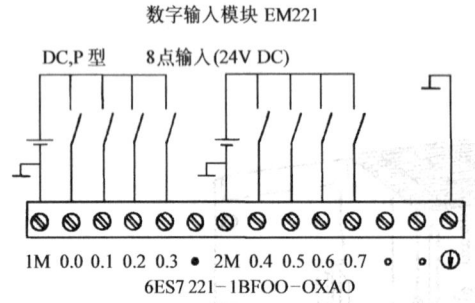

图 3-10 PLC 输入信号接线　　　　图 3-11 PLC 输出信号接线

在输出接线时应注意对干扰信号的抑制，如对交流干扰信号，可在电磁阀或电磁继电器的线圈上并联一个浪涌吸收电路；对直流干扰信号，可在电磁阀或电磁继电器的线圈上并联一个二极管。

### 3.3.5 PLC 的维护与保养

任何机器在一定环境下，总是要发生磨损并被损坏的，虽然 PLC 系统的可靠性比一般微机系统要高得多，但并非是万无一失。为了保证 PLC 系统能长期地正常工作，防患于未然，严格制定一整套维护保养制度是非常必要的。事实表明，由于保养制度严格，PLC 系统的"开工率"可达数年甚至十多年。如忽视对系统的保养，系统不出故障报警从不检修，这样将会导致事故不断，影响正常生产，因此，定期检修做好日常维护是非常必要的。对系统的维护和保养主要包括下列各项工作：

（1）作好每天的运行情况记录　详细记录发生故障的现象和环境以及处理的方式和结果。这种记录最好有标准的格式，作为维修人员的交接班记录，便于总结，从而对维修工作的开展和保养制度的制定具有指导意义。

（2）定期对系统保养和检修 保养的时间间隔通常为几个月，检修时间每半年或一年一次为宜。对外部环境条件较差或对系统可靠性有特殊要求的场合，视情况检修维护间隔时间应缩短些。检修维护的内容有：

1）供电电源的检查。在电源端子处用万用表测量电压是否在标准范围内。以 SIEMENS S7-300 系列 PLC 为例，它的工作电压直流为 24V，交流为 120~230V。在正常工作中，它允许有一个电压波动范围。比如交流的电压范围为 200~230V，则它可以工作在交流为 170~250V 范围。若电源波动范围超过上述限制，则必须采取一定的稳压措施。

2）安装状态的检查。它包括各单元的固定，连接电缆的连接器锁紧，外部配线的螺钉旋紧程度的检查。在 PLC 运行环境比较差的场合，还应检查连接线头和 PLC 接线端子排上的端子是否有锈蚀而产生接触不良的现象。

3）机内电池的定期更换。PLC 中为了使短期停电后也能保持必要的信息，都配备了后备电池。由于停电现象较少，因此这个电池的好坏经常不为用户所注意。它在室温下工作寿命为 5 年，但随着工作环境温度的上升而工作寿命迅速下降。因此，经常定期检查，更换新电池，以确保系统能适应可能发生的停电事故。图 3-12 为 SIEMENS S7-300 的后备电池更换方法和步骤。

4）输出继电器的检查。继电器是一种机械机构，因此它的机械寿命是有限的。此外，继电器的触点频繁"通断"，因此会使触点氧化积"灰"，尤其是电感性负载在断开时，常会在触点之间产生较高的电压，导致触点之间起弧，甚至将两个触点烧结在一起。因此，必须仔细检查继电器的触点是否变"黑"，以确定更换与否。

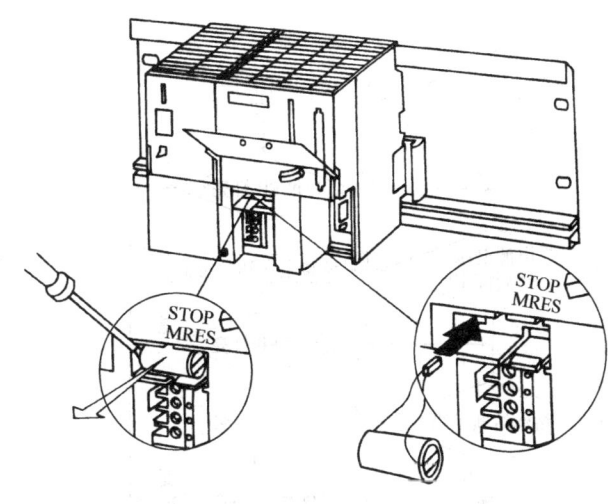

图 3-12 后备电池的更换和步骤

5）配备条件。为修复工作迅速进行，最大限度地减少停机时间。对 PLC 中重要的器件或模板应储存一定的备件，尤其是一些市面上不易购得的特殊器件，而对不良器件或单元的修理，应有详细故障记录和维修说明。

6）除尘。由于 PLC 工作环境是工业现场，尘埃和杂质会通过各种方式进入 PLC 机内，造成了 PLC 发生故障的隐患。操作者应每天用洁净的抹布擦除表面尘埃，对印制电路板的尘埃应用酒精棉球细心地擦除。

### 3.3.6 设备调试和故障的检测与显示

PLC 具有很强的自诊断功能，无论是自身故障还是外围设备故障，都可以利用 PLC 上的具有自诊断指示功能的发光二极管的亮、灭来进行故障显示。基本单元部分显示图如图

3-13 所示。

1. 电源指示灯(POWER)

当 PLC 接通电源时,该发光二极管即电源指示灯亮,说明电源正常。若指示灯不亮,应按图 3-14 所示流程图检查电源故障。

2. 运行指示灯(RUN)

编程器上的状态开关在监控(MONTOR)位置时,基本单元的运行(RUN)开关合上,表明 PLC 处于运行状态,运行(RUN)指示灯(LED)亮,即基本单元运行。监控状态正常时,RUN 指示灯应一直亮。若指示灯不亮,则应按图 3-15 所示流程图检查运行部分的故障。

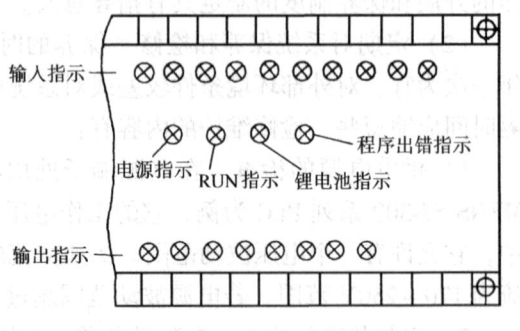

图 3-13 基本单元部分显示图

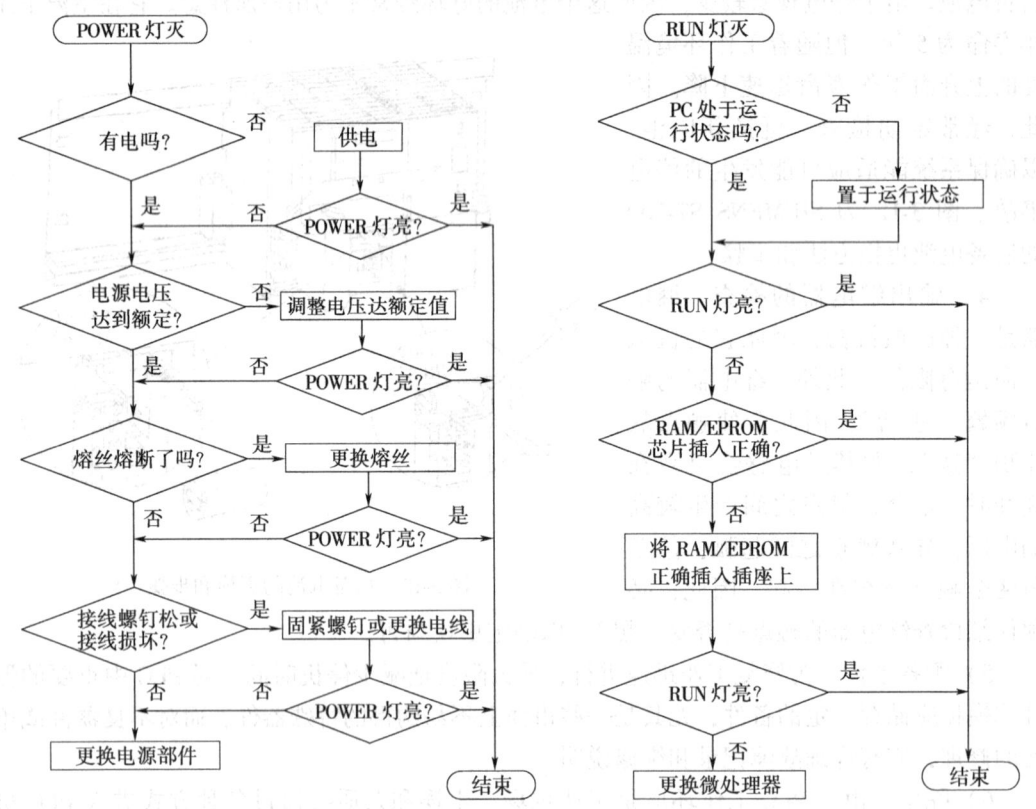

图 3-14 电源故障检查流程图　　图 3-15 运行故障检查流程图

3. 锂电池电压指示灯(BATT. V)

当 PLC 运行正常时,该灯不亮。当内部锂电池电压跌落至某一定值时,发光二极管亮,提醒维修人员应赶快调换锂电池。调换锂电池的步骤为:

1) 购置好锂电池,做好准备工作。

2) 拆装之前,先将 PLC 通电约 15s。(作为存储器备用电源的电容充电,在锂电池断开后,该电容对 RAM 作短暂供电。)

3) 断开 PLC 交流电源。

4) 打开基本单元的电池盖板。

5) 从电池架上取下旧电池,装入新电池。

6) 盖上电池盖扳。

从取下旧电池到换上新电池的时间要尽量短,一般不允许超过 3min。若时间过长,用户程序将会丢失。

4. 程序出错指示灯(CPU.E)

PLC 运行正常时,该灯不亮。若 CPU.E 指示灯常亮不灭,这说明有外来浪涌电压出现,电噪声瞬时加到基本单元内,引起程序执行出错;或程序执行时间大于 0.15s,引起监视器动作时也使 CPU.E 灯常亮。当 CPU.E 指示灯一亮一灭(闪烁)时,表明编制的程序语法有问题或定时器、计数器缺常数 $K$ 值。

5. 输入指示灯

输入正常时,输入端子对应指示灯亮;若有正常输入而输入指示灯不亮,或未加输入而指示灯亮,都属于故障情况可参考图 3-16 所示流程图检查输入部分。

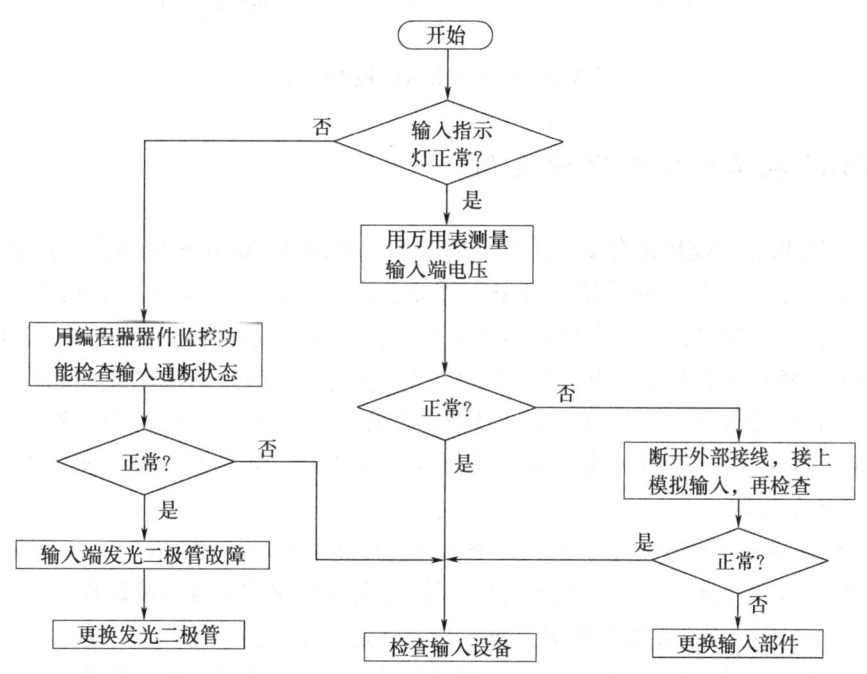

图 3-16 输入部分故障检查流程图

6. 输出指示灯

输出指示灯亮,说明对输出通道的输出继电器正常;若灯亮而输出继电器不动作,或者用外力驱动负载(如用电笔顶电磁阀等)而输出指示灯根本不亮说明输出部分有故障,可能是输出触点由于过载、短路而烧毁。可参考图 3-17 所示检查输出部分。

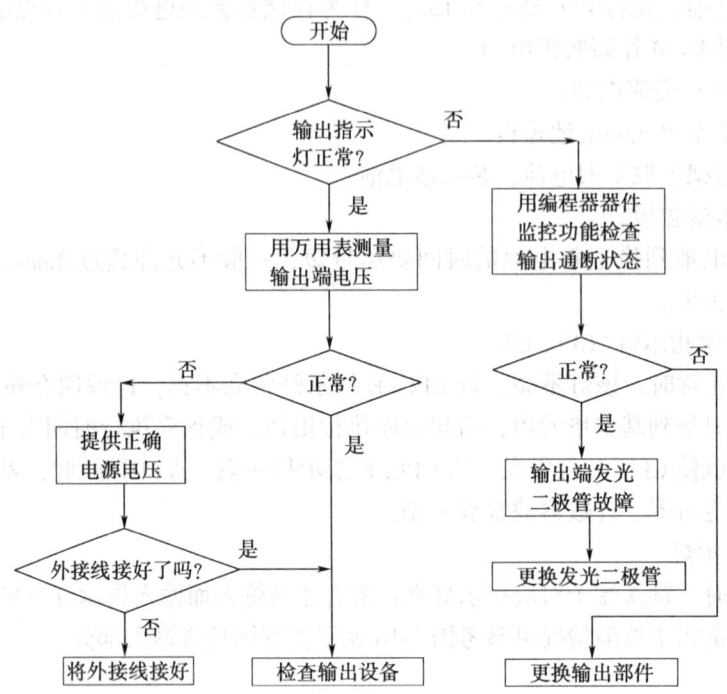

图 3-17 输出部分故障检查流程图

## 3.4 PLC 在工业控制中的应用

主要介绍 PLC 在模块化自动生产线上的应用。选用 TR30 MPS 模块化生产加工系统，MPS 系统是一个完全开放的系统，可依据需要，选择适合专业要求的单元组合成系统，并根据用户的实际需要，开发专用的培训系统。构成 MPS 系统的生产加工系统中的每一个工作单元，都包含有独立的电气和 PLC 单元，它们之间通过通信电缆或总线联接在一起，各个工作单元可以独立工作，也可以进行任意组合。图 3-18 所示为一种由六个单元构成的 MPS 系统，它包括上料检测站、搬运站、加工站、安装站、安装搬运站、分类站六个单元（从左到右）。

在 MPS 模块化生产加工系统中，每个单元的控制中心为 SIEMENS S7-200 型 PLC，由它对相关的气动执行元件（气缸、摆动气马达等）进行控制来完成规定的动作。

当图 3-18 所示 MPS 系统工作时，每一个工件通过送工件、工件类型检测、加工和传输，最后按不同的类型分类进入所要求的轨道（仓库）。上述每一个动作都是由相应的工作单元完成的，同时每一个单元相互间又通过通信电缆连接为一个有机的整体。下面列出该 MPS 系统几个单元工作时的基本动作。

送料工作站：转盘转动—判断有无工件—上升缸上升—检测工件颜色—等待取工件。

搬运站：伸缩缸伸出—提升缸下降—气爪夹紧工件—提升缸上升—伸缩缸缩回—机械手臂右摆—伸缩缸伸出—提升缸下降—气爪放开工件—提升缸上升—伸缩缸缩回—机械手

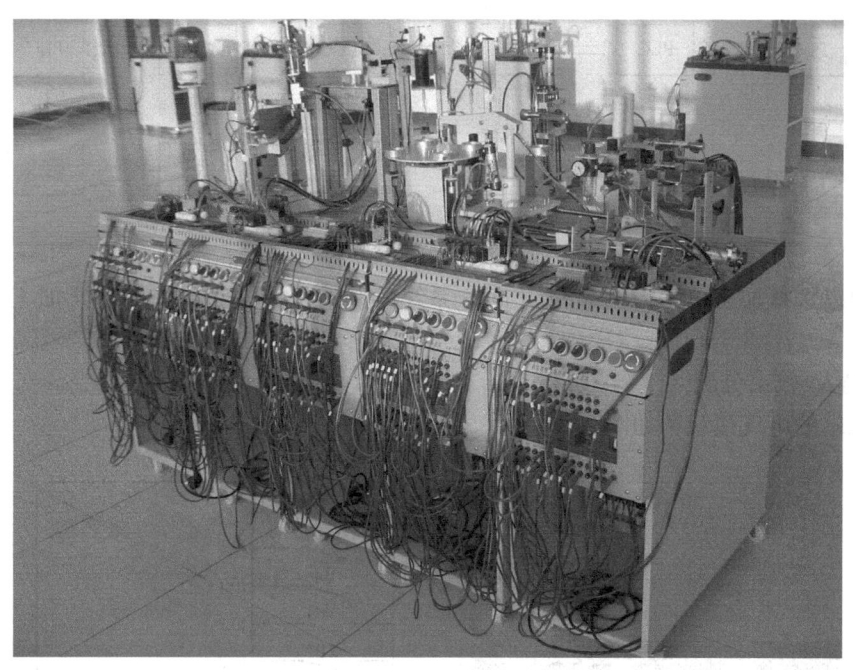

图 3-18 六个单元构成的 MPS 系统

臂左摆。

加工工作站：等工件—转工位—进行工件加工—工件检测—转工位—等待取工件…依次循环。

安装站：换料缸伸出到位—打料缸推出工件—吸盘吸住工件—气缸提升吸盘摆臂转位 180°—吸盘放松工件—气缸下降吸盘摆臂转位 180°。

安装搬运站：提升缸落下—气爪夹住工件—提升缸升出—右侧牵引缸缩回—提升缸落下—气爪放开工件—提升缸上升—左侧牵引缸缩回—左侧牵引缸伸出—提升缸下降—气爪夹住工件—左侧牵引缸缩回—提升缸下降—气爪放开工件—提升缸上升—左右牵引缸同时伸出。

分类站：打料缸推出工件—根据上料检测站以及安装站的工件类型信号，设置放置工件轨道对应挡块的位置—工件进入相应轨道。

通过对各工作站的基本工作情况介绍，可以了解到在 MPS 系统工作时，送料工作站和搬运站在工作时应互锁，即送料单元工作时，搬运站不能工作；反之，搬运站工作时，送料工作站不能工作。这是由两个工作站间的机械结构决定的。加工站、安装搬运站和分类站之间没有互锁关系，各单元可以同时工作；但也要注意在加工站进行工位转动时，安装搬运站不能从加工站的取工件工位上抓取工件，否则，会把安装搬运站的机械手臂损坏。同理，搬运站向加工站运送工件应在加工站不进行工位转换时完成。

图 3-19 为 PLC I/O 控制的六个工作站的通信连接示意图。这是一种典型利用 I/O 进行通信的联络方式。因为篇幅限制，每一个工作站的设计制造情况将不介绍，在第 8 章中，有 MPS 单元功能的介绍。

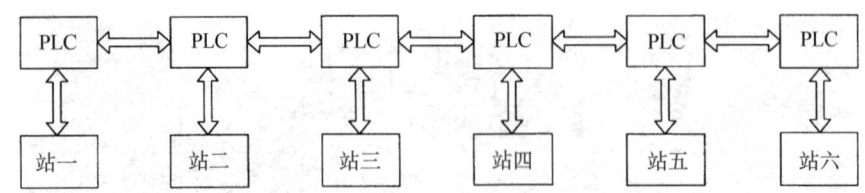

图 3-19　六个工作站的通信连接示意图

下面以选择加工单元为例来介绍 MPS 系统的制造、调试和维修情况。加工单元如图 3-20 所示。

**1. 输入/输出分配**

加工站的电气接线图如图 3-21 所示。

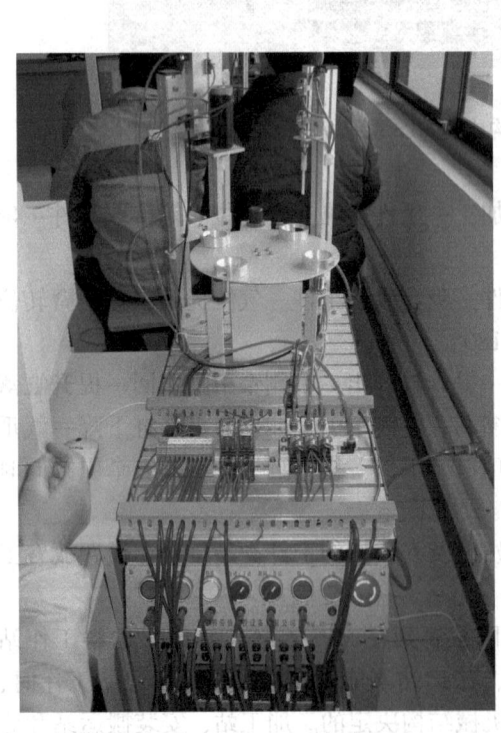

图 3-20　加工单元实例

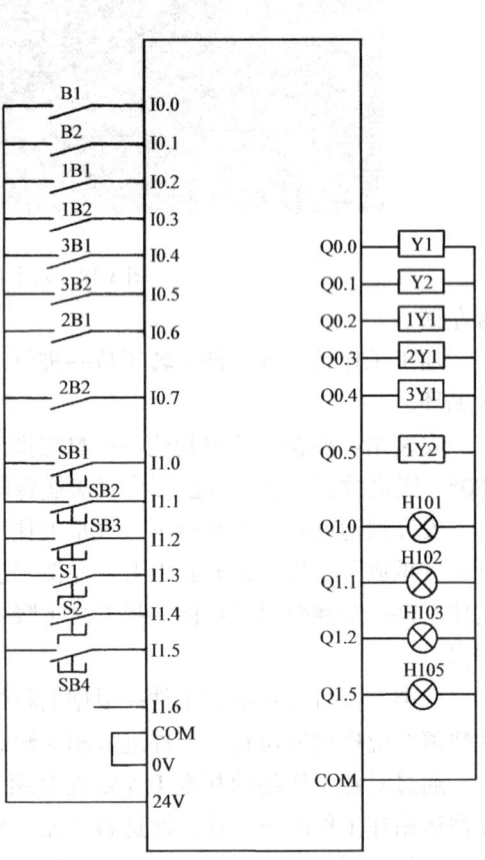

图 3-21　加工单元 I/O 连接图

I/O 分配具体情况如下：

（1）输入信号

I0.0（B1）——光电传感器：判断等待工件工位上是否有工件，I0.0 = 1 表示有工件。

I0.1（B2）——定位传感器：判断圆盘工作台是否转到位，I0.1 = 1 表示圆盘转到位。

I0.2（1B1）——位置传感器：电动机升降小车上升是否到位，高电平有效。

I0.3(1B2)——位置传感器：电动机升降小车下降是否到位，高电平有效。

I0.4(3B1)——位置传感器：工件夹紧气缸是否返回原位，高电平有效。

I0.5(3B2)——位置传感器：工件夹紧气缸是否将工件夹紧，I0.5＝1 表示已将工件夹紧。

I0.6(2B1)——位置传感器：判断检测气缸上升是否工作到位，高电平有效。

I0.7(2B2)——位置传感器：判断检测气缸下降是否工作到位，高电平有效。

I1.0——"开始"按钮。

I1.1——"复位"按钮。

I1.2——"特殊"按钮。

I1.3——"自动/手动"旋钮。

I1.4——"联网/特殊"旋钮。

I1.5——"停止"按钮。

（2）输出信号

Q0.0(Y1)——控制圆盘转动电动机是否转动。

Q0.1(Y2)——控制钻孔电动机是否转动。

Q0.2(1Y1)——控制电动机升降小车的气缸向下动作。

Q0.3(1Y2)——控制检测气缸的升降动作，Q0.3＝1 气缸向下动作；Q0.3＝0 气缸回退原位。

Q0.4(3Y1)——控制夹紧气缸的动作，Q0.4＝1 气缸伸出夹紧；Q0.4＝0 气缸回退原位。

Q0.5(2Y1)——控制电动机升降小车的气缸向下动作。

Q1.0——"开始灯"。

Q1.1——"复位灯"。

Q1.2——"特殊灯"。

Q1.5——"停止灯"。

2. 加工工作单元程序设计

加工站的基本动作过程为：等待工件—有工件转至加工工位—进行工件加工—工件检测—转工件至提取工件工位，等待提取工件单元取工件…依次循环。

从加工站的工作动作来看其控制为顺序控制，即只有处理完上一工序的动作才能进入下一工序的动作，或者说下一步的接通条件取决于上一步的逻辑结果和附加于这一步工序上的条件。SIEMENS S7-200 型 PLC 内部提供了字、字节移位寄存器，可以利用移位指令就可很方便地满足上述的顺序控制要求。

# 本 章 小 结

1. 自动机与自动线的控制系统可按控制理论、控制方式、控制作用与时间的关系、控制的结构和层次来分类。

2. PLC 具有适应工业控制环境、高可靠性、可编程、易于扩展等特点。

3. PLC 具备条件控制、限时控制、计数控制、步进控制、数据处理、通信和联网、自诊断功能等功能。

4. PLC 选购主要需要考虑 I/O 端口的数量和种类、对 CPU 功能及其运行速度要求、对内存容量及存储器种类的要求、对外围设备的要求、结构形式要求等。

5. PLC 调试和故障的检测与显示。

6. PLC 在 MPS 模块化生产线上的应用。

# 第4章　工业机械手及机器人

**学习目标**　了解工业机械手的组成和分类以及工业机械手典型结构等内容；了解工业机械手的构成及工作原理；掌握鉴别和选用工业机械手的方法。

工业机械手是模仿人手的部分动作，按给定程序、轨迹和要求实现自动抓取、搬运工件或操作工具的自动机械装置。在工业生产中应用的机械手被称为工业机械手。工业机器人是用来进行搬运材料、零件、工具等可再编程的多功能机械手，或通过不同程序的调用来完成各种工作任务的特殊装置，生产中应用机械手或机器人可以保证产品质量、提高生产的自动化水平和劳动生产率；可以减轻劳动强度，实现安全生产，尤其是在高温、高压、低温、低压、潮湿、粉尘、易爆、有毒气体和放射性等恶劣环境中，代替人进行正常的工作，意义更为重大，因此得到了越来越广泛的应用。

## 4.1　工业机械手及机器人的组成和分类

### 4.1.1　工业机械手的组成

工业机械手主要由执行机构、驱动机构、控制系统和机座等四部分组成。

1. 执行机构

执行机构包括以下几部分：

(1) 手爪　它是直接抓取(夹紧或放松)工件(或工具)的构件。常用的有钳爪式、吸盘式和万能式。

(2) 手腕　它是连接手爪和手臂的构件，起支持手爪和扩大手臂动作范围的作用。它可以实现回转与摆动运动。有时也可采用无手腕动作的机械手。

(3) 手臂　它是支承手腕、手爪的构件。一般可实现伸缩、升降及回转摆动等运动。

(4) 立柱　它是支承手臂等构件的装置，一般是固定不动的，因工作需要也有作横向移动的，常称可移动立柱。

(5) 行走机构　它是机械手能完成远距离操作的装置，由滚轮和导轨或多杆机构组成。

2. 驱动机构

驱动机构是驱动手臂、手腕、手爪等构件的动力装置，通常有气动、液压、电动等三种形式。

3. 控制系统

控制系统是支配机械手按规定程序运动的装置。它必须具备保存或记忆指令信息(如动作顺序、到达位置和时间信息)的功能。能及时测量及处理信息，对机械手的执行机构发出控制指令，必要时还可发出故障报警。

4. 机座

机座是安装机械手执行机构、驱动机构等的基础部件。

### 4.1.2 工业机器人的组成

工业机器人由三大部分六个子系统组成。三大部分是：机械部分、传感部分、控制部分。六个子系统是：驱动系统、机械结构系统(机械部分)、感受系统、机器人—环境交互系统(传感部分)、人机交互系统、控制系统(控制部分)。

### 4.1.3 工业机械手及机器人的分类

1. 按使用范围分

(1) 专用机械手　它附属于主机，具有固定(有时可调)程序而无独立控制系统的机械装置。专用机械手具有动作少，工作对象单一，结构简单，工作可靠等特点，适用于大批量自动化生产。目前在轻工、电子行业得到广泛应用。

(2) 通用机械手　它是一种具有独立控制系统、程序可变、动作灵活多样的机械手。通用机械手的工作范围大，定位精度高，通用性强，适用于不断变换生产品种的中、小批量自动化生产，在柔性自动生产线中得到广泛应用。

2. 按驱动方式分

(1) 机械手驱动方式分类

1) 机械传动机械手。它是由机械传动机构(凸轮、连杆、齿轮、齿条等)驱动执行机构运动的机械手。它的主要特点是运动准确可靠、动作频率高，但结构尺寸较大，动作程序不可变。一般用作自动机的上料或卸料装置。

2) 液压传动机械手。它是以油液的压力来驱动执行机构运动的机械手。抓重能力大，结构小巧轻便，传动平稳，动作灵便，可无级调速，进行连续轨迹控制。但因油的泄漏对工作性能影响较大，故它对密封装置要求严格，且不宜在高温或低温下工作。

3) 气动传动机械手。它是利用压缩空气的压力，来驱动执行机构运动的机械手。其主要特点是介质空气来源方便，气动动作迅速，结构简单，成本低，能在高温、高速和粉尘等大的环境中工作。但由于空气具有可压缩的特性，工作速度的稳定性较差，且因气源压力低，只宜轻载下工作。

4) 电力传动机械手。它是由特殊设计的电动机、直线电动机或步进电动机直接驱动执行机构运动的机械手。因不需中间转换机构，故结构简单，其中直线电动机机械手的运动速度快，行程长，使用和维护方便。目前机械设计正朝机电一体化方向发展，采用电力直接驱动机械手将日益增多。

(2) 机器人驱动方式分类　工业机器人驱动系统常用的驱动方式主要有液压驱动，气压驱动和电气驱动三种基本类型。上述三种驱动方式有直线型和旋转型。

直线型 { 电动：音圈电动机、直线电动机
　　　　液压：活塞液压缸
　　　　气压：伸缩软管、气缸

旋转型 $\begin{cases} 电动：直流伺服电动机、交流伺服电动机、步进电动机 \\ 液压：液压马达 \\ 气压：气动马达、涡轮 \end{cases}$

在工业机器人出现的初期，由于其运动大多采用曲柄、导杆和定滑块等机构，所以大多使用液压驱动和气压驱动方式。但随着对作业高速化要求，以及对各部分动作要求愈来愈高，目前使用电气驱动的机器人所占比例日益增加。

（3）机器人驱动方式的特点及比较　在选用机器人的驱动方式时，首先必须了解各种驱动方式的特点，并结合具体情况确定最佳的驱动方案。

表4-1为三种主要驱动方式的比较。

**表4-1　各种主要驱动方式特点的比较**

| 驱动方式<br>比较内容 | 液压驱动 | 气压驱动 | 电气驱动 | |
|---|---|---|---|---|
| | | | 交、直流电动机 | 伺服电动机、步进电动机 |
| 输出力 | 大 | 小 | 大 | 小 |
| 控制性能 | 可无级调速，反应灵敏，可实现连续轨迹控制 | 气体压缩性大，精确定位困难，阻尼效果差，低速不易控制 | 控制性能较差，惯性大，不易精确定位 | 控制性能好能精确定位，但控制系统复杂 |
| 体积 | 在输出力相同条件下体积小 | 较大 | 要有减速装置，故体积较大 | 较小 |
| 维修及使用 | 方便，但油液对环境温度有一定要求 | 方便 | 方便 | 较复杂 |
| 对环境的影响 | 易漏油，易燃 | 排气有噪声 | 无 | 无 |
| 应用范围 | 适用于重型低速驱动 | 适用于中、小型快速驱动 | 适用于抓重、大而速度低的中、重型机器人 | 可用于要求严格控制运动轨迹的中、小型机器人 |
| 成本 | 液压元件成本较高 | 成本低 | 成本低 | 成本较高 |

3. 按工业机器人的结构分类

1）五种基本坐标式机器人：直角坐标式机器人、圆柱坐标式机器人、球坐标式机器人、关节坐标式机器人、平面关节式机器人。

2）两种冗余自由度结构机器人：整体控制的柔软臂机器人（也称象鼻子机器人）、每一关节独立控制的冗余自由度机器人。

3）模块化结构机器人。

### 4.1.4　工业机械手及机器人的主要技术参数

工业机械手的技术参数是说明其规格、性能的具体数据。通常有以下几项：

1）型号与名称。

2）机械结构形式。

3）自由度数。说明臂、腕等共有几个运动自由度。

4）运动范围。指各运动自由度的行程范围。一般是以爪中心为名义端点来计算。

5）运动速度。指最大速度或平均速度，或各运动自由度的速度。

6）抓取重量。表示机器人负荷能力的参数。通常用最大速度时腕部最大负荷（N）表示。

7）驱动方式。说明采用何种方式（液压、气动、电动等）驱动以及驱动机构状况。

8）定位精度。这是衡量工业机械手工作质量的重要指标。一般指重复定位精度。定位精度与位置控制方式、运动部件本身的精度和刚度、抓重、运动速度等因素有密切关系。

9）动力源。说明电源、气压、液压等动力的规格、功率等。

另外，还有控制方式、操作方式、存储容量、通信接口以及外形尺寸、重量和安装环境等。

## 4.2 手爪的类型及结构

### 4.2.1 手爪结构分类

1. 机械手指型手爪

按手爪上的指数分为二指型和三指型，大多数为二指型。

按手爪数目分为单爪型、双爪型和多爪型。图 4-1 所示为双爪型机械手，手臂上安装两个手爪同时实现两种不同的操作。例如，一只手将加工完的工件 A 卸下，利用手腕的回转，装到下道工序的机床上，而另一只手将待加工件 B 装到上一机床上。

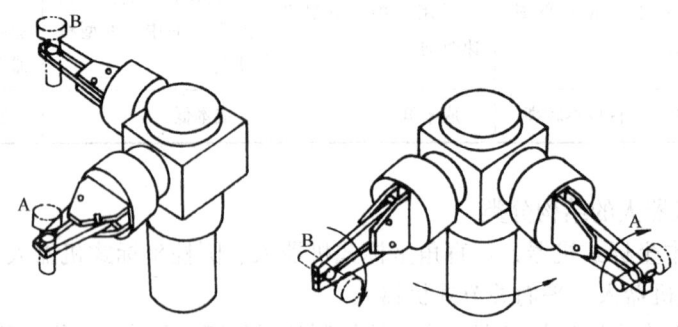

图 4-1 双爪型机械手

按抓取的形式可分为外爪及内爪，外爪抓取工件外表面，内爪则用来抓取工件的内表面，如图 4-2 所示。

按手指运动方式分为平移型及摆动型。

按构成装置的耦合元件分为：连杆型、齿轮—齿条型、凸轮型和螺旋型等。

2. 真空型及磁铁型手爪

真空型及磁铁型手爪以带真空的吸盘或磁铁作为吸附元件。

# 第 4 章 工业机械手及机器人

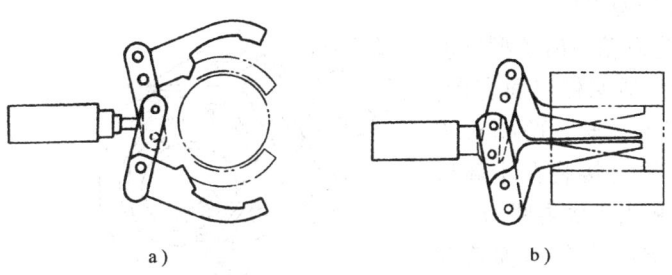

图 4-2 抓取形式
a) 外爪  b) 内爪

3. 万能手爪

万能手爪包括可吹胀手爪、软手指手爪和三指手爪等。

### 4.2.2 机械手指型抓取机构

1. 连杆型手爪

图 4-3a 所示为连杆型的例子,该机构主要由一套滑块—摇杆组成。图 4-3b 为其机构的运动简图。当活塞 4(相当滑块)向右移动时,摆杆 AB 及 A'B' 的外端产生夹紧作用,活塞 4 朝左运动时松开,夹紧时一般传动角采用 5°~7°。

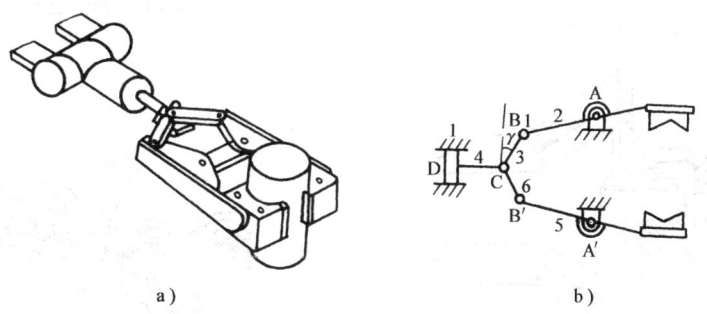

图 4-3 滑块—摇杆机构

图 4-4a 所示为应用摇杆滑块机构的手爪的例子。图 4-4b 为其运动简图。活塞驱动的滑杆 2 借助于两个对称分布的摇杆联动装置 1234 及 123'4',把运动传给 4 及 4',使其夹紧或松开。

以上述两例可见,抓取机构是一个系统,它把输入该装置的运动,在输出处变为夹紧动作。这输入装置可能是电动机、气动或液压装置,其夹紧作用开始于抓取工件之时,而在工件到位之后才松开。

图 4-5 所示为弹性联动型手爪。它可以同时从外部夹紧两工件,其动作由单向气缸驱动,气动控制系统简单。图 4-6 所示为弹性支承型手爪,在弹簧力作用下自然合拢,支承在柱销上,当手指与工件接触时,工件作用力对轴的力矩使手指张开,直到工件被整个抓住时为止。由于弹簧抗力有限,这种机构通常只用来抓取小的机件(如螺栓、销子等)。

## 2. 齿轮—齿条型手爪

图4-7所示为齿轮—齿条型气动手爪开闭的结构。活塞杆双面有齿，以驱动两个小扇形齿轮，两副对称的平行四边形机构直接装在小扇形齿轮上，可产生相当大的夹紧力。

图4-8为齿轮—齿条型弹簧联动手爪的抓取机构立体图。手爪由液压或气压驱动。当活塞杆朝左方移动时，齿条通过小齿轮带动装在手指后端的扇形齿轮转动，使手指产生夹紧力。

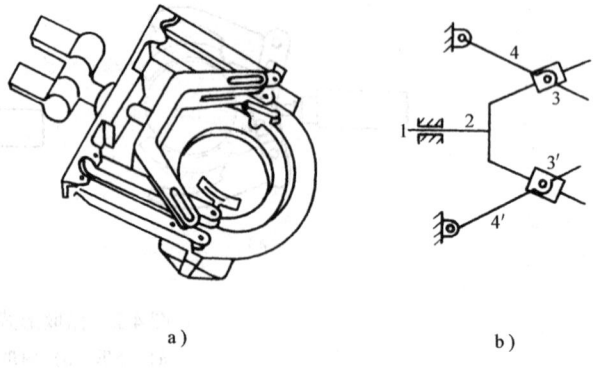

图4-4 摇杆滑块机构摇手爪

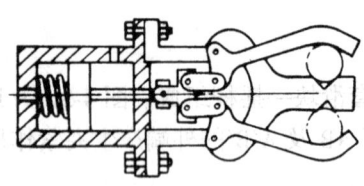

图4-5 弹性联动型手爪

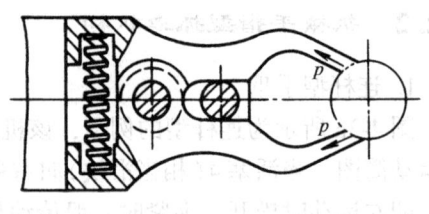

图4-6 弹性支承型手爪

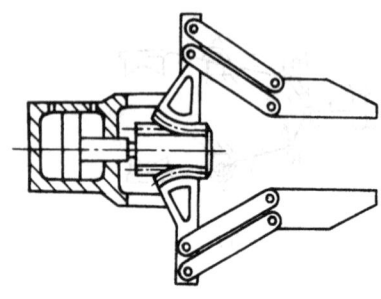

图4-7 齿轮—齿条型气动手爪

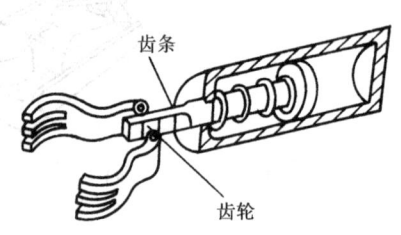

图4-8 齿轮—齿条型弹簧联动手爪

## 3. 凸轮驱动型手爪

图4-9所示为凸轮驱动型手爪。像斜楔机构这类用在冲床上将水平运动转变为垂直运动的机构可归为这一类型。凸轮轮廓可采取简谐运动曲线。图中件1、2分别表示移动凸轮和摆动从动件。$O_1$和$O_2$是两从动件的支点。凸轮1往右运动时，驱动从动件2使手爪产生夹紧作用。

## 4. 螺旋驱动型手爪

常用螺旋驱动型手爪如图4-10所示。图4-10a中，由电动机经减速器带动螺杆转动，当滑块1移至下端时，通过连杆2的作用，使手爪3收拢。图4-10b所示为轴两端被加工成左、右螺纹，当拧动该轴时，通过两个内螺纹使手指相互接近产生夹紧作用的手爪。

# 第4章 工业机械手及机器人

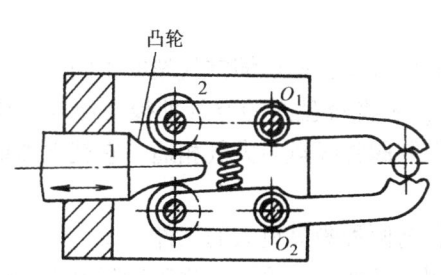

图4-9 凸轮驱动型手爪

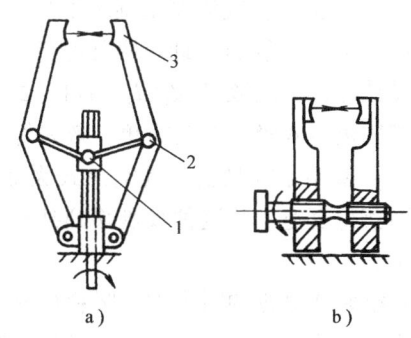

图4-10 螺旋驱动型手爪
1—滑块 2—连杆 3—手爪

### 4.2.3 吸盘型抓取机构

吸盘型抓取机构分为真空吸盘型和电磁吸盘型两类，它们都适用于一些不宜或不便使用机械手指抓取的物件。

1. 真空吸盘型手爪

真空吸盘型手爪是利用橡胶或塑料碗压在工件表面，使其造成真空而把工件吸住，它适用于薄片零件，如纸张、薄壁易碎的玻璃器皿及非金属薄片等物的抓取。

与机械手指型抓取机构相比，真空吸盘结构简单，重量轻，吸力分布均匀，但要求所吸附表面无孔、无油、光洁平整，且需外加真空设备。

真空吸盘型手爪按吸盘内真空形成的方式，分可为挤压排气式、扩散负压式和真空泵式三种形式。

(1) 挤压排气式吸盘 对于轻小片状工件，可以用如图4-11所示的挤压排气式吸盘抓取机构。

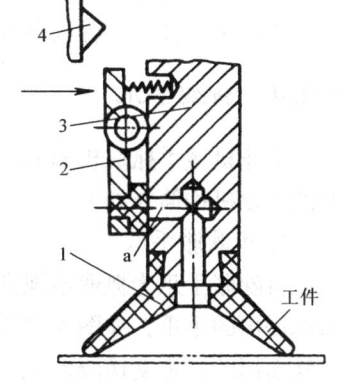

图4-11 挤压排气式吸盘

由吸盘1与工件相接触后，将吸盘内的空气挤出而产生负压吸住工件，当吸盘架3运动到规定位置时，碰到挡块4将压盖2抬起，使吸盘内腔经孔与大气相通，压力差消失即放下工件。搪瓷厂冲床上料吸盘就是这类结构。

(2) 扩散负压式吸盘 工作原理如图4-12所示，根据流体力学，气体在稳定流动状态下，单位时间内流经喷嘴的每一个截面的气体质量均相等，利用"缩放喷嘴"造成负压。由于处在进气口和排气口间的喷气孔道是中段细而两端成锥形的形状，因此压缩空气从进气口通入时，由于进气孔道直径 $d_1$ 逐渐变小而使气流速度逐渐增高到使压力为临界 $p_k$，而后喷气孔通道直径 $d_k$ 逐渐变大

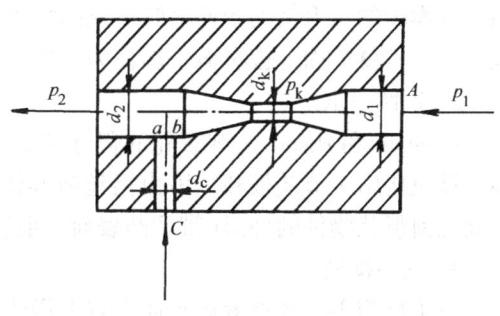

图4-12 扩散负压式喷嘴结构

为 $d_2$，空气扩散，气流速度继续增高，使与吸盘相连的吸气口 $a$、$b$ 处造成高速气流而形成负压(小于大气压)，即可吸住零件。

设计时，一般取 $d_c:d_k:d_2 = 1:1:(2 \sim 3)$。

扩散负压式吸盘结构简单，效果好，常用于有压气装置或压缩空气站的车间。

(3) 真空泵式吸盘 真空泵式吸盘是采用真空泵将吸盘内的空气抽掉，使其内压力下降而获得真空。若这种吸盘移到某一位置时，控制阀将吸盘与大气相通，它就立即把工件放下。

真空泵式吸盘的吸力大，吸料可靠，可抓取较前两种吸盘更大的工件。

吸盘式抓取机构，可因工件结构形状大小选用单杯或多杯手爪，除碗形吸盘外，还可用椭圆形或其他形状的吸盘。设计时压力差取 48kPa，如果杯内密封面积为 $100cm^2$，则其理论提升力为 48N。

2. 电磁吸盘型手爪

这种抓取机构是利用电磁铁通电后产生的磁场，在与铁磁性的工件如钢板、铸铁件等接触时，由磁路闭合产生的吸力吸住工件。

设计时，电磁吸盘的结构形状由工件被吸表面形状确定，而电磁吸力则根据所吸附工件的重量来计算。这种吸盘吸取过的工件有剩磁存在，必要时应进行去磁处理。

### 4.2.4 新型手爪

工业机械手抓取机构的改进是以对人手指的研究为基础的。现将目前改进的几种较新型的抓取机构简介如下：

1. 可吹胀手爪

可吹胀手爪为抓取不规则物件提供了解决办法，它也可用来抓取易碎的物件。派洛夫斯基提出的手爪，如图 4-13 所示，两个手指 1 由液压传动，手指内侧装有气囊 2，它是由柔软而薄的高强度橡胶制成，其内装有松散的介质 3(是用金属、塑料或玻璃制成的小圆珠)，穿孔管 4、真空管 5 同伸缩管 6 或抽气机与气囊密封连接。在小圆珠、软管及伸缩管之间的空隙有气体或液体。穿孔管用薄膜裹着，防止小圆珠离开气囊。

在开始位置，手指 1 在夹紧前是张开的，伸缩管处在被压缩状态。气囊 2 内的气体或液体的压力与环境气体或液体的压力接近。当手爪合拢时，即使物体作用在气囊 2 上的压力很轻微，也会使气囊 2 壁被深深压陷而包裹物件，当包到一定程度时，手指 1 停止运动，气囊内的压力借助于伸缩管 6 或抽气机变小。这时气囊 2 除已改变本身形状外还变硬起来，物件就牢固地被机械手握住为了松开物件，可按相反顺序进行操作。

2. 软性手爪

Umetain 和 Hisore 在观察蛇的爬行时受到启发，研制了一种称作"软手指"的抓取机构，该机构由多节链板和一串由钢丝绳操作的轮子组成(图 4-14)。这种软性手爪能自动地同任何形状物件的外形(带凹凸表面)相适应，并以规定的压力握住物件。

3. 三手指型

三手指型手爪的夹紧运动通常有手指的尖部运动，夹钩运动或平移运动，它们只能夹紧和松开工件。

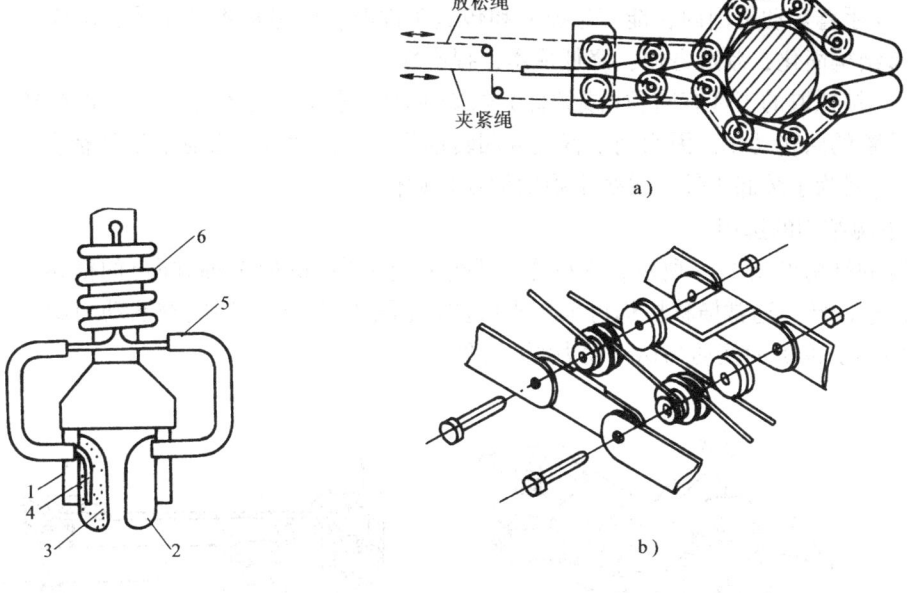

图 4-13 可吹胀手爪　　　　　图 4-14 软性手爪

Crossley 和 Umholz 在模仿人手模型的基础上，提出三手指型机构，它能拾取物件（如工具），并将其放到掌心，从而具有握住工具施加扭矩的功能。

由 Rovetta 最近提出的另一种新机构简示于图 4-15，这种手爪由两个关节式手指和一个手掌组成。

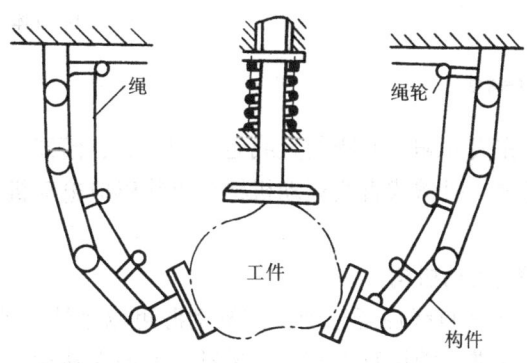

图 4-15 三指手爪示意图

## 4.3 手腕的选用及手臂的典型结构

### 4.3.1 手腕的选用

手腕是连接手爪和手臂的构件，它具有独立的自由度，为了使机械手适应被夹持物的不同要求，选用手腕时，要考虑下列两个因素：

1. 自由度的选取

1) 在手臂运动范围内,能满足抓取和传送工件时,就尽量不选用手腕动作,这样可以使手腕结构简化,制造方便,降低成本,提高精度。

2) 对被抓取的工件有转位(或俯仰)要求(例如工件要求定位后转位 90°或 180°)时,可增加手腕的回转动作,因为用手臂完成回转动作时,惯性大,会影响定位精度。

3) 有时为了装卸工件,可令手腕增加横移动作。

2. 手腕结构的选用

手腕的结构如图 4-16 所示,它可作与手臂垂直方向(例如 $Y$ 轴方向)的横移,还可绕 $Y$ 轴或 $Z$ 轴回转。通常横移机构可采用直线缸(见图 4-17)或采用电磁铁动力源。回转运动可采用小于 360°的摆动马达作动力源(见图 4-20)。

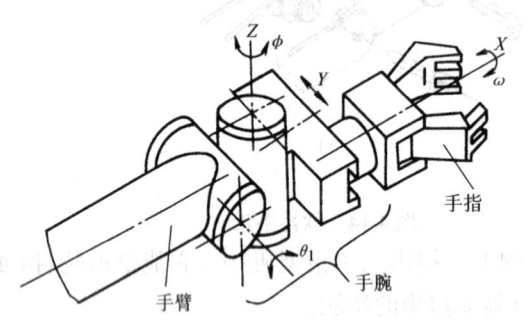

图 4-16 手腕运动示意图

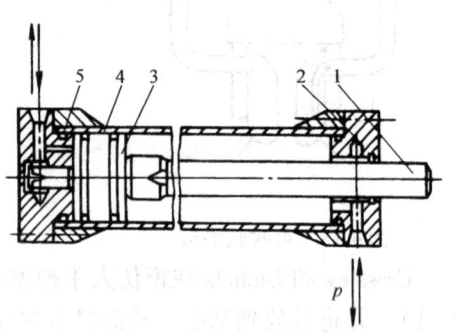

图 4-17 直线往复缸
1—活塞杆 2—端盖 3—活塞
4—缸体 5—缓冲部分

### 4.3.2 手臂的典型结构

机械手的手臂可以完成伸缩、升降的直线运动和左右、俯仰摆动的回转运动。

前者常用往复直线缸、机械式直线运动机构或直线感应电动机,后者采用摆动马达或齿轮—齿条机构。

1. 直线(伸缩、升降)运动机构

(1) 往复直线缸 实现直线往复运动,其驱动源可以是液压或气压。图 4-17 所示为单活塞液压缸,当压力油进入液压缸右腔时,推动活塞向左移动,当压力油从左腔进入时推动活塞向右移动,从而实现往复直线运动。

图 4-18 所示为机械手的手臂升降用的直线往复式液压缸。其结构特点是:活塞行程与液压缸高度之比接近 1:1,这样液压缸不高但行程较大。为防止手臂作直线运动时绕其轴转动,活塞缸内装有导向用的花键轴,使结构紧凑。通常由于花键轴制造较困难,也可用圆柱导轨(图 4-19)或燕尾导轨。

(2) 直线感应电动机(简称直线电动机) 直线电动机的工作原理是利用旋转电动机的基本原理演变而成,由于直线电动机能实现直线往复运动,不需要任何运动变换或传动装置,其行程大小、运动方向及制动等均由行程开关控制。其移动速度较高,但精度不高。

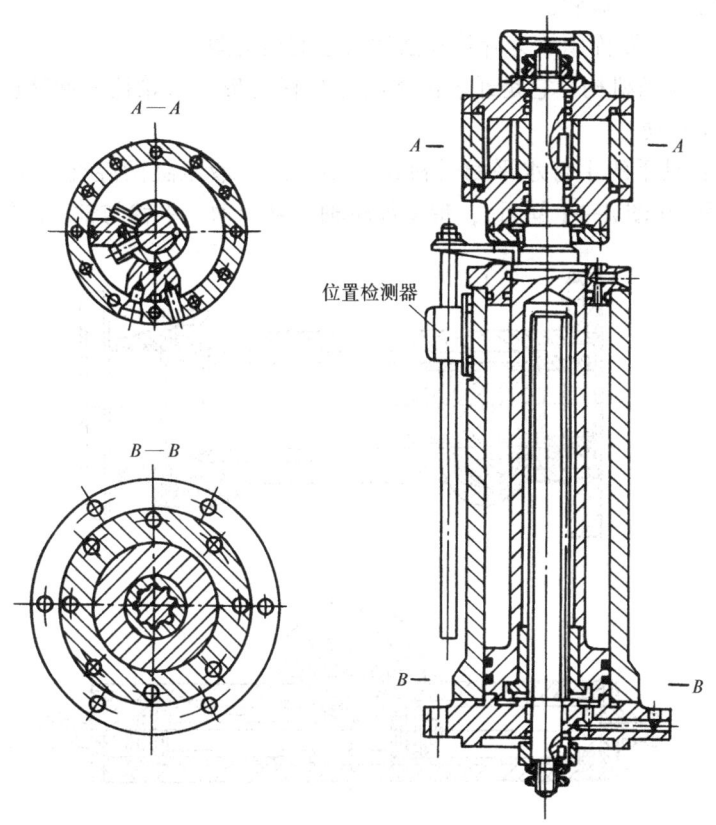

图 4-18 手臂升降或摆动液压马达

（3）其他机械式直线机构　如丝杠螺母机构等，但由于结构复杂，使用较少。

2. 回转（摆动）运动机构

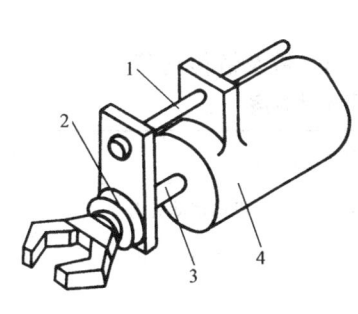

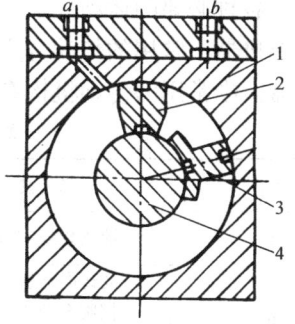

图 4-19　带有圆柱导轨防转装置的液压缸　　图 4-20　叶片式摆动马达结构简图

1—导向杆　2—夹紧液压缸　3—活塞　4—伸缩液压缸

（1）叶片式摆动马达　图 4-20 为其结构简图。它的回转角小于 360°。定片 2 与缸体 1 固连，动片 3 与输出轴 4 固连。当压力油从孔 $a$ 进入时，推动动片连同输出轴作逆时针方向旋转，动片 3 另一边的回油从孔 $b$ 排出。反之，当压力油从孔 $b$ 进入时，动片 3 连同输出轴 4 驱动顺时针方向旋转。

图 4-18 中 A—A 断面图示为叶片式摆动马达的结构图。

(2) 齿轮—齿条机构　它是通过齿条的往复移动带动齿轮往复回转(摆动)的，齿条可由液压或气压驱动。

图 4-21 为机械手的手臂水平回转机构的结构图。液压缸两腔交替进压力油或气时，活塞齿条往复移动(图 A—A 剖面)，带动齿轮轴往复转动，手臂与轴端凸缘一起转动。

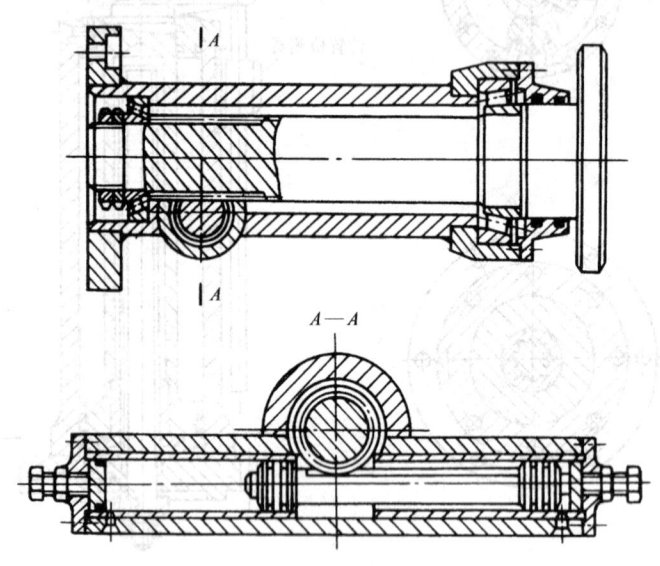

图 4-21　齿轮齿条摆动机构

### 4.3.3　工业机器人的传动机构

工业机器人传动机构是用来将原动机发出的机械能传递给关节或其他工作部分，以实现机器人各种必要的运动。

工业机器人常用的传动方案如表 4-2 所示。

机器人中常用的传动机构有齿轮传动、螺旋传动、带及链传动等。

表 4-2　工业机器人常用传动方案

| 方案 | 原动机 | 传动机构 | 执行部分 |
|---|---|---|---|
| Ⅰ | 液压泵或空压机 → | 液压或气动驱动器 → | 连杆机构摆动机构 |
| Ⅱ | 变速电动机<br>伺服电动机 | 减速机构<br>↓<br>回转变直线运动机构 | → 回转关节<br>→ 直动关节 |
| Ⅲ | 直线电动机(电磁直线驱动器) | | |

## 4.4 工业机器人的控制系统

### 4.4.1 机器人控制系统的特点

工业机器人的工作在控制上有如下特点：

1）机器人有若干个关节，典型工业机器人有 5 至 6 个关节。每个关节由一个伺服系统控制，多个关节的运动要求各个伺服系统协同工作。

2）机器人的工作任务是要求操作机的末端执行器进行空间点位运动或轨迹运动。对机器人运动的控制，需要进行复杂的坐标变换运算以及矩阵函数的逆运算。

3）机器人的数学模型是一个多变量、非线性和变参数的复杂模型，各变量之间还存在着耦合，因此机器人的控制中经常使用前馈、补偿、解耦、自适应等复杂控制技术。

4）较高级的机器人要求对环境条件、控制指令进行测定和分析，采用计算机建立庞大的信息库，用人工智能的方法进行控制、决策、管理和操作，按照给定的要求，自动选择最佳控制规律。

### 4.4.2 机器人控制系统的基本要求

1）实现对机器人的位姿、速度、加速度等的控制功能，对于连续轨迹运动的机器人还必须具有轨迹的规划与控制功能。

2）方便的人—机交互功能，操作人员采用直接指令代码对机器人进行作业指示。机器人应具有作业知识的记忆，修正和工作程序的跳转功能。

3）具有对外部环境（包括作业条件）的检测和感觉功能。为使机器人具有对外部状态变化的适应能力，机器人应能对有关的信息，如视觉、力觉、触觉等信息进行检测、识别、判断、理解等功能。在自动生产线中，机器人应有与其他设备交换信息，协调工作的能力。

4）具有诊断，故障监视等功能。

### 4.4.3 机器人控制系统的分类

控制系统分类的方式有多种，这里主要介绍按控制运动方式的分类方法。

（1）程序控制系统　程序控制机器人控制系统的框图如图 4-22。

图中，输入量 x 表示操作机运动的状态，一般是操作机各关节的转角（或位移）。该系统的控制程序是在机器人进行作业之前就完全确定下来的，这是最简单的工业机器人控制系统。采用这种系统，要求工作条件完全确定和不变。

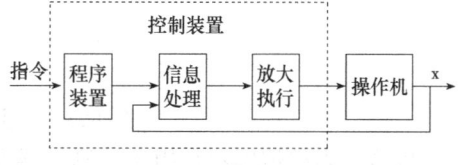

图 4-22　程序控制框图

（2）按照外界状态进行控制的系统　根据给定的任务目标，实现对机器人的控制，不需要事先给定运动程序，而是按照外界环境瞬时的状态实现控制。外界环境状态用相应的传感器来检测。其框图如图4-23所示。

图中，G为目标值，F表示外部作用，代表外界环境变化。

具有这种控制系统的机器人属于第二代工业机器人，即有知觉的机器人。它具有力觉、触觉或视觉等功能。

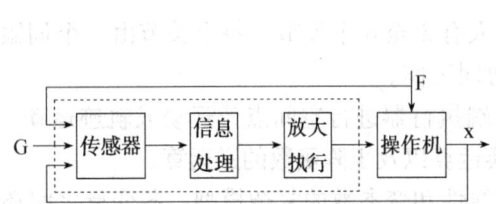

图4-23 按照外界状态进行控制的系统

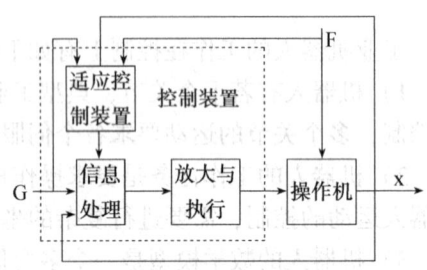

图4-24 适应控制系统

(3) 适应控制系统 在适应控制系统中，当外界工作条件变化时，为了保证所要求的品质，控制装置的结构和参数能自动改变。其框图如图4-24所示。

### 4.4.4 工业机器人的传感器

机器人准确的操作决定于对其自身状态、操作对象及作业环境的准确认识，这完全依赖于传感器技术。传感器的功能相当于人的部分感觉功能。因此传感器对机器人具有特别重要的意义。

机器人传感器按其用途分类可分为机器人内部传感器和外部传感器，见图4-25。

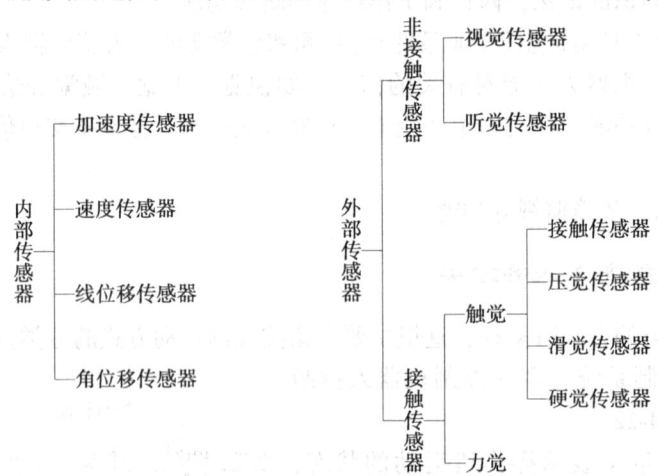

图4-25 工业机器人用传感器的分类

机器人内部传感器是用于检测机器人自身状态的，如检测其手爪的速度、姿态、空间位置等。机器人外部传感器是用于检测作业对象和作业环境的，如检测机器人手爪准备抓取物体的形状、物理性质；检测周围环境是否存在障碍物等。

机器人传感器大致由三部分组成：机构(感受部分)；被测物理量与电信号的转换；与机器人控制器的接口。

一般传感器提供第一、二部分,第三部分由机器人控制器设置。

## 4.5 工业机械手举例

### 4.5.1 吸盘式工件提升机械手

图 4-26 所示为吸盘式工件提升机械手的工作过程示意图。它的结构原理如图 4-27 所示。装在滑块上的凸轮滚子的运动,是由支架上的凸轮槽控制的,当手臂转 90°时,受弹簧力作用的滑块,由于凸轮曲线槽的作用,带着连杆完成一个独立的回缩运动(图 4-26c),随着连杆回缩,将带动摆头向上转动,使吸盘把工件向上提高。图 4-26d 表示摆动头在下降位置时将工件放下。

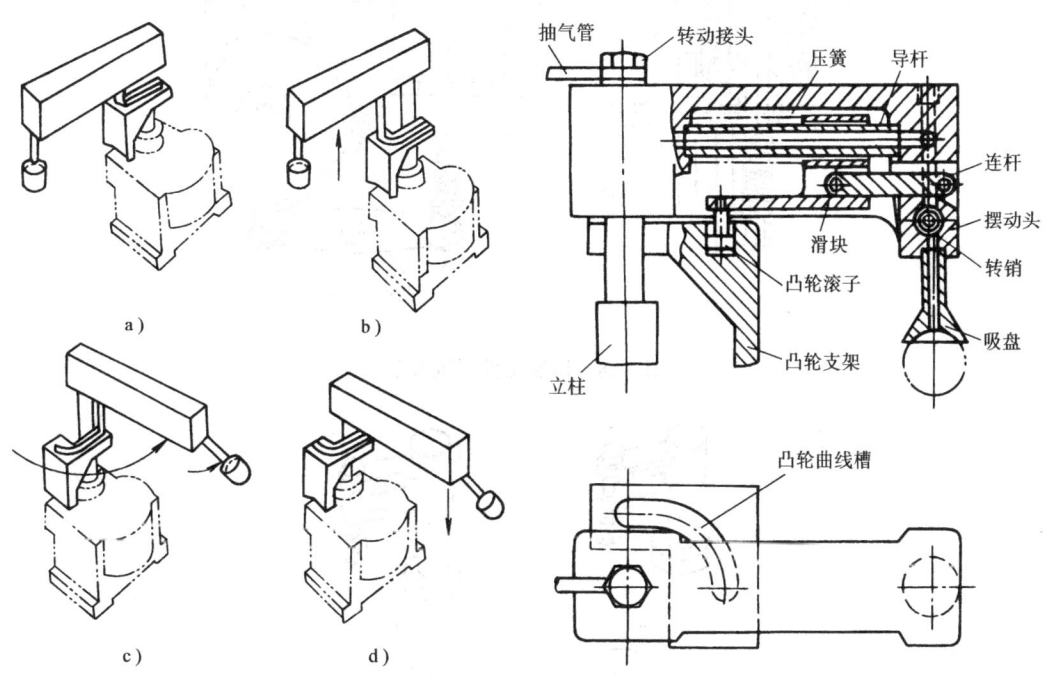

图 4-26 吸盘式工件提升机械手工作过程示意图
　a) 取件位置　b) 上升　c) 转位 90°
带动工件向上摆动　d) 下降并放下工件

图 4-27 吸盘式机械手

### 4.5.2 嵌装工件用机械手

图 4-28 所示是将小陶瓷工件准确地嵌入配件时用的机械手。工件外径与配合件沉孔间的间隙很小,沉孔与工件接触时无导向部分。

图 4-29 所示为该机械手的工作过程示意图,它的结构说明如图 4-30 所示。当夹头在下降位置时,由一推杆从水平进给轨道,将工件向上顶起,直入夹头内,并由四个弹簧加压的硬质合金球将工件夹住(图 4-30a)。

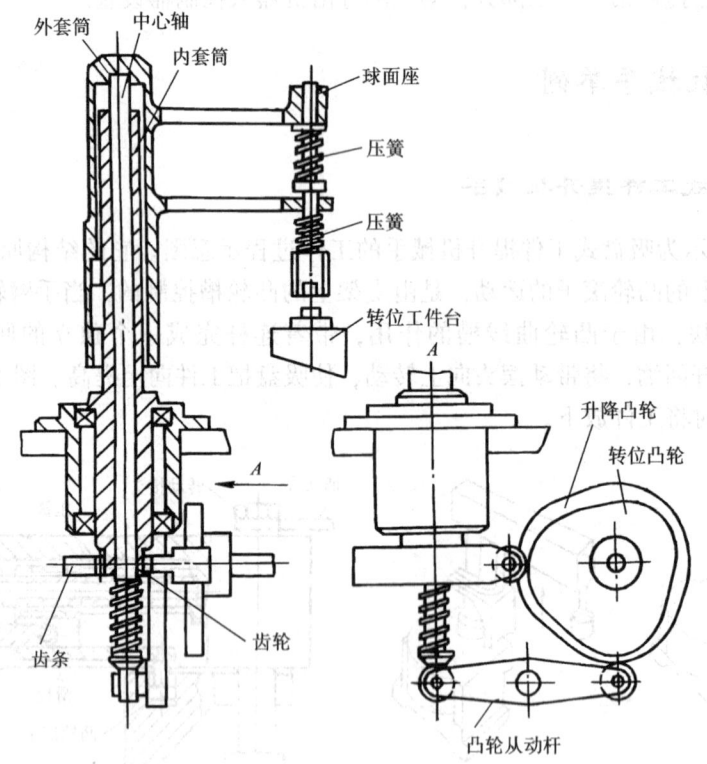

图 4-28 嵌装工件用机械手

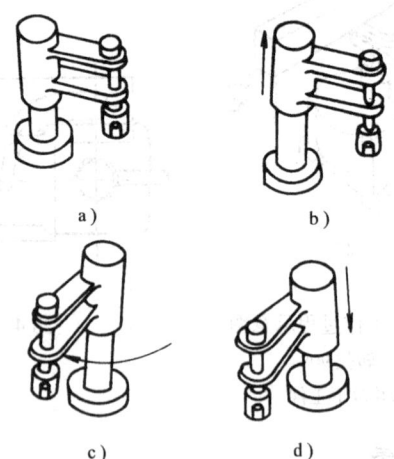

图 4-29 嵌装工件用机械手
工作过程示意图
a) 工件夹持 b) 工件上升
c) 工件转位90° d) 工件下降及插装

位于装配凸轮轴上的升降凸轮转动时，推动从动杆摆动，通过中心轴带动外套筒升降。夹头就装在外套筒的径向伸臂上。转位凸轮转动时，通过安装在凸轮从动杆上的齿条与装在内套筒上的齿轮啮合，使其产生±90°的往复摆动。内外套筒之间是滑键联结的。因而外套筒便带着夹头也作±90°的往复摆动。

如图4-30b所示，工件随夹头下部的锥孔与配合件的锥面对中，而使陶瓷工件与配合件沉孔对中，进而将工件嵌入配合件内，位于夹头上面的弹簧允许推杆超程，以保证工件被推出夹头。位于最上端的弹簧是限制工件嵌入力和调整对中用的。

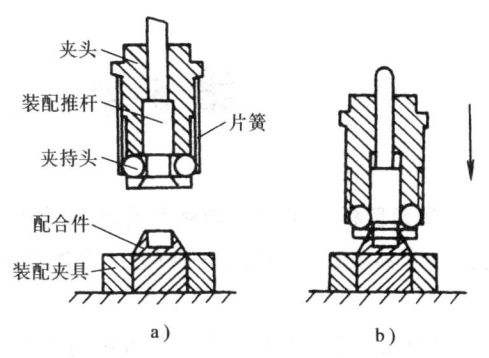

图4-30 工件夹头剖面放大
a) 工件夹持  b) 工件插装

## 本 章 小 结

1. 工业机械手是指在工业生产中应用的、能按预定的要求模仿人手的部分动作的自动机械装置。

2. 工业机械手主要由执行机构(如手爪手腕等)、驱动机构(如气压液压等)、控制系统(如保存或记忆指令信息等)及机座这四部分组成。

3. 工业机械手可按使用范围或驱动方式来分类，也可按运动方式来分，有"直角坐标型机械手"、"圆柱坐标型机械手"、"球坐标型机械手"以及"多关节型机械手"。

4. 工业机械手的手爪类型确定，主要是根据被抓取工件的形状、材料、结构等来决定的。通常有机械手指型、真空型、磁铁型和万能手爪型等多种形式。

5. 构成机械手指的运动机构常见的有连杆机构、齿轮—齿条机构、凸轮机构和螺旋机构等。

6. 吸盘型抓取机构适用于一些不宜或不便使用机械手指抓取的工件，主要类型是真空吸盘型和电磁机构吸盘型两种。

7. 为了使手腕的动作既能适应被抓取的工件的不同要求，又能简化运动轨迹，在选取的时候要充分考虑自由度和手腕的结构等问题。

8. 工业机械手的手臂可以完成伸缩、升降的直线运动和左右、俯仰摆动的回转运动。

9. 在工业机械手中常用的传动机构、驱动系统、控制系统和传感器等都是有基本要求的，因此，熟悉和掌握它们的分类、特点以及使用场合等是非常重要的。

# 第5章 传动控制系统

**学习目标** 了解自动机与自动线常用的传动装置(电力传动、机械传动、液压和气动装置)。掌握气压传动的基础知识,常用气压控制系统,常用气动元件的结构、功能及选用。

自动机与自动线的传动装置常有以下几种形式:

1) 要求传递转矩时,采用电动机作为动力,单纯转动、没有位置控制时,用三相交流电动机,要求变速频繁,可用变频调速。转速较低,转矩较大时,常用电动机配减速箱来实现,长距离传递转动时,常采用链—链轮机构。

2) 当需要传递转动,且需任意位置定位时,应采用伺服电动机。

3) 当需要传递直线运动时,采用液压或气动,有时直线运动的速度不断变化也采用电动机转动、齿轮—齿条机构或丝杠—螺母机构变转动为直线运动。当直线运动时,传动力较大时,采用液压传动,自动机及自动线上,常用气压来进行传动,本章重点介绍气压传动。

气压传动系统是近年来兴起的一门技术,它已得到工业领域各个行业的普遍认可,并且受到越来越多的重视,它包含传动技术和控制技术两方面的内容。本章主要介绍控制技术。

## 5.1 气动技术的概况

气动自动化控制技术是利用压缩空气作为传递信号的工作介质,配合气动控制系统的主要气动元件,与机械、液压、电气、电子(包含 PLC 控制器和微电脑)等部分或全部综合构成的控制回路,使气动元件按生产工艺要求的工作状况,自动按设定的顺序或条件动作的一种自动化技术。

### 5.1.1 气动技术的现状和应用

随着工业机械化和自动化的发展,气动技术越来越广泛地应用于各个领域里。例如,汽车制造业、气动机器人、医用研磨机、电子焊接自动化、家用充气筒、喷漆气泵等,特别是成本低廉结构简单的气动自动装置已得到了广泛的普及与应用,在工业企业自动化中处于重要的地位。

气动技术的应用历史悠久,早在公元前,埃及就开始利用风箱产生压缩空气用于助燃。18 世纪的产业革命开始,气动技术逐渐被应用于产业中。工业中的自动化、省力化则仅是近十几年的事情。例如,矿山用的风钻,火车制动装置等。

据调查资料表明,目前气动控制装置在下述几个方面有普遍的应用。

(1) 汽车制造业 其中包括汽车自动化生产线,车体部件的自动搬运与固定,自动焊接等。

（2）半导体电子及家电行业　例如用于硅片的搬运，元器件的插入及锡焊，家用电器等的组装。

（3）加工制造业　其中包括机械加工生产线上工件的装夹及搬送、切削液的控制，铸造生产线上的造型、捣固、合箱等。

（4）包装业　其中包括各种半自动或全自动包装生产线，例如聚乙烯、化肥、酒类、油类、煤气罐装、各类食品等的包装。

（5）机器人　例如，装配机器人、喷漆机器人、搬运机器人以及爬墙、焊接机器人等。

### 5.1.2 气压传动控制系统的组成结构

一个完整的气压转动系统由气源、控制元件、执行元件、控制器、检测装置和辅助元件组成，其组成框图如图 5-1 所示。

1. 气源

气源即能源元件，它是获得压缩空气的装置，其主体部分是空气压缩机或真空泵，它将原动机供给的机械能转换成气体的压力能。

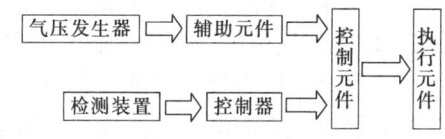

图 5-1　气压传动系统框图

2. 控制元件

控制元件是用来调节和控制压缩空气的压力、流量和流动方向，以便使执行机构按要求的程序和性能工作。控制元件分为压力控制阀、流量控制阀和方向控制阀。

3. 执行元件

气动执行元件是以压缩空气为工作介质，将气体能量转换成机械能的能量转换装置。执行元件分为实现直线运动的气动缸和实现回转运动的气动马达两类。

4. 辅助元件

辅助元件是用于辅助保证气动系统正常工作，主要有净化压缩空气的净化器、过滤器、干燥器、分水滤气器等，有供给系统润滑的油雾器，有消除噪声的消音器，有提供系统冷却的冷却器，还有连接元件的管件和所必需的仪器、仪表等。

5. 检测装置

检测装置是用来检测气缸的运动位置、判断工件有无、工件的性质等的检测，它提供给控制器输入信号，以实现对系统的控制。

6. 控制器

控制器是用来对检测装置提供的信号进行逻辑运算，提供给执行元件（如电磁阀等）输出信号，控制系统按照预定的要求有序工作。

### 5.1.3 气压传动的特点

气压传动能够得到迅速发展和广泛应用的原因，是由于它具有如下优点：

1）用空气作为传动介质，来源方便，取之不尽，用后直接排入大气而不污染环境，不需回气管路，故气动系统管路较简单。

2) 与液压传动相比，气压传动反应快，动作迅速，一般只需 0.02~0.03s 就可以建立起需要的压力和速度。因此，它特别适用于实现系统的自动控制。

3) 空气的粘度较小(约为油粘度的万分之一)，在管道中流动时的压力损失小，所以节能、高效。它适用于集中供气和远距离输送。

4) 空气的性质受温度的影响小，高温下不会发生燃烧和爆炸，使用安全，所以对工作环境的适应性好，特别是在易燃、易爆、高尘埃、强磁、辐射及振动等恶劣环境中，比液压、电气及电子控制都优越。

5) 由于工作压力较低(一般为 0.4~0.8MPa)，降低了气动元件对材质和精度的要求，使气动元件结构简单、成本低、寿命长。

与其他传动形式相比，气压传动的缺点是：

1) 由于空气的可压缩性大，所以气动系统的动作稳定性差，负载变化时对工作速度的影响较大。

2) 由于工作压力低，且结构尺寸不易过大，所以气压系统不易获得较大的输出力和力矩。因此，气压传动系统不适于重载系统。

3) 气动系统有较大的排气噪声。

4) 因空气无润滑性能，故在气路中需设置给油润滑装置。

### 5.1.4 气动控制系统

电气控制的气动系统在自动化应用中是相当广泛的。电气控制的特点是响应快，动作准确。在气动自动化系统中，电气控制主要是控制电磁阀的换向。

电气控制也由继电器回路控制发展成如今 PLC 控制。气动控制由于 PLC 的参与，才使庞大复杂多变的系统控制起来简单明了，使程序的编制修改变得容易。早期由于电磁阀线圈的功率即 PLC 输出功率的原因，还要在阀与 PLC 之间采用一些中间环节。如今随着气动技术的发展，电磁阀的线圈功率越来越小，而 PLC 的输出功率也在增大，所以阀与 PLC 之间省却了许多中间环节，使控制系统变得简单。如今，随着工业的发展，自动化程度越来越高，气动应用领域越来越广，加上检测技术的发展，气动控制乃至自动化控制越来越离不开 PLC，而阀岛技术的发展，使 PLC 在气动控制中变得更加得心应手。

### 5.1.5 气动自动化系统的发展趋势

#### 1. 功能不断增强，体积不断缩小

小型化气动部件，如气缸、阀和模块正应用于许多工业领域。微型气动不仅用于精密机械加工(如钟表制造业)、电子工业(如印制电路板的生产)和模块装配等场合，而且用于制药工业和医疗技术、食品加工和包装技术等方面。在这些领域中，活塞直径小到 2.5mm(或宽度为 1.6mm 矩形活塞)的气缸、宽度为 10mm 的气阀(即将推出宽度为 5mm 的阀)以及相关的辅助元件，诸如气路板、气路分配器、M3 螺纹微型元件和许多其他微型气动元件已成为系列化产品。由于这些小型和微型元件能在 0.2~0.7MPa 的压力下使用，所以它们能集成到已有的标准气动系统中。

## 2. 模块化和集成化

模块化和集成化是两个不同的概念,然而两者之间密切相关。毫无疑问,气动的最大优点之一是单独元件的组合能力,无论是各种不同大小的控制器,或是不同功率的控制元件,在一定的应用条件下,都具有随意组合性。

现在的模块化设计已远远超出早期的模块化设计。从单功能元件到多功能系统,通用的模块化应具有向上或向下的兼容性。即使任务变了,模块化设计也必须能对系统进行顺序转换、重组、删减或扩充。

集成化应充分兼顾模块化,即在设计时必须考虑集成模块或单元的兼容性。

## 3. 智能气动

智能气动是指具有集成微处理器,并具有处理指令和程序控制功能的元件或单元。最典型的智能气动是内置可编程序控制器(PLC)的阀岛。阀岛可用常规的电子方式或总线方式控制。

## 4. 整套供应

完整的模块及独立的功能单元使人们只需进行简单的组装即可投入使用,因此整套供应将对未来的工程产生深远影响。一方面可以大大节省现场装配、调整时间,另一方面现场操作无需配套各种经过专门培训的技术人员。

由于功效的改善和系统能力的提高,相关功能区域最大可能集成化,对其他技术和方法的适应性(转换的可能性)以及技术上的简化,是气动成为现代自动化技术的关键。与电子技术相结合,无论在近期或未来气动技术都会有创新的发展。

## 5.2 气压传动技术

### 5.2.1 气压传动系统的工作原理

为了对气压传动系统有一个概括了解,现以气动剪切机为例,介绍气压传动系统的工作原理。图 5-2 为气动剪切机的工作原理图,图示位置为剪切前的情况。空气压缩机 1 产生的压缩空气,经过冷却器 2、油液分离器 3 进行降温及初步净化后,送入贮气罐 4 备用;在经过分水滤气器 5、减压阀 6 和油雾器 7 及气控换向阀 9 到达气缸 10。此时换向阀的 A 腔压力将阀心推到上位,使气缸的上腔充压,活塞处于下位,剪切机的剪口张开,处于预备工作状态。当送料机构将工料 11 送入剪切机并到达规定位置,将行程阀 8 的触头压下时,行程阀将换向阀的 A 腔与大气

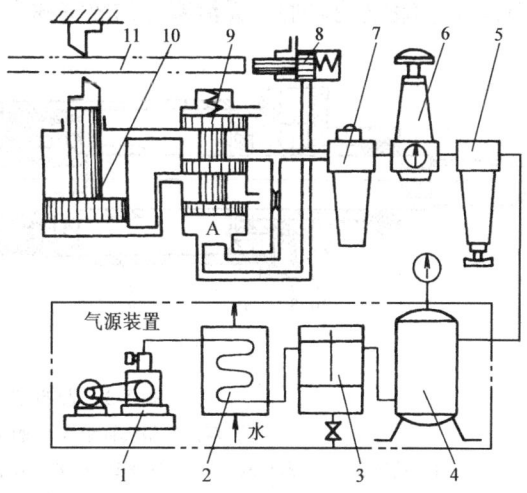

图 5-2 气动剪切机的工作原理图
1—空气压缩机 2—冷却器 3—油液分离器 4—贮气罐
5—分水滤气器 6—减压阀 7—油雾器 8—行程阀
9—气控换向阀 10—气缸 11—工料

相通。换向阀的阀心在弹簧作用下下移,将气缸上腔与大气相通,下腔与压缩空气相通,此时活塞带动剪刃快速向上运动将工料切下。工料切下后即与行程阀脱开,行程阀复位,阀心将排气通道封闭,换向阀 A 腔气压上升,阀心上移使气路换向。气缸上腔进入压缩空气,下腔排气,此时,活塞带动剪刃向下运动,系统又恢复图示的预备状态,等待第二次进料剪切。由此可知,剪切机构切断工料的机械能是由压缩空气的压力能转换而来。气路中设置的换向阀是根据行程阀的指令不断改变压缩空气的通路,使气缸活塞实现往复运动。此外,还可根据实际需要,在气路中加入流量控制阀,控制剪切机构的运动速度。

### 5.2.2 气动执行元件

在气动自动化系统中,气动执行元件是一种将压缩空气的能量转化为机械能,实现直线、摆动或回转运动的传动装置。气动执行元件有三大类:产生直线往复运动的气缸,在一定角度范围内摆动的摆动气马达(也曾称摆动气缸)以及产生连续转动的气动马达。这里主要讨论气缸。

1. 普通气缸

普通气缸是指在缸筒内只有一个活塞和一根活塞杆的气缸,有单作用气缸和双作用气缸两种。

(1) 双向作用气缸 气缸一般由缸筒、前后缸盖、活塞、活塞杆、密封件和紧固件等零件组成,图 5-3 所示为普通型双向作用气缸的结构原理图。缸筒在前后缸盖之间由四根螺杆将其紧固锁定(图中未画出)。缸内有与活塞杆相连的活塞,活塞上装有活塞密封圈。为防止漏气和外部灰尘的侵入,前缸盖上装有活塞杆用密封圈和防尘圈。这种双作用气缸被活塞分成两个腔室:有杆腔(简称头腔或前腔)和无杆腔(简称尾腔或后腔)。有活塞杆的腔室称为有杆腔,无活塞杆的腔室称为无杆腔。

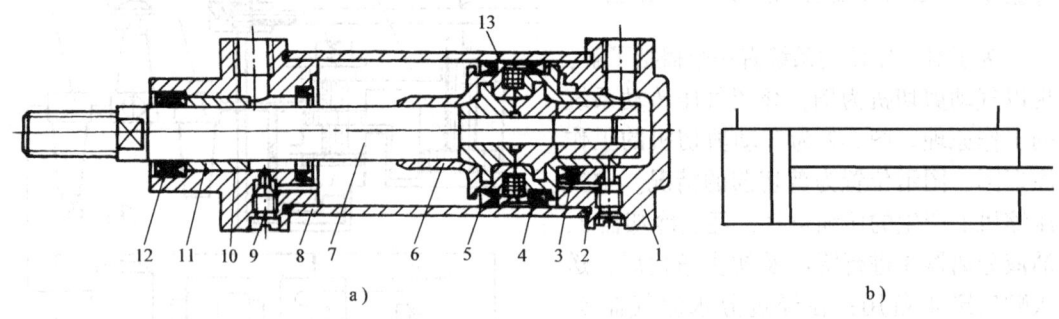

图 5-3 普通型双向作用气缸

a) 双向作用气缸结构原理图 b) 双向作用气缸符号

1—后缸盖 2—密封圈 3—缓冲密封圈 4—活塞密封圈 5—活塞 6—缓冲柱塞 7—活塞杆
8—缸筒 9—缓冲节流阀 10—导向套 11—前缸盖 12—防尘密封圈 13—磁铁

当从无杆腔端的气口输入压缩空气时,若气压作用在活塞右端面上的力克服了运动摩擦力、负载等各种反作用力,推动活塞前进,有杆腔内的空气经该端气口排入大气,使活塞杆伸出。同样,当有杆腔端气口输入压缩空气,活塞杆退回到初始位置。通过无杆腔和有杆腔的交替进气和排气，活塞杆伸出和退回，气缸实现往复直线运动。

气缸缸盖上未设置缓冲装置的气缸称为无缓冲气缸，缸盖上设置缓冲装置的气缸称为缓冲气缸。图 5-3 所示为缓冲气缸。缓冲装置有节流阀、缓冲柱塞和缓冲密封圈等组成。当气缸行程接近终端时，由于缓冲装置的作用，可以防止高速运动的活塞撞击缸盖的现象的发生。

（2）单向作用气缸  所谓单向作用气缸是指压缩空气仅在气缸的一端进气，推动活塞运动；而活塞的返回是借助于弹簧力、膜片张力、重力等。

图 5-4 所示为弹簧复位的单向作用气缸，在活塞的一侧装有使活塞杆复位的弹簧，在另一端缸盖上开有气孔。除此之外，其结构基本上和双作用气缸相同。图示单作用气缸的缸筒和前后盖之间，采用滚压铆接方式固定。弹簧装在有杆腔内，气缸活塞杆初始位置处于退回的位置，这种气缸称为预缩型单作用气缸；弹簧装在无杆腔内，气缸初始位置为伸出位置的，称为预伸型气缸。

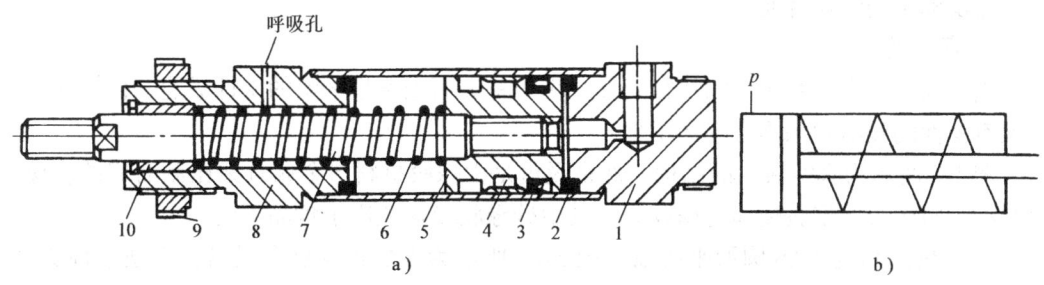

图 5-4  普通型单向作用气缸
a) 单向作用气缸结构原理图  b) 单向作用气缸符号
1—后缸盖  2—橡胶缓冲垫  3—活塞密封圈  4—导向环  5—活塞
6—弹簧  7—活塞杆  8—前缸盖  9—螺母  10—导向套

2. 气动夹

气动夹这种执行元件，主要是针对机械手的用途而设计的。它可以用来抓取物体，实现机械手各种动作。图 5-5 为平行开闭内外径把持式气动夹工作原理图，图示位置为气动夹闭状态。此时压缩空气由进气口 B 向左运动，通过传动杠杆带动卡爪沿导轨向外张开，活塞 A 在传动杠杆及滚子的带动下向右运动，活塞腔内的气体由排气口 A 排出。当压缩空气由进气口 A 输入，推动活塞 A、B 向左、右运动，通过传动杠杆带动卡爪沿导轨向内闭合，输出把持力。实现平行开闭内外径把持动作。

3. 摆动气马达

图 5-6 所示为摆动气马达，是由一个双作用叶片式马达和一个普通型双作用气马达组成。

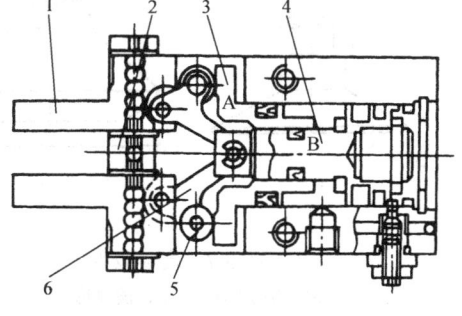

图 5-5  平行开闭内外径把持式气动夹
1—卡爪  2—导轨  3—活塞 A
4—活塞 B  5—滚子  6—传动杠杆

活塞的一侧是圆形活塞杆，另一侧是方形活塞杆。方形活塞杆能在摆动气马达的叶片轴槽里滑动，即叶片的摆动通过方形活塞杆来传动。采用这种双活塞杆结构的摆动气马达，结构简单，能同时或分别实现直线和摆动运动。

气缸的活塞上装有一个永久磁环，用行程开关可对气缸直线行程位置进行检测。摆动角度由电感式传感器检测。

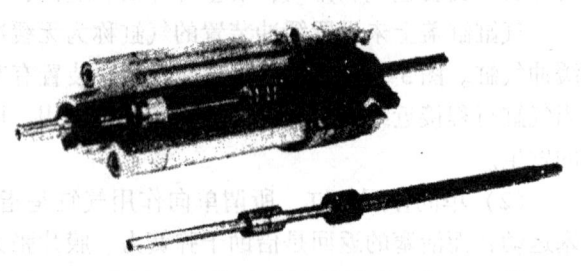

图5-6　摆动气马达

摆动角度在0～270°之间无级可调，气缸行程范围为1～100mm。

因摆动气马达的可调挡块装置和叶片之间是分开的，所以作用在挡块上的冲击力可由固定挡块或自调式缓冲器吸收。另外，叶片在行程终端也有弹性缓冲垫缓冲。为了便于调节，角度标尺安装在背面。

4. 真空吸盘

真空吸盘是真空系统中的执行元件，用于将表面光滑且平整的工件吸起并保持住，柔软又有弹性的吸盘确保不会损坏工件。

图5-7所示为真空吸盘的结构。通常吸盘是由橡胶材料与金属骨架压制而成的。橡胶材料有丁腈橡胶、聚胺酯和硅橡胶等，其中硅橡胶吸盘适用于食品工业。

图5-7a所示为VAS圆形平吸盘，图5-7b所示为VASB波纹形吸盘，其适应性更强，允许工件表面有轻微的不平、弯曲和倾斜，同时波纹形吸盘吸持工件在移动过程中有较好的缓冲性能。无论是圆形平吸盘，还是波纹形吸盘，在大直径吸盘结构上增加了一个金属圆盘，用以增加强度。

真空吸盘的安装是靠吸盘的螺纹直接与真空发生器或者真空安全阀、空心活塞杆气缸相连，见图5-8。

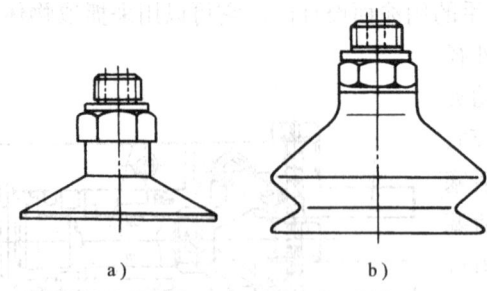
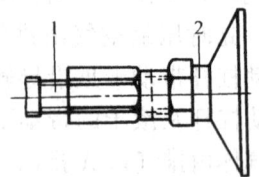

图5-7　真空吸盘　　　　　　　　图5-8　真空吸盘的连接
a) 圆形平吸盘　b) 波纹形吸盘　　　1—真空吸盘　2—真空安全阀

目前，在传输和装配生产线上，使用真空吸盘来抓取物体的例子越来越多，应用真空技术可很方便地实现诸如工件的吸持、脱开、传递等搬运功能。需要说明的是，这里提到的真空不是指由电动机、真空泵等一系列辅助设备所组成的真空系统，而是指由压缩空气进入真空发生器的喷嘴后，按照文丘里原理在真空发生器内产生的负压（最高可达

−88kPa)。因此，它是一种十分经济简便的真空系统，尤其对于不需要大流量真空的工况条件更显出它的优越性。

真空吸盘可以吸持平整光滑的工件表面，它的最小直径为1mm，最大直径为125nm（可以制作大于125mm的吸盘）。吸盘形状一般分圆盘形和波纹形。圆盘形真空吸盘一般用于吸取平整的工件，而波纹形真空吸盘吸取的工件表面允许有轻微不平、弯曲或倾斜。真空吸盘最小吸力为1.6N，最大吸力可达606N。真空吸盘所用的丁腈橡胶、聚胺酯或硅橡胶等材料，它们的工作温度范围分别为−20℃～+80℃，−20℃～+60℃，−40℃～+200℃。

气动机械手在抓取物体时，究竟是选抓手，还是选真空吸盘，是没有严格规定的，一般根据具体工况条件而定。对于平板的抓取，通常较多使用真空吸盘，而对于方形、圆形的物体，即可采用抓手亦可采用真空吸盘来完成。图5-9表示抓手、真空吸盘对各种形状的抓取方式。

抓手在抓取工件时，还应考虑到抓手张开的角度不能影响相邻工件，如图5-10所示。

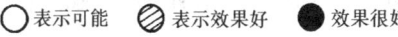
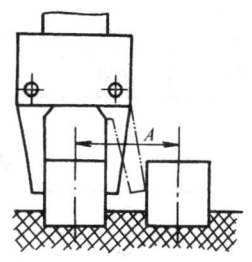

图5-9 抓取方式

图5-10 抓取位置

5. 气缸的选择与使用

气缸的品种繁多，各种型号的气缸性能和使用条件不尽相同，且各生产厂家规定的技术条件也各不相同。但合理选择气缸，使用气缸符合正常的工作条件，从而获得满意的效果。这些条件有工作压力范围、工作介质温度、环境条件(温度等)及润滑条件。

(1) 气缸的选择　首先，根据对气缸的工作要求，选定气缸的规格、缸径和行程。按气缸的工作要求的行程加上适当余量，依此值选取相近的标准行程作为预选行程，依次进行轴向负载检验(压杆稳定性)、径向载荷及缓冲性能校核。其次，还应考虑环境条件(温度、粉尘、腐蚀性等)，安装方式，活塞杆的连接方式(内外螺纹、球铰等)及行程发信方法。

1) 缸径：气缸的缸筒内径尺寸见表5-1，摘自GB 2348(ISO3320)液压气动系统及元件——缸径及活塞杆外径系列。

表 5-1　气缸缸径尺寸系列　　　　　　　　　　　　（单位：mm）

| 8 | 10 | 12 | 16 | 20 | 25 | 32 | 40 | 50 | 63 | 80 | (90) | |
| --- | --- | --- | --- | --- | --- | --- | --- | --- | --- | --- | --- | --- |
| 100 | (110) | 125 | (140) | 160 | (180) | 200 | (220) | 250 | 320 | 400 | 500 | 630 |

注：圆括号内数非优先选用。

2）行程：气缸行程应选择生产厂商提供的标准行程，但有的用户不是这样选用的，而是根据实际设计计算值选择的，这样的选择是不合理的。若气缸用作推送重物或挤压工作，当气缸行程到达终点时，工作气压作用在活塞上的力完全有可能全部作用在缸盖上，而不是通过活塞杆作用在重物或工件上。也就是说，由于制造公差或安装误差，气缸行程到达终点时，重物或工件没有受到气缸输出力的作用。当然，选用标准行程（比实际行程来的长）就避免了这种现象发生。这就不难理解为什么国际标准规定的气缸行程允差全是正公差而没有负公差的原因了。同时，选择标准行程也有利于厂商组织生产，及时供货。

气缸活塞行程系列按照优先次序分成三个等级顺序选用，见表 5-2 ~ 表 5-4。

表 5-2　活塞行程第一优先系列　　　　　　　　　　　　（mm）

| 25 | 50 | 80 | 100 | 125 | 160 | 200 | 250 | 320 | 400 |
| --- | --- | --- | --- | --- | --- | --- | --- | --- | --- |
| 500 | 630 | 800 | 1000 | 1250 | 1600 | 2000 | 2500 | 3200 | 4000 |

表 5-3　活塞行程第二优先系列　　　　　　　　　　　　（mm）

| | 40 | | 63 | | 90 | 110 | 140 | 180 |
| --- | --- | --- | --- | --- | --- | --- | --- | --- |
| 220 | 280 | 360 | 450 | 500 | 700 | 900 | 1100 | 1400 | 1800 |
| 2200 | 2800 | 3600 | | | | | | | |

表 5-4　活塞行程第三优先系列　　　　　　　　　　　　（mm）

| 240 | 260 | 300 | 340 | 380 | 420 | 480 | 530 | 600 | 650 |
| --- | --- | --- | --- | --- | --- | --- | --- | --- | --- |
| 750 | 850 | 950 | 1050 | 1200 | 1300 | 1500 | 1700 | 1900 | 2000 |
| 2400 | 2600 | 3000 | 3400 | 3800 | | | | | |

（2）气缸的使用

1）气缸安装方式：采用脚架式、法兰式安装时，应尽量避免安装螺栓本身直接受推力或拉力负荷；同时，要是安装底座有足够的刚性，如图 5-11 所示结构，安装底座因刚性不足受推力作用发生变形，这对活塞运动产生不良影响。

采用尾部悬挂中间摆动（耳环中间轴销型）安装时，活塞杆顶端连接销位置与安装件轴的位置处于同一方向。采用中间轴销摆动式安装时，除注意活塞杆顶端连接销的位置外，还应注意气缸轴心线与轴支架

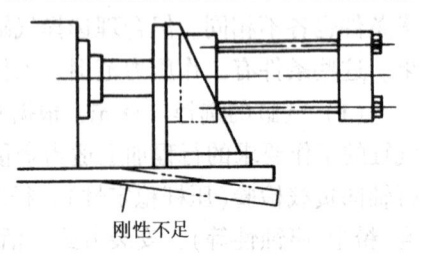

图 5-11　安装底座刚性不足发生变形

的垂直度。气缸的中心应尽量靠近轴销的支点，以减小弯矩，使气缸活塞杆的导向套不至承受过大的横向载荷。缸体的中心高度比较大时，可将安装螺栓加粗或将螺栓的间距加大。

2）安全规范：气缸使用的工作压力超过 1.0MPa 或容积超过 450L 应作为压力容器处理，遵守压力容器的有关规定。气缸使用前应检查各安装连接点有无松动。操纵上应考虑安全连锁。

进行顺序控制时，应检查气缸的工作位置。当发生故障时，应有紧急停止装置。工作结束后，气缸内部的压缩空气应予排放。

3）工作环境：

① 环境温度：通常规定气缸的工作温度为 5℃～60℃。气缸在 5℃ 以下使用，有时会因压缩空气中所含的水分凝结给气缸动作带来不利影响。此时，要求空气的露点温度低于环境温度 5℃ 以下，防止空气中的水蒸气凝结。同时要考虑在低温下使用的密封件和润滑油。另外，在低温环境中的空气会在活塞杆上冻结。若气缸动作频度较低时，可在活塞杆上涂上润滑脂，活塞杆上也不会结冰。

在高温使用时，可选用耐用气缸。同时注意，高温空气对行程开关、管件及换向阀的影响。

② 润滑：气缸通常油雾润滑，应选用推荐的润滑油，使密封圈不产生膨胀、收缩的影响，且与空气中的水分混合不产生乳化。

③ 接管：气缸接入管道前，必须清除管道内的脏物，防止杂物进入气缸。

(3) 维护保养

1）使用中应定期检查气缸各部位有无异常现象，各连接部位有无松动等，轴销、耳环式安装的气缸活动部位定期加润滑油。

2）气缸检修重新装配时，零件必须清洗干净，特别需防止密封圈剪切、损坏，注意唇形密封圈的安装方向。

3）气缸拆下长时间不使用时，所有加工表面应涂防锈油，进排气口加防尘堵塞。

### 5.2.3 控制元件——电磁阀

1. 基本结构

电磁阀是气动控制元件中最主要的元件，品种规格繁多，结构各异。按操纵方式有直动式和先导式两类。按结构，有滑柱式、截止式和同轴截止式三类。按密封形式，有间隙密封和弹性密封两类。按所用电源，有直流和交流两类。按使用环境，有普通型和防爆型等。按润滑条件，有不给油润滑和油雾润滑等。

(1) 直动式 直动式电磁阀是利用电磁力直接推动阀杆(阀心)换向。根据阀心复位的控制方式，有单电控和双电控两种，图 5-12 所示为单电控直动式电磁阀工作原理图。图 5-12a 所

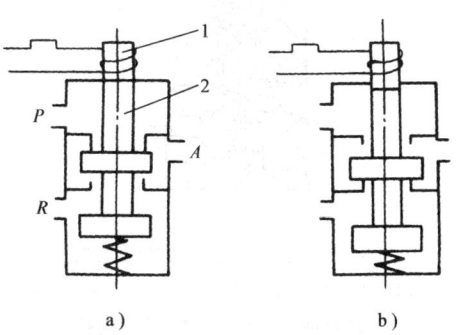

图 5-12 单电控直动式电磁阀工作原理
a) 线圈 1 通电时的状态　b) 线圈 2 通电时的状态
1—电磁铁　2—阀心

示电磁线圈未通电时，$P$、$A$断开，阀没有输出。图5-12b所示电磁线圈通电时，电磁铁推动阀心向下移动，使$P$、$A$接通，阀有输出。

图5-13所示为双电控直动式电磁阀工作原理图，图5-13a所示为电磁铁1通电，电磁铁2处于断电状态，阀心3被推至右侧，$A$口有输出，$B$口排气。若电磁铁1断电，阀心位置不变，仍为$A$口有输出，$B$口排气，即阀具有记忆功能。

图5-13b所示为电磁铁4断电、电磁铁处于通电状态，阀心被推至左侧，$B$口有输出，$A$口排气。同样，电磁铁4断电时，阀的输出状态不变。

直动式电磁阀特点是结构简单、紧凑、换向频率高。但用于交流电磁铁时，如果阀杆卡死就有烧坏线圈的可能。阀杆的换向行程受电磁铁吸合行程的限制。因此只适用于小型阀。通常将直动式电磁换向阀称为电磁先导阀。

图5-14所示为二位二通直动式电磁阀，动铁心为螺管式（Ⅰ型），在动铁心端部带有密封橡胶垫，可直接封住阀座孔口。这种阀的换向行程短，公称通径为0.5~2.5mm，功率低，是一种小流量阀。

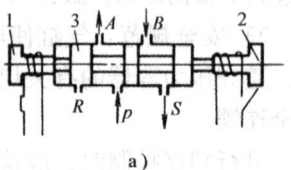

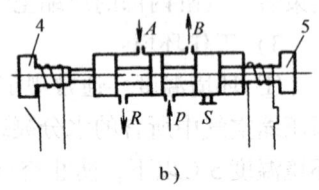

图5-13 双电控直动式电磁阀工作原理
1—电磁铁（通电） 2—电磁铁（断电状态） 3—阀心 4—电磁铁（断电）
5—电磁铁（通电状态）

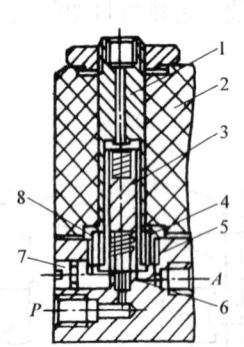

图5-14 二位二通直动式电磁阀
1—静铁心 2—线圈 3—动铁心 4,8—弹簧
5—密封垫 6—阀座 7—手动装置

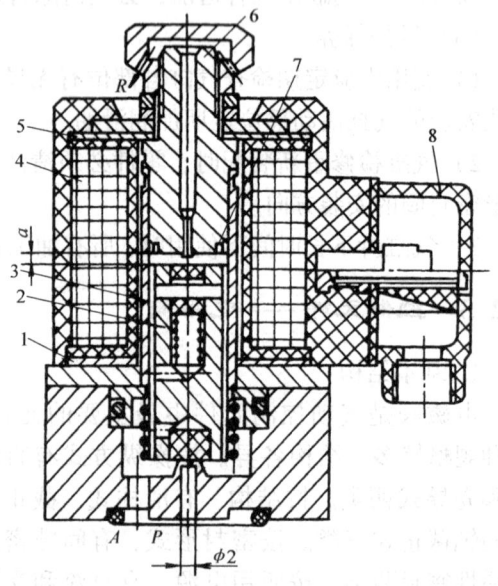

图5-15 二位三通直动式电磁阀
1—下导磁板 2—动铁心 3—隔磁套管 4—线圈
5—上导磁管 6—静铁心 7—分磁环 8—接线盒

图5-15所示为二位三通直动式电磁阀，图示位置为阀处于断电关闭状态，动铁心在弹簧力作用下，使铁心上的密封垫与阀座保持良好的密封。此时，$P$、$A$不通，$A$、$R$相通，阀没有输出。当通电时，动铁心受电磁力作用被吸向上，$P$、$A$相通，排气口封闭，

阀有输出。

使用直动式的双电控电磁阀应特别注意的是，两侧的电磁铁不能同时通电，否则将使电磁线圈烧坏。为此，在电气控制回路上，通常设有防止同时通电的联锁回路。

(2) 先导式　先导式电磁阀是由小型直动式电磁阀和大型气控换向阀构成，又称作电控换向阀。图 5-16 所示为先导式单电控换向阀的工作原理，它是利用直动式电磁阀输出的先导气压来操纵大型气控换向阀(主阀)换向的，该阀的电控部又称电磁先导阀。图 5-17 所示为先导式双电控换向阀的工作原理图。

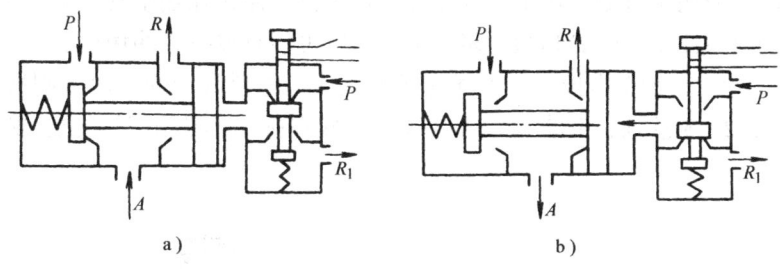

图 5-16　先导式单电控换向阀工作原理
a) 断电状态　b) 通电状态

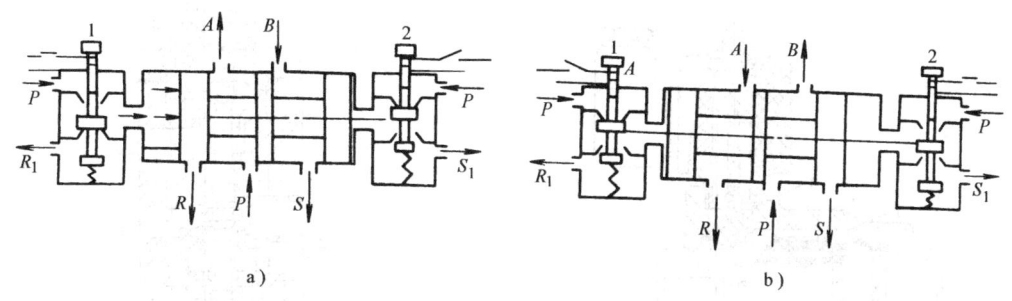

图 5-17　先导式双电控换向阀工作原理
a) 电磁先导阀 1 通电　b) 电磁先导阀 2 通电
1, 2—电磁先导阀

按先导式电磁阀气控信号的来源可分为自控式(内部先导)和他控式(外部先导)两种。直接利用主阀的气源作为气控信号的阀称为自控式电磁阀。自控式电磁阀使用方便，但在换向的瞬间会出现压力降低的现象，特别是在输出流量过大时，有可能造成阀换向失灵。为了保证阀的换向性能或降低阀的工作压力，由外部供给气压作为主阀控制信号的阀称为他控式电磁阀。

由先导式电磁阀的构成原理可知，由单电控、双电控、二位、三位、二通、三通、四通和五通及截止式和滑柱式结构等，因而电控换向阀的结构形式和规格极其繁多。

图 5-18 所示为二位二通膜片截止式先导电磁换向阀。阀的工作原理为先导泄压控制、差压式气动复位。动作原理是，当先导电磁阀断电时，压缩空气从 P 经小孔进入膜片上部腔室中，由于膜片上部受气压作用面积大于下部气压作用的面积，使阀心

将阀口关闭。当先导电磁阀通电时，膜片上部腔室中压缩空气迅速经电磁先导阀阀口排入 A 腔。由于膜片上部气压迅速下降，在膜片下部气动使阀口打开，P、A 接通，阀有输出。

由动作原理可知，膜片上小孔 2、电磁先导阀孔 3 及膜片上部腔室(气室)构成节流通室。小孔 2 必须小于电磁先导阀孔 3，并成一定比例。小孔 2 越小，气室中压力建立的时间越长，主阀关闭时间越长；电磁先导阀孔 3 越小，气室中压力排放的时间越长，主阀开启时间越长。应根据使用要求的开闭时间来确定节流孔的大小及合适的孔径比。

该类阀广泛应用于石油、化工、制冷等工业部门，用来输送空气、惰性气体、水及矿物油等。使用时应注意，阀 P 口接通输入时，A 口可能有瞬时脉冲输出。

图 5-19 所示为一种单电控二位五通先导电磁阀。电磁线圈通电时，阀换向，1、4 相通，4 有输出；2、3 接通，5 排气。断电时，阀杆在弹簧力作用下复位，输出状态如图所示。

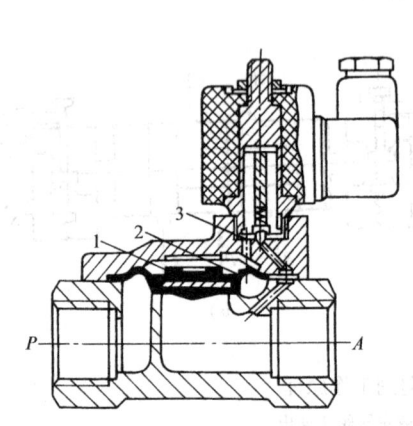
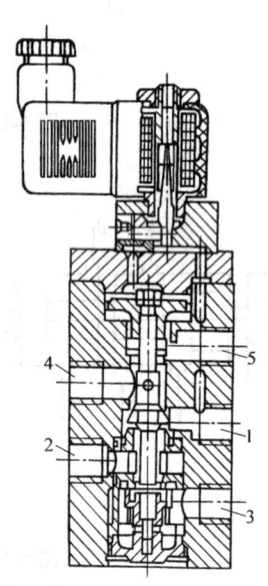

图 5-18　二位二通膜片截止式先导电磁阀　　图 5-19　单电控二位五通先导电磁阀
1—膜片　2—小孔　3—电磁先导阀孔

这种单电控阀在控制电信号消失后复位方式由弹簧复位、气压复位及弹簧加气压的混合复位三种。采用气压复位比弹簧复位可靠，但工作压力较低或波动时，则复位力小，阀心动作不稳定。为弥补不足，可加一个复位弹簧，形成复合复位，同时可以减小复位活塞直径。

图 5-19 所示阀采用了同轴截止式柔性密封结构，具有截止式和滑柱式特点，换向行程小，结构简单，摩擦力小，密封可靠。控制端活塞用来减小阀的最低控制压力。手动按钮可用来检查阀的工作状态及回路调试时用。

图 5-20 所示为一种双电控三位五通先导电磁阀。当电磁线圈 $L_1$ 或 $L_2$ 都断电时，阀杆在弹簧力处于中间平衡位置，此时，阀的 4 口、2 口都没有输出，即该阀为中封式。当

电磁线圈 $L_1$ 或 $L_2$ 通电时，阀换向。电磁先导阀控制气路气体经 A 或 B 口排入大气，也可去掉端盖密封直接排入大气。

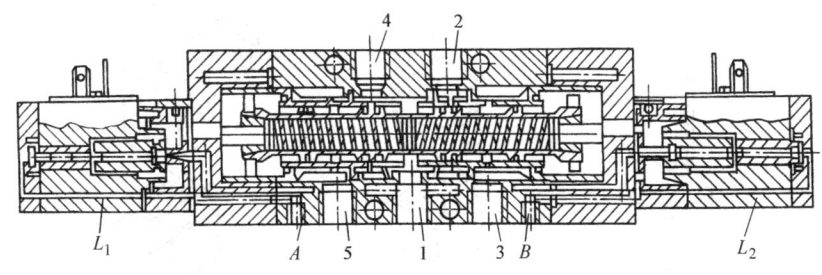

图 5-20 双电控三位五通先导电磁阀

1，2，3，4，5—通气口　A，B—电磁先导阀口　$L_1$，$L_2$—电磁线圈

2. 电气结构

电磁阀电气结构包括电磁铁、接线座。

(1) 电磁铁　电磁铁是电磁阀的主要部件，主要由线圈、静铁心和动铁心构成。它利用电磁原理将电能转变成机械能，使动铁心作直线运动。根据其使用的电源不同，分为交流电磁铁和直流电磁铁两种。

图 5-21 所示为电磁阀中常用电磁铁两种结构形式：T 形和 I 形。

T 形电磁铁适用于交流电磁铁，用高导磁的硅钢片层叠制成，具有铁损低、发热小的特点，但所需吸引行程和体积较大，主要用于行程较大的直动式电磁阀。

I 形电磁铁用圆柱形磁性材料制成，铁心的吸合面通常制成平面状或圆锥形。I 形电磁铁吸力较小，行程也较短，适用于直流电磁铁和小型交流电磁铁，常用作小型直动式和先导式电磁阀。

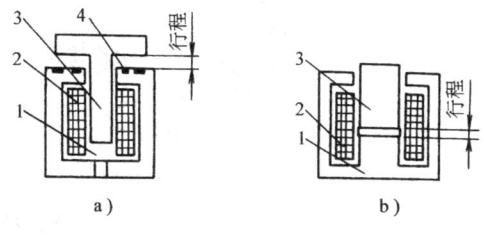

图 5-21 电磁铁结构

a) T 形结构　b) I 形结构

1—静铁心　2—线圈　3—动铁心　4—分磁环

在静铁心吸合面环形槽内压入了分磁环。分磁环一般采用电阻系数较小的材料(如黄铜、紫铜等)制成。分磁环的作用是用来消除电磁铁采用交流电工作时动铁心的振动。当电磁铁采用 50Hz 单相交流电时，由于交变磁通所产生的吸力在每一周内有两次经过零点，所以 50Hz 的电流，每秒钟有 100 次经过零点。当吸力为零时，动铁心因失去吸力将返回。但在极短的时间内吸力又逐渐增加，这便造成了动铁心没有离开多远又重新闭合，因而动铁心便产生了振动，造成吸合不稳定，这种振动要产生噪声。由于分磁环的存在，被分磁环包围部分磁极中的磁通与未被包围部分磁极中的磁通就有了相位差，相应产生的吸力也有相位差。所以在任何一个瞬间，动铁心的总吸力都不会等于零，这就消除了动铁心的振动及蜂鸣噪声。

(2) 接线座　电磁阀的接线在阀的使用中是简单而重要的一步，接线应方便、可靠，不得有接触不良、绝缘不良和绝缘破损等，同时还应考虑电磁阀更换方便。

随着电磁阀品种规格增多,适用范围扩大,接线方式也多样化,图 5-22 所示为常用的接线方式。

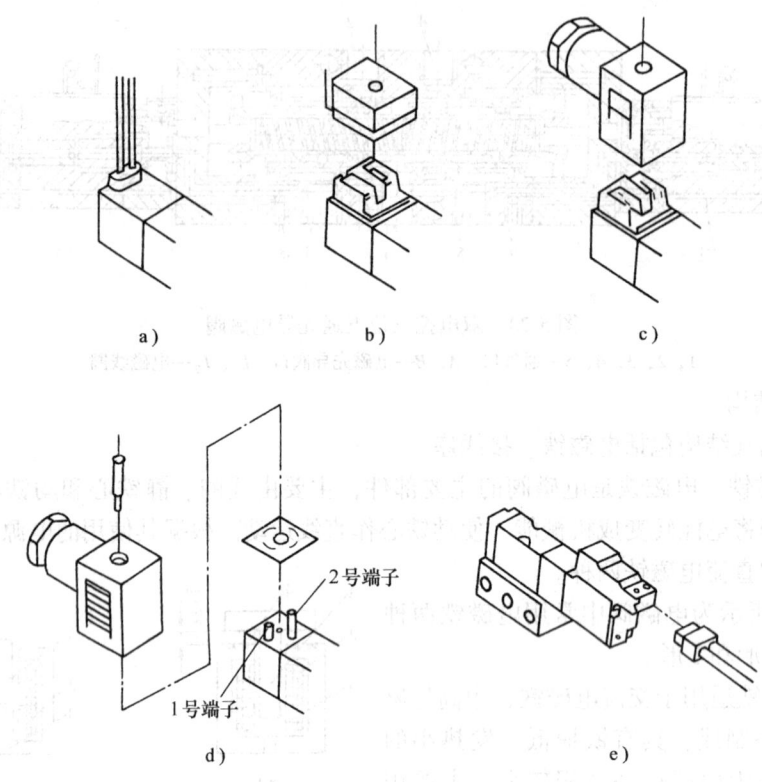

图 5-22 接线方式
a) 直接出线式 b) 接线座式 c) 接线座式
d) DIN 插座式 e) 接插座式

1) 直接出线式:直接从电磁阀的电磁铁的塑封中引出导线,并用导线的颜色来表示 AC、DC 及使用电压等参数。使用时,直接与外部端子接线。

2) 接线座式:接线座与电磁铁或电磁阀制成一体,使用接线端子将接线固定的接线方式。

3) DIN 插座式:这是按照德国 DIN 标准设计的插座式接线端子的接线方式。对于直流电接线规定,1 号端子接正极,2 号端子接负极。

4) 接插座式:在电磁铁或电磁阀上装设的接插座接线方式,带有连接导线的插口附件。

3. 使用注意事项

1) 安装前应查看阀的铭牌,注意型号、规格与使用条件是否相符,包括电源、工作压力、通径、螺纹接口等。随后,应进行通电、通气试验,检查阀的换向动作是否正常。用手动装置操作,阀是否换向。手动切换后,手动装置应复原。

2) 安装前应彻底清除管道内的粉尘、铁锈等污物。接管式应防止密封带碎片进入阀内。

3）应注意阀的安装方向，大多数电磁阀对安装位置和方向无特殊要求，有指定要求的应予以注意。

4）应严格管理所用空气的质量，注意空压机等设备的管理，除去冷凝水等有害杂质。阀的密封元件通常用丁腈橡胶制成，应选择对橡胶无腐蚀作用的透平油作为润滑油（ISOVG32）。即使对无油润滑的阀，一旦用了含油雾润滑的空气后，则不能中断使用。因为润滑油已将原有的油脂洗去，中断后会造成润滑不良。

5）对于双电控电磁阀应在电气回路中设联锁回路，为防止两端电磁铁同时通电而烧毁线圈。

6）使用小功率电磁阀时，应注意继电器节电保护电路 RC 元件的漏电流造成的电磁铁误动作。因为此漏电流在电磁线圈两端产生漏电压，若漏电压过大时，就会使电磁铁一直通电而不能关断，此时可接入漏电阻。

7）应注意采用节流的方式和场合。对于截止式阀或有单向密封的阀，不宜采用排气节流阀，否则将引起误动作。对于内部先导式电磁阀，其入口不得节流。所有阀的呼吸孔或排气孔不得阻塞。

## 本 章 小 结

1. 传动方式的选择。
2. 气压传动控制系统主要由气源、控制元件、执行元件、辅助元件、检测装置、控制器等组成。
3. 气压传动有运动速度快、节能、高效、气动元件简单等优点，结构尺寸大、动作稳定性差、有排气噪声等缺点。
4. 常用气缸的设计计算与选择。
5. 真空吸盘的结构、功能及选用。

# 第6章 检测装置

**学习目标** 了解检测装置的组成。掌握位置检测、速度检测传感器的结构与工作原理；掌握检测系统的搭建及仪表的选型设计及应用。

## 6.1 概述

### 6.1.1 检测系统组成及其作用

检测部分是自动机与自动线的一个十分重要的组成部分。因为它是获取信息和处理信息的手段。任何一个机电一体化系统都要求能够快速、准确地检测系统的内部状态、作业对象和外部环境状态的变化，然后经过转换后传送给控制部分，控制部分根据这些信息来确定动作。只有在获得既准确又可靠的信息基础上，才能使自动机与自动线实现自动化，节省能源和原材料，提高设备的效率，实现自动机与自动线的功能。没有检测部分，机电一体化产品就成为"瞎子"和"聋子"，无法达到测控的目的。

在机电一体化系统中，首先利用传感器将机电一体化系统所处的客观运动状态的一些物理量、几何量、化学量检测出来，然后将检测出来的被测参量的变化转变为电量的变化，再对电量进行适当的处理，例如放大、阻抗变换等。最后以电量形式把信号输出给显示、记录机构或计算机。通常把测得的参量转换成与之对应的电信号，再输送到信息部分的功能装置称为检测装置(检测系统)。

机电一体化系统中的检测系统实质是一个非电量检测系统，首先将各种非电量转化为电量，然后经过系统处理，将非电量参数显示出来，其构成原理如图 6-1 所示。

传感器的作用是用来感受机电一体化系统客观运动状态的变化，并将反映系统状态的各种非电量信号转化为电量信号(如电压、电流、电阻、电容、电感等)输出。

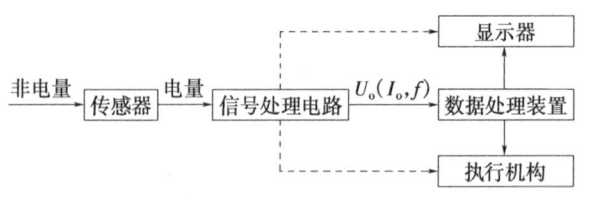

图 6-1 检测系统构成原理框图

信号处理电路的作用是把传感器输出的电量变成具有一定功率的电压、电流或频率信号等，以推动后级的显示电路、数据处理电路及执行机构。

数据处理装置是用来对测试结果进行处理、计算、分析的装置。数据处理的信号通常送到显示器或执行机构中去，以显示运算处理的各种数据及控制各种被控对象。在不带数据处理装置的控制系统、显示器和执行机构由信号处理电路直接驱动，如图 6-1 的虚线所示。

随着计算机应用技术的发展，机电一体化系统常用计算机对被检测信号进行数据处理。如图 6-2 所示，就是一个由计算机控制的检测系统。传感器检测出的信号送往计算机，由计算机进行处理，然后，计算机根据指令把处理结果送至控制、显示及记录装置等。图 6-2 中由传感器检测出的信号在输入计算机之前要通过接口电路变换为计算机能处理的数字信号，然后输入到计算机，计算机对传感器输入的数据要进行特性补偿、运算处理、格式化以及组编成适合控制的数据，把信号处理为控制等装置所要求的信号格式，通过输出接口电路输出，驱动控制装置，实现被测对象的自动控制，例如启动、终止、记录、报警和被控制装置按规定要求变化等，并显示与记录。

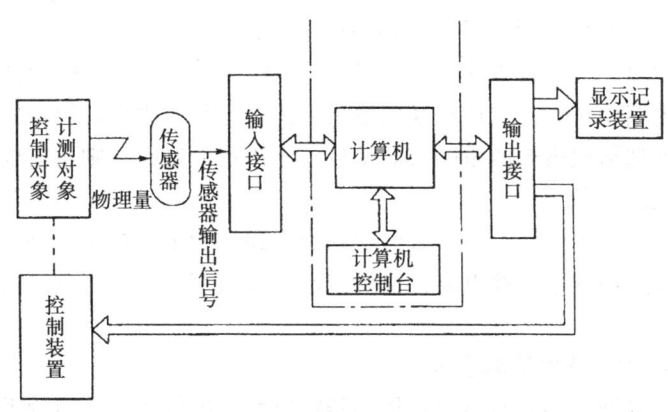

图 6-2　由计算机控制的检测系统

因此，检测系统是机电一体化系统的重要组成部分之一，它主要用于检测机电一体化系统运行中所需的本身和外界环境的各个参数及状态，变成可识信号，传输到信息处理单元，为控制系统发出控制信息提供依据。检测系统是系统的感受器官，它的功能越强，系统的自动化程度越高。没有检测系统，机电一体化系统就接收不到时刻变化的信息，系统就无法、也不可能实现正确的运动。

## 6.1.2　检测系统组成部分连接方式

机电一体化系统种类繁多，有检测系统部件自身位置、速度、力、温度及其异常变化的系统，也有检测系统环境信息的系统，例如视觉、听觉、嗅觉检测系统及无线电波、超声波等检测系统。当然随着传感器输出测量信号形式及检测系统的功能不同，传感器检测系统的组成部分也有一定的区别。比如电阻式、电感式等传感器一般输出模拟信号，而光栅、磁栅等传感器输出增量码信号，从而其检测系统的组成将相应改变。下面就两种检测系统的组成及连接加以介绍。

1. 模拟式传感器检测系统

电阻式、电感式、电容式、压电式、磁电式、热电式等传感器输出模拟信号。该检测系统如图 6-3 所示。

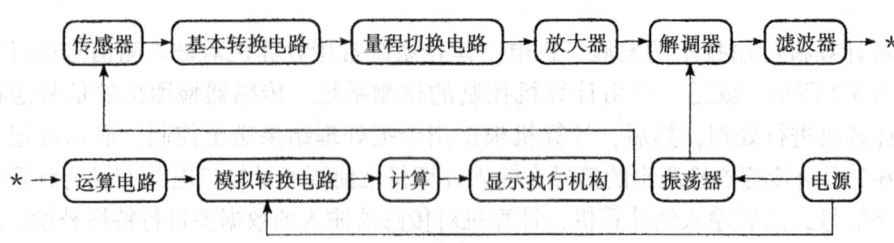

图 6-3　模拟式传感器检测系统

上述传感器检测系统中,如果传感器为电参量式的,即被测信号的变化引起传感器的电阻、电感或电容参数变化,则需要通过基本转换电路将其转换为电量(电压、电流、电荷等);如传感器的输出已是电量,则不需要基本转换电路。

为提高输出信号的抗干扰能力,常采用对信号进行"调制"的方法。信号的调制可在传感器或基本电路中进行,也可在换成电量后进行。经放大再经解调器使信号恢复原有形式,通过滤波器选取代表被测量的有效信号。不进行调制时,则不需要解调,也不需要振荡器提供调制载波信号。

为了适应不同测量范围,可以引入量程切换电路。为了将被测量进行数字显示,或接入计算机处理,常采用数字转换电路,也可以不经过数字转换,由被测信号直接驱动显示机构。

2. 增量码数字式传感器检测系统

光栅、磁栅、容栅、感应同步器等传感器输出增量码信号。其检测系统的典型组成如图 6-4 所示。

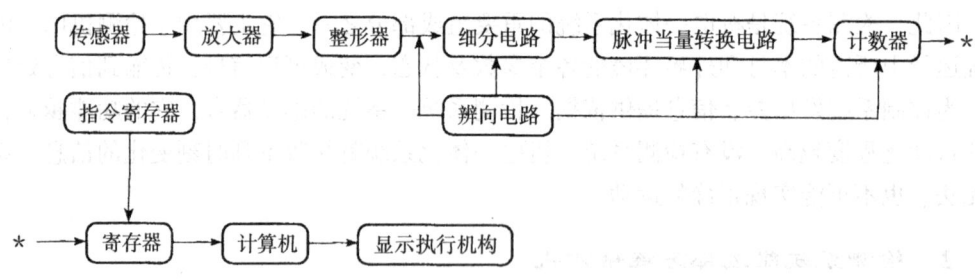

图 6-4　增量码数字式传感器检测系统

传感器的输出经放大、整形后形成数字脉冲信号。为了提高仪器分辨率,常常采用细分的方法,使传感器的输出变化 $1/n$ 周期时计一个数,$n$ 称为细分数。细分电路还常实时完成整形作用。在许多情况下,如激光干涉测长,工作台每移过半波长 $\lambda/2$,信号变化一个周期。$\lambda$ 为一个不读出的量。为便于读出,需要进行脉冲当量变换。辨向电路用于辨别工作台运动方向,以正确进行加法或减法计数。需要采样时,手动或指令传感器发出标准采样信号,将所计数值送入锁存器,直接或经计算机计算后,驱动显示执行机构动作。

## 6.2 传感器

### 6.2.1 传感器

传感器是将机电一体化设备(或系统)中被检测对象的各种变化量(包括物理量、几何量、化学量、生物量等)转换为有用的电信号的一种装置。传感器也叫变换器、换能器或探测器。传感器输出的信号有不同形式,如电压、电流、频率、脉冲等,以满足信息的传输、处理、记录、显示和控制等要求。传感器具有两个功能:其一是敏感作用,即对被测对象作出敏感反应,以完成对被测对象的信号拾取;其二是变换作用,即将被测非电量变换成电量输出。

传感器相当于人体的五种感觉(眼、耳、鼻、舌和皮肤)功能,主要用于监测机电一体化系统自身与作业对象、作业环境的状态,为有效的控制机电一体化系统的动作提供信息。传感器是机电一体化系统的一个极其重要的部件,传感技术是机电一体化技术的重要组成部分,其性能好坏、能否正确反映系统的运行状态,关系到整个自动机与自动线质量的优劣。为此,正确选用或设计、制造高质量的传感器是至关重要的。

传感器由敏感元件、传感元件及测量元件三部分组成,其结构框图如图6-5所示。

图 6-5 传感器的结构框图

图中敏感元件是在传感器中直接感受被测量的元件,即被测量通过传感器的敏感元件转换成与之有确定关系更易于转换的非电量。这一非电量通过传感元件后就被转换成电参量。测量元件的作用是将传感元件输出的电参量转换成易于处理的电压、电流或频率量。应该指出,完整的传感器应具有上述三个功能,但三个功能不一定是完全独立的,有许多传感器是结合成为两个元件的,甚至全部结合成为整体一个也是有的。例如,用热电偶传感器测量温度时,它的敏感元件和传感元件结合成一体,而测量元件为电桥。再如,用于测量转速的测速发电机,它是把三个功能元件结合在一起(即转子与定子)的传感器。

### 6.2.2 传感器的选用

传感器千差万别,即使对于相同种类的测定量也可采用不同工作原理的传感器,因此,要根据需要选用最适宜的传感器。

1. 测量条件

如果误选传感器,就会降低系统的可靠性。为此,要从系统总体考虑,明确使用的目的以及采用传感器的必要性,绝对不要采用不适宜的传感器与不必要的传感器。测量条件列举如下:①测量目的;②测量量的选定;③测量的范围;④输入信号的带宽;⑤要求的精度;⑥测量所需的时间;⑦过大输入发生的频繁程度。

2. 传感器的性能

选用传感器时,要考虑传感器的下述性能:①精度;②稳定性;③响应速度;④模拟信号或者数字信号；⑤输出量及其电平；⑥被测对象特征的影响；⑦校准周期；⑧过载输入保护。

3. 传感器的使用条件

对传感器的使用条件有：①设置的场所；②环境(湿度、温度、振动等)；③测量的时间；④与显示器之间的信号传输距离；⑤与外设的连接方式；⑥供电电源容量。

在自动机与自动线中，对传感器的基本要求主要有：①体积小、重量轻、对整机的适应性好；②精度和灵敏度高、响应快、稳定性好、信噪比高；③安全可靠；④不易受被测对象特征(如电阻、磁导率等)的影响，也不影响外部环境；⑤对环境条件适应能力强；⑥现场处理简单、操作性能好；⑦价格便宜。

### 6.2.3 新型传感器

传感器可将人们需要探知的各种非电量信息转化成可测的电量信息，为人们认识和控制相应的对象提供条件和依据。作为现代信息技术三大核心技术之一的传感器技术，将是21世纪人们在高新技术发展方面争夺的一个制高点。为此，各种新型传感器不断涌现。目前，传感器发展的总趋势是智能化、多功能化、集成化以及新材料领域的应用。

1. 智能传感器

随着测控系统自动化智能化的发展，要求传感器准确度高。可靠性高，稳定性好，而且具备一定的数据处理能力，并且能够自检、自校、自补偿。传统传感器已不能满足这样的要求。目前国内外学者普遍认为智能传感器是由传统的传感器和微处理器(或微计算机)相结合而构成的，它充分利用计算机的计算和存储能力对传感器的数据进行处理，并对它的内部行为进行调节，使采集的数据最佳化。

计算机是智能传感器的核心，它不但可以对传感器测量数据进行计算、存储、数据处理，还可以通过反馈回路对传感器进行调节。由于计算机充分发挥各种软件的功能，可以完成硬件难以完成的任务，从而大大降低传感器的制造难度，提高传感器的性能，降低成本。

2. 多功能传感器

多功能传感器是传感器技术中的一个新的发展方向。现在一般的单一传感器只能测量一个物理量。在工业生产、航空航天等领域，为了准确全面地认识对象或环境，以进一步进行控制，往往需要同时测量多个物理量，因此希望尽可能把几种敏感元件制作在一起，使一个传感器能同时测量几个参数，具有多种功能。这种多功能传感器不但体积小，而且功能强，采集的信息集中，便于进行信息处理。

3. 集成传感器

集成传感器就是应用集成加工技术，将敏感元件、放大电路、运算电路、温度补偿电路等集成于一块芯片上。在检测系统中采用集成传感器，可简化电路设计，节省安装调试时间，并提高系统的可靠性。在各种半导体材料中，以硅为基材的集成传感器发展最快。硅集成传感器是利用硅本身的物理效应并与硅平面技术相结合的产品。例如，硅压阻式集成压力传感器是将硅膜片、压阻电桥、放大器和温度补偿电路集成在一个芯片上。其他还有集成温度传感器、集成霍尔传感器等。

4. 应用新材料的新型传感器

传感器材料是传感器技术的重要基础，因此对新材料的开发是传感器技术的重要课题。长期以来，一般采用金属或半导体材料作为传感器的材料。如今新型敏感材料，如新型光敏、磁敏和超导敏感材料及金属氧化物和传感型合金材料显示出更优越的特性。新型材料的应用表现在两个方面：一方面是采用新材料后，使原有结构形式的传感器的性能提高，例如稀土材料的应用，可以使得直流测速发电机的灵敏度提高；另一方面新材料与新原理相结合，产生新型传感器。例如，利用半导体材料和强磁金属材料的磁阻效应，产生新型的磁性编码器等。

## 6.3 传感器的应用

### 6.3.1 位置检测

机电一体化产品(或系统)执行机构的运动有直线和回转两种，所以检测其运动的传感器也分为直线型和回转型两类。

1. 线性位移传感器及其应用

(1) 电位器式线性位移传感器　电位器式线性位移传感器有滑线位移式和绕线电位器式两种。前者的结构原理如图6-6所示($U_i$是电阻丝端电压)，当拉杆随待测物体往返运动时，电刷在电阻丝上亦往返滑动，从而使输出端输出跟位移量成正比的电压$U_o$。后者的结构原理如图6-7所示($U_i$是电位器端电压)，当电刷连接待测运动物体时，物体位移使输出电压改变，从而输出端输出跟位移成正比的电压$U_o$。

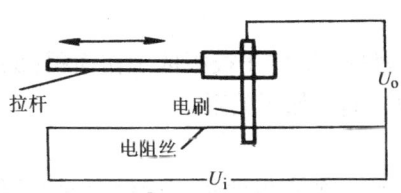

图6-6　滑线位移式位移传感器的结构原理

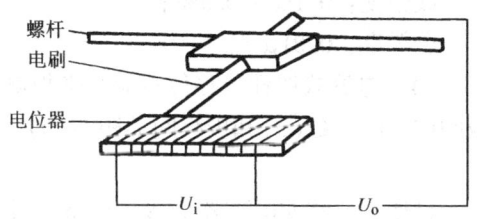

图6-7　绕线电位器式位移传感器的结构原理

电位器式位移传感器的优点是结构简单，性能稳定。缺点是分辨率不高，易磨损。主要性能如下：

动态范围：1～300mm；

线性度：0.1%～1%；

分辨率：0.01mm。

(2) 电阻应变片式线性位移传感器　电阻应变片式线性位移传感器的结构原理如图6-8所示，其中悬臂梁是等强度的弹性元件。当悬臂梁自由端受待测物体的作用力$F$而产生位移$\delta$时，粘贴

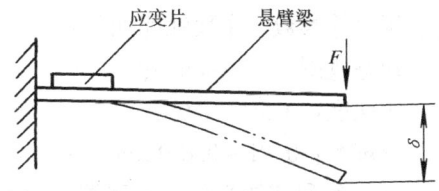

图6-8　电阻应变片式线性位移
传感器的结构原理

在悬臂梁上的应变片产生与位移δ成正比的电阻相对变化($\Delta R/R$),通过桥式检测电路将电阻相对变化转换成电压或电流输出,这样即可检测物体的位移量。

这种传感器的优点是精度高,不足之处是动态范围窄。主要性能如下:

动态范围:1~50mm;

线性度:0.1%~0.5%;

分辨率:1μm。

(3) 电感式线性位移传感器 电感式线性位移传感器的用途和用量仅次于电阻应变片式线性位移传感器。下面介绍的是应用最为广泛的差动电感式和差动变压器式线性位移传感器。

1) 差动电感式线性位移传感器。这种传感器有动态范围宽和线性度好的优点,缺点是有残余电压。主要性能如下:

动态范围:1~200mm;

线性度:0.1%~1%;

分辨率:0.01μm。

2) 差动变压器式线性位移传感器。上述差动电感式线性位移传感器是将被测量(位移)转换成线圈自感变化,下面介绍的差动变压器式线性位移传感器则是将被测量转换成线圈的互感变化。

差动变压器式传感器广泛应用于与位移有关的机械量测量,如测量位移、加速度振动、应变压力、厚度等。这种传感器有分辨率高和线性好的优点,缺点是有残余电压。主要性能如下:

动态范围:1~1000mm;

线性度:0.1%~0.5%;

分辨率:0.01μm。

(4) 电容式线性位移传感器 平板电容器的电容($C$)决定于极板的工作面积($S$)、极板间的介电常数($\varepsilon$)和极板间的距离($\delta$),这些参数之间有如下关系:

$$C = \varepsilon S/\delta$$

显然,位移使电容器的$S$、$\varepsilon$、$\delta$三个参数中任意一个发生变化,均会引起电容量变化。通过检测电路将电容量的变化转换为电信号输出,这样即可确定位移的大小和方向。

电容式位移传感器有结构简单、动态性能好、灵敏度高和分辨率高等特点,它可用于无接触检测,并可在恶劣环境下工作,故广泛用于检测位移、振动、角度、速度、加速度、压力等参数。主要性能如下:

动态范围:1~100mm;

线性度:0.5%~1%;

分辨率:0.01~0.001μm。

(5) 编码式线性位移传感器 机床工作台的位移可通过丝杠控制,了解丝杠的运动状态,即可确定工作台的位移。控制丝杠通常采用图6-9所示的两极六位二进制葛莱码编码尺。

由每个六位数可知,控制电刷由于待测物位移不同而处于不同位置时,该位置能用上

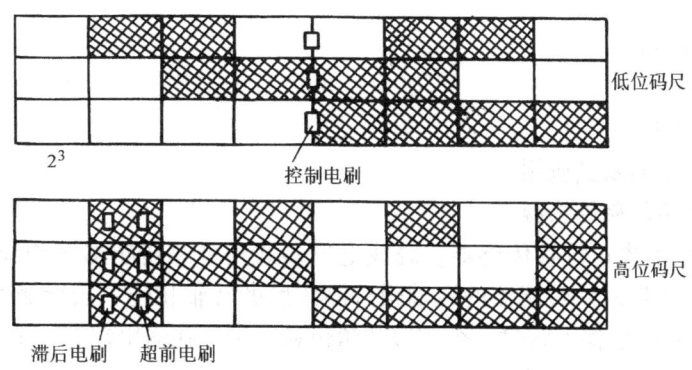

图 6-9 六位二进制葛莱码编码尺

述六位数中的一个表示。因此,知道六位数大小,即可知道待测的位移量。

编码式线性位移传感器可用于检测机床刀架、工作台的直线位移。这种传感器可通过电刷制成接触式,亦可通过光电器件做成非接触式。其缺点是量程大时,码尺要加长。主要性能如下:

动态范围:1~1000mm;

线性度:0.5%~1%;

分辨率:1个二进制数(六位数)。

(6) 光栅式线性位移传感器  光栅式线性位移传感器是利用计量光栅的莫尔条纹来进行测量的,它广泛用于线性位移精密测量,并可用来测量能转换成线性位移的其他物理量。光栅传感器是由主光栅(也称标尺光栅,通常随被测物体移动)、指示光栅和光路系统所组成。

这种传感器在精密仪器、机械加工和自动控制中广泛应用,优点是精度高,缺点是结构复杂。主要性能如下:

动态范围:30~1000mm;

分辨率:0.1~10μm。

(7) 磁栅式线性位移传感器  磁栅是近年来研究的一种新型用电磁方法计算磁波数目的位移检测元件,可用于直线位移和角位移的检测和控制。

磁栅式线性位移传感器具有检测精度高、安装方便和磁信号可以重新录制等优点。因此在机电一体化数控设备上应用较广。高精度的磁栅式线性位移传感器用于精密机床、数控机床、三坐标测量机等机电一体化设备上。另外磁栅传感器还存在两个需要解决的问题:一是磁信号的稳定性;另一个是磁头在磁尺上的摩擦带来的磨损。磁栅传感器对环境要求不太高,但对防尘和防止切屑等方面要求很严格。主要性能:

动态范围:1~20m;

分辨率:1μm。

(8) 霍尔效应式线性位移传感器  利用霍尔效应可构成接触式、差动式、非接触式和大位移式等霍尔线性位移传感器。

霍尔效应式线性位移传感器有结构简单、体积小等优点,缺点是其性能受温度影响

大。主要功能:

动态范围:0~5mm;

分辨率:1μm;

线性度:<2%。

2. 角位移传感器及其应用

(1) 电阻式角位移传感器

1) 绕线电位器式角位移传感器。绕线电位器式角位移传感器工作原理如图 6-10 所示,结构如图 6-11 所示。传感器的转轴跟待测角度的转轴相连,当待测物体的转轴转过一个角度时电刷在电位器上转过一个相应的角位移,于是在输出端有一个跟角度成正比的输出电压 $U_o$。图中 $U_i$ 是电位器电压。

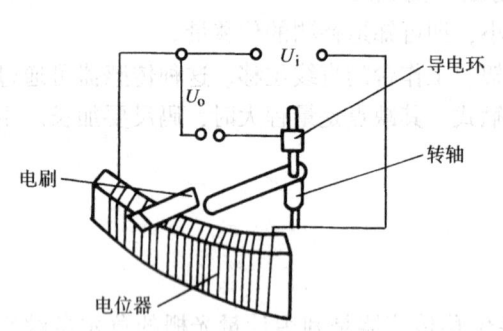
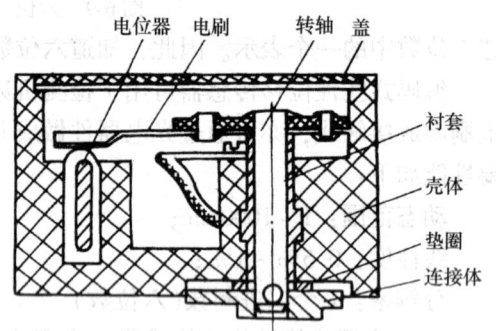

图6-10 绕线电位器式角位移传感器工作原理　　图6-11 绕线电位器式角位移传感器结构

绕线电位器式角位移传感器一般性能如下:

动态范围:±10~±165V;工作温度 -50~150℃;

线性度:±0.5%~±3%;工作寿命:$10^4$ 次;

电位器全电阻:$10^2~10^3\Omega$。

这种传感器有结构简单、体积小、动态范围宽、输出信号大(一般不必放大)、抗干扰能力强和精度高等特点,故已广泛用于检测各种回转角度和角位移。其缺点是环形各段曲率不一致会产生"曲率误差";转速较高时,转轴与衬套之间会出现"卡死"现象。

2) 光电电位器式角位移传感器　光电电位器式角位移传感器没有金属丝电刷造成的摩擦力矩,它具有分辨率高、寿命长、扫描速度快等优点。缺点是接触电阻较大,输出信号要经过阻抗匹配变换器。

(2) 电容式角位移传感器　这种传感器结构简单,体积小,重量轻,功耗低,灵敏度高,它不受电磁场的干扰,也不产生干扰电磁场。因此,该传感器广泛应用于精密测角,如用于高精密陀螺和摆式加速度计。

(3) 可调变压器式角位移传感器　可调变压器式角位移传感器,又称旋转变压器。它是一种常用的旋转位置检测元件,在机电一体化数控设备中应用较广。其工作原理与差动变压器式直线位移传感器相似,旋转变压器具有检测精度高、体积小、工作可靠等优点。

(4) 光栅式角位移传感器　其工作原理、光路系统和电路设计跟光栅式线性位移传感器基本相同,差别仅是前者为圆光栅。

光栅式的角位移传感器可用于整圆或非整圆检测;一般精度可达 ±0.5。这种传感器广泛应用于精密仪器和机电一体化数控设备等。

(5) 感应同步器式角位移传感器　感应同步器式角位移传感器的工作原理跟感应同步器式线位移传感器的工作原理相同,二者的差别仅在于定子、转子及其绕组的形状不同。

感应同步器常用于检测机械设备的角度和角位移,常用的形式有两种:一种是将单个圆盘直接安装在设备上;另一种是将定子与转子先组装成一个整体,再通过联轴器与机械旋转轴连接起来,从而用来测定旋转的角位移。在不能安装圆形感应同步器的场合可安装扇形感应同步器,两者的精度相同。

感应同步器用作位移检测装置之所以受到重视,是因为它具有如下优点:

1) 精度较高。目前,直线感应同步器的精度可达 0.001mm,灵敏度 0.00005mm(即 0.05μm),重复精度 0.0002mm;直径为 302mm 的圆感应同步器精度可达 0.5′,灵敏度 0.05′,重复精度 0.1′。

2) 对环境条件要求低,受环境温度、湿度影响小,抗干扰能力强。

3) 使用寿命长,维护简单,工作时定尺和滑尺无灰尘和振动。

4) 工艺性好,成本较低,便于复制和成批生产。

(6) 编码盘式角位移传感器　编码盘式角位移传感器是检测轴角位移的直接方法,分增量式和绝对式两种。前者需要一个计数系统,旋转的码盘通过敏感元件给出一系列脉冲,在计数器中对某个基数进行加或减,从而记录旋转的角位移量。后者不需要计数,它能在任意位置给出一个跟位置相应的固定数字码。

1) 绝对式编码器。绝对式编码器有接触式、磁电式和光电式等类型,但它们的工作原理相同,差别仅是敏感元件。实际应用较多的是光电式编码器。

绝对式编码器能直接指示出机械转动的绝对位置,具有机械位置存储功能,停电后再次通电仍能找到编码盘上次的指示绝对位置。但这种编码盘在位数较高时制作困难,成本高,而且在进给转数大于一转时,往往要将两个以上编码盘连接起来,组成多级检测装置,使结构复杂。

2) 增量式编码器。增量式编码器又称脉冲式编码器,旋转的码盘通过光电元器件给出一系列脉冲,在计数器中对每个基数进行加或减,从而记录下转动的方向和角位移。由于它只能反映相对于上次转动角度的增量。所以称为增量式。

这种编码器是非接触式的,有寿命长、功耗低、耐振动等特点,故广泛应用于角度、距离、位置、转速等的检测与控制。

### 6.3.2　速度检测

在机电一体化系统中使用速度检测是为了实现操作机构的速度闭环控制。当用直流、交流伺服电动机驱动机构时,多用测速发电机作为速度检测器,也可以用位移传感器来进行速度检测。计数型传感器可通过检测其脉冲频率来得到运动速度的数据。代码型传感器则可通过检测其代码变换周期来确定运动速度。如利用光电码盘作速度检测时,它在单位时间内脉冲数即为其速度。利用频压转换器将脉冲频率转换成电压值,输入给伺服控制系统中的反馈回路。这里主要简述机电一体化设备上常用的转速传感器及应用。

1. 测速发电机

测速发电机是一种旋转式速度检测元件，可将输入的机械转速变为电压信号输出，在机电一体化系统的速度控制单元和位置控制都得到应用。尤其是常作为伺服电动机的检测传感器，将伺服电动机的实际转速转换为输出电压或输出脉冲，与给定电压或参考频率进行比较后，求出速度控制信号，以调解伺服电动机的转速。为了准确反映伺服电动机的转速，就要求测速发电机的输出电压与转速严格成正比。

测速发电机分为直流测速发电机和交流测速发电机。近年来还采用了新原理、新结构制成的霍尔效应测速发电机。应用较多的是直流测速发电机。

直流测速发电机是一种微型直流发电机，其定子、转子结构均和直流伺服电动机基本相同。如果按定子磁极的励磁来分，可以分为电磁式和永磁式两大类。直流测速发电机的工作原理与一般直流发电机相同。

测速发电机有线性度好、灵敏度高和输出信号强等优点，故在工业自动检测中广泛用于检测和自动调节电动机转速。检测范围 $20\sim400\mathrm{r/min}$，精度 $0.2\%\sim0.5\%$。

为了提高检测灵敏度，通常将测速发电机直接连接在驱动电动机轴上，以尽可能使其在高转速下工作。另外有的直流和交流伺服电动机本身就配置了测速发电机和回转编码器。

2. 电容式转速传感器

电容式转速传感器是计数型速度传感器，可通过检测脉冲频率来得到运动速度的数据。电容式转速传感器的结构原理如图 6-12 所示，当电容极板与齿顶相对时，电容量最大；而电容极板与齿隙相对时，电容量最小。当齿轮旋转时，电容量发生周期性变化，通过电路即可得到脉冲信号，频率计显示的频率代表转速的大小。设齿数为 $z$，由计数器得到的频率 $f$，则转速 $n(\mathrm{r/min})$ 可表示为

$$n = 60f/z$$

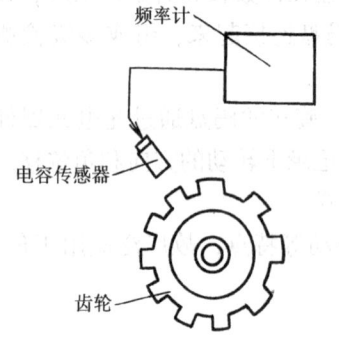

图 6-12 电容式转速传感器的结构原理图

图 6-13 直射式光电式转速传感器的结构原理

3. 光电式转速传感器

光电式转速传感器有直射式和反射式两种，前者的结构原理如图 6-13 所示，输入轴与待测轴相连接，光通过开口盘和缝隙板照射在光敏元件上。开口盘上有 20 个、30 个、60

个、……小孔,开孔盘转一周,光敏元件接受光的次数等于盘上的开孔数。若开孔数为60,记录过程时间为 $t$ 秒,总脉冲数为 $N$,则转速 $n(\text{r/min})$ 为

$$n = \frac{N}{t \times 60} \times 60 = \frac{N}{t}$$

单头反射式光电式转速传感器的结构原理如图6-14所示,其工作原理类似上述直射式光电转速传感器,差别仅是光敏元件的受光形式的不同。测速盘粘贴上黑白分明的条带,为便记数,条带一般选贴60条。黑、白带的宽度应大于投射光的宽度。

光电式转速传感器跟计数器配套使用,检测范围可达到10r/min,精度:±1r/min。这种传感器应用十分广泛。

图 6-15 所示是利用光电检测的办法直接测量轴的转速的简单例子。如图所示,可用光敏晶体管或其他光电检测元件来测量光束的明暗变化,输出的是电脉冲,所以用这种方法测得的脉冲频率和轴的转速、轴上的反光条纹数成正比例,即

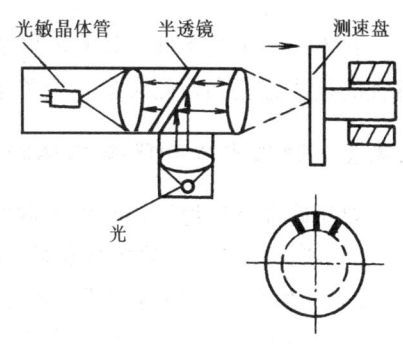

图 6-14 单头反射式光电式转速
传感器的结构原理

$$f = \frac{N}{60} \times n$$

式中  $f$ ——测得的脉冲频率(Hz);

$n$ ——轴的转速(r/min);

$N$ ——轴上的反光(射)条纹的数目。

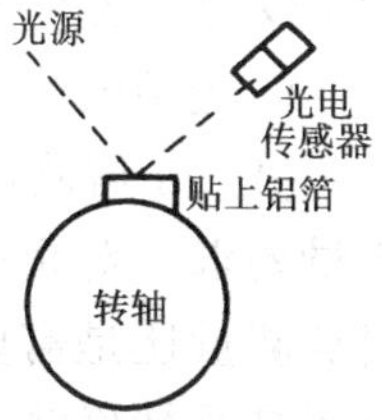

4. 磁电式转速传感器

磁电式转速传感器检测范围达 0 ~ 4000r/min。这种传感器可检测导磁材料的齿轮、叶轮、带孔圆盘等的转速。它采用频率—电压变换的原理,具有抗干扰能力强、可靠性高、设计安装方便等优点,可作为交流拖动系统和直流拖动系统等旋转式机电设备的转速、转向监测,也可作为上述机电设备调速装置的反馈环节。

图 6-15 利用光电检测轴的转速实例

5. 电涡流式转速传感器

这种转速传感器对油污等介质不敏感,能进行非接触检测,可安装在轴旁长期监视转速。检测范围可达 $6 \times 10^6 \text{r/min}$。

6. 霍尔转速传感器

霍尔转速传感器的结构原理如图 6-16 所示,它实际上是利用霍尔开关测转速。待测物体上粘贴一对或多对小磁钢,小磁钢越多,分辨率越高。霍尔开关固定在小磁钢附近。待测物以角速度 $\omega$ 旋转时,每当一个小磁钢转过霍尔开关集成电路,霍尔开关便产生一个相应的脉冲。检测出单位时间的脉冲数,即可确定待测物的转速。

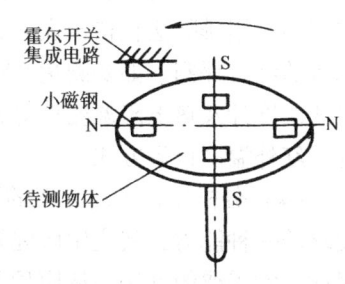

图 6-16 霍尔转速传感器

## 6.4 检测系统的实例

在不同的工况条件下检测不同类型的参数时,测量方案或方法可能都大不相同。选择适宜的检测方法和检测设备,至关重要。

### 6.4.1 检测方法和仪表的选型设计与应用思路

要正确和有效地选用某种参数的测量方法与仪表,一般来说应做到以下几点:

1) 必须熟悉该参数如温度测量仪表的种类、结构与原理及其适用性、可靠性等情况。

2) 了解生产、储运或贸易核算等过程的测量要求,了解被测介质的特性,包括其物性参数如温度、压力、粘度、密度等以及化学特性如腐蚀性,对流动介质应了解其流动特性如雷诺数、速度分布等情况。

3) 根据测量要求、测量条件以及可选用仪表进行经济性、可靠性、准确性等综合评价,提出最优方案。

归纳而言,要综合考虑测量性能要求、被测介质特性、环境与安装条件、经济性以及所选仪表对该测量的适应性、可靠性、准确性等五大因素。

1. 选型设计基本程序

(1) 了解测量要求  不同的测量对象有着各自不同的测量目的,也就产生了不同的测量要求。对企业生产或改造等提出的测量要求,应先作细致的了解,对物位是需要定点测量还是需要进行连续物位显示;对流量是希望知道管道中流体在流动、不能断流还是要精确测量,是要求瞬时流量显示还是需进行累积值运算与显示,是临时监测还是长期测量,是要求宽的范围度还是高精确度,都必须首先弄清楚,才能有的放矢做好这项工作。

(2) 落实测量现场  一要落实或校对测量要求,因许多生产工艺人员对测量或要求有一些模糊认识,或对时新技术、新仪表的发展不了解;二要了解和落实被测介质的特性,即前述的物理和化学性能;三要勘察现场的安装与测量条件是否基本满足测量所必须的要求,如流量测量时要求的等直管段问题,仪表安装时要求的维修空间问题等。

(3) 初选测量方法  对收集的测量要求和测量条件进行汇总,最好能以表格形式逐一体现,如测量范围、介质、温度、压力等。然后根据所掌握的仪表种类、被测介质类型与特性。用排除法在初选表上舍去不能或无法采用的测量方案,再精选几种测量方案做更深入的综合评判。如要测量 800~1000℃ 的炉膛温度,首先就可排除膨胀式温度计、压力表式温度计及热电阻温度计等,而考虑热电偶温度计或非接触式测量仪表如光电比色温度计、红外温度计等方式。

(4) 分析比较不同方案的适应性  这里主要指适应被测介质与测量条件、满足测量要求的一种能力,就应用研究领域而言,这一点实际上比后述的性能指标比较更为重要。对此,常采取的办法是从原理和结构上分析、比较不同测量方案的适应性,质询所初选的制造商有关应用业绩、技术数据等适应性问题,从测量方案用户了解应用问题与适应性情况,再甄别、分析并确定入围的测量方案,缩小测量方案下一步技术性能指标等比较、评价的范围。

(5) 比较不同测量方案的技术性能指标　这些指标包括精确度、重复性、线性度、测量范围或范围度、对流体的扰动或造成的压力损失，如流量测量时的输出信号特性、响应时间、抗电磁或介质干扰的能力、实际应用时的综合精确度等。

1) 对精确度指标，要了解仪表的标称精度是否满足所要求的整体测量精度，在某种特定的使用条件下以及偏离规定条件后的精度情况（将产生量度、静压及动力条件、环境等变化所带来的附加误差），在某种局部范围内测量和全范围内测量的精度差别，长期运行的精确度及其保持的能力（是否便于重新校准或现场确认）。此外，还要注意了解仪表基本误差的百分率是指引用误差（常用$\%F$表示）还是相对误差（常用$\%R$表示）。

2) 重复性是过程控制应用中重要的指标之一。因重复性决定于仪表本身结构、原理和制造品质，所以在实际应用设计时，尽量不要选择受各种现场影响较大的仪表，如流量测量时浮子流量计受流体密度的影响，未作修正处理的超声波流量计受流体温度对声速的影响等。

3) 线性度一般未单独列出而包含在基本误差中。简单地说，微机化仪表的线性度优于普通数字仪表，更优于模拟式仪表；非电量电转换类仪表优于机械变换类仪表。

4) 不可恢复的压力损失在流量测量时不可小视，因为若处理不当，则会因过大的压力损失影响流程效率、增加泵输送费用，甚至可能影响工艺生产或使某些液体产生汽化现象而严重影响测量或损坏仪表。

5) 仪表的范围度（上限与下限测量值的比值）越大，则测量范围（测量下限~测量上限）越宽。仪表测量范围应根据被测对象参数的变化范围而确定，一般来说，使被测参数最大值处于所选仪表上限值（或满刻度值）的2/3位置为佳。要注意：不能简单地使两者完全相符，如待测压力为1MPa，而选用满度值为1MPa的压力变送器，或流量计的口径不经计算而直接按管道通径配用。不同类型的仪表因各自原理结构的约束，测量范围也有较大差别，应慎重对待。某些仪表的测量范围在订购后是不可以改变的，如容积式和浮子式流量计；有些只能改变上限值，如差压式流量计（下限值在设计确定后不能改变）可在一定范围内改变差压变送器上限值；有些仪表则不必进行标定而由用户自行改变测量范围，如某些型号的电磁流量计和超声波流量计。

6) 经济性评价。只考虑仪表的购置费是不全面的，还应调查了解其他费用如附件购置费、安装费、维护与校验费用、运行费用和备件供应及其费用等。此外，在仪表用于能源或产品计量、涉及贸易结算时，还应比较测量误差可能造成的经济损失。此外，进行应用设计时还应注重：①用户的使用与操作习惯，维修与操作人员的熟悉程度及该产品的技术支持情况，考察制造商或代理商的质量保证、信誉与售后服务体系等。②不能只是简单地满足测量本身的要求，还要注重测量技术与方法的进步，避免低水平上的重复问题。③一定要根据流体与现场情况确定测量方案，不能凭空想象，否则极易引起现场应用问题。④上述应用设计提供的只是一般思路，具体应用设计时可根据被测对象与企业具体情况如经费、侧重点等进行变通或修改。

2. 安装与应用

在选择正确或适宜的测量方法和仪表后，因不能正确地安装与应用、造成应用的困难或测量误差偏大等问题并非少见。究其原因并应在此强调的主要问题有：①测量条件欠满足要求时，应适当对测量现场进行必要的改进或完善测量条件，如保证流量满管、pH 值或电导率、清洗与取样分支管或检修旁路等。②选取现场最理想的地点（测量有代表性、维修空间大、环境温度与湿度及其变化小、无易燃易爆等安全隐患、电气与管路等连接方便、电磁与振动等干扰小、被测介质特性波动小等）进行安装，并严格按设计、仪表安装使用手册或规范进行。③所有仪表在应用前都必须进行实验室校验或比对，受现场测量条件与被测对象影响较大的如带式秤要进行实物标定，流量计最好能进行实物标定、比对和修正，气体与液体浓度等测量也应进行现场确认。

### 6.4.2 物料检测

物料检测通常称之为称重，包括静态称重和动态称重。不论哪种类型的称重，都是为了确定被测物的重量（或质量）。动态称量中物体的重量（或质量）可用多种方法来测量，如按运动规律来测量、按动量定理来测量、按离心力来测量、按重力来测量等。

1. 动态测量

工业应用上使用最多的是连续线形载荷重力质量的测量，而这种测量主要在带式运输机架上实现，这就是常说的带式秤。

（1）电子带式秤　重力式带式秤有累加型和积分型两类，带式秤有一个测力传感器，该传感器实际上只是测出某单位长度传送带上的物料重量，另外还有一个测速传感器来测量物料运输的速度（即传送带速度）。两者相乘即为某个瞬时的物料流量

$$Q(t) = vq$$

对瞬时流量进行积分，即可得到累计量

$$W = \int_0^t q_t v_t \mathrm{d}t$$

式中　$W$——物料累计量；
　　　$q_t$——瞬时单位长度上物料重量；
　　　$v_t$——瞬时传送带速度。

累加型则是测量传送带的瞬时运行长度，再与瞬时物料重量相乘后进行累加

$$W = \sum_{i=1}^{n} q_i \Delta l$$

式中　$\Delta l$——两次采样间传送带的运行长度。

带运行长度也是由内测速传感器发出脉冲计算而得。基于数字电路的带式秤多用此方法，基于模拟电路的带式秤则多用积分法。

电子带式秤一般包括称量托辊、称重传感器、测速传感器、信号处理电路等。典型的工业用带式秤结构如图 6-17 所示。该结构为单托辊带式秤。

为了提高测量精度，常采用多托辊带式秤。在工业应用中，由于带张力或安装运行等因素影响，带常会跑偏，给测量带来影响。这时可使用双测力传感器型带式秤，所称物料的重量为两个传感器受力之和，这样可不受传送带跑偏的影响，其结构如图 6-18 所示。

# 第 6 章 检测装置

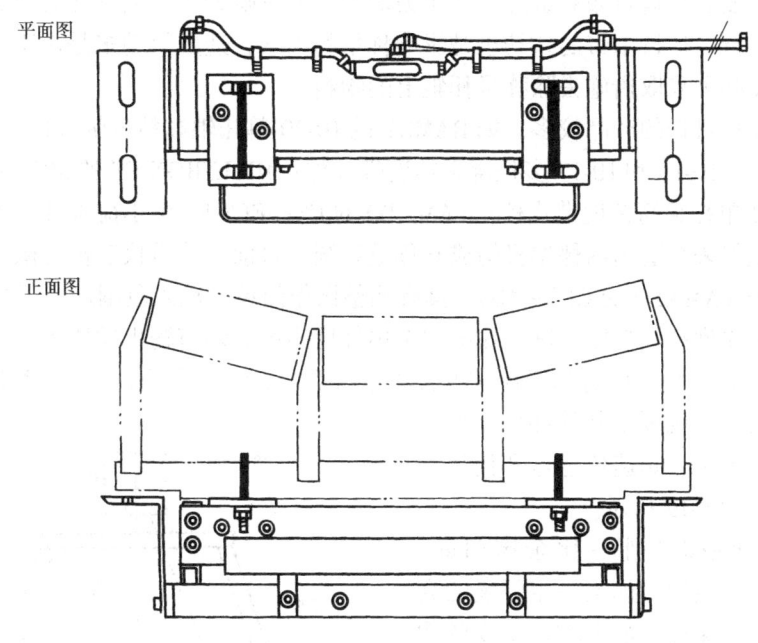

图 6-17 带式秤结构图

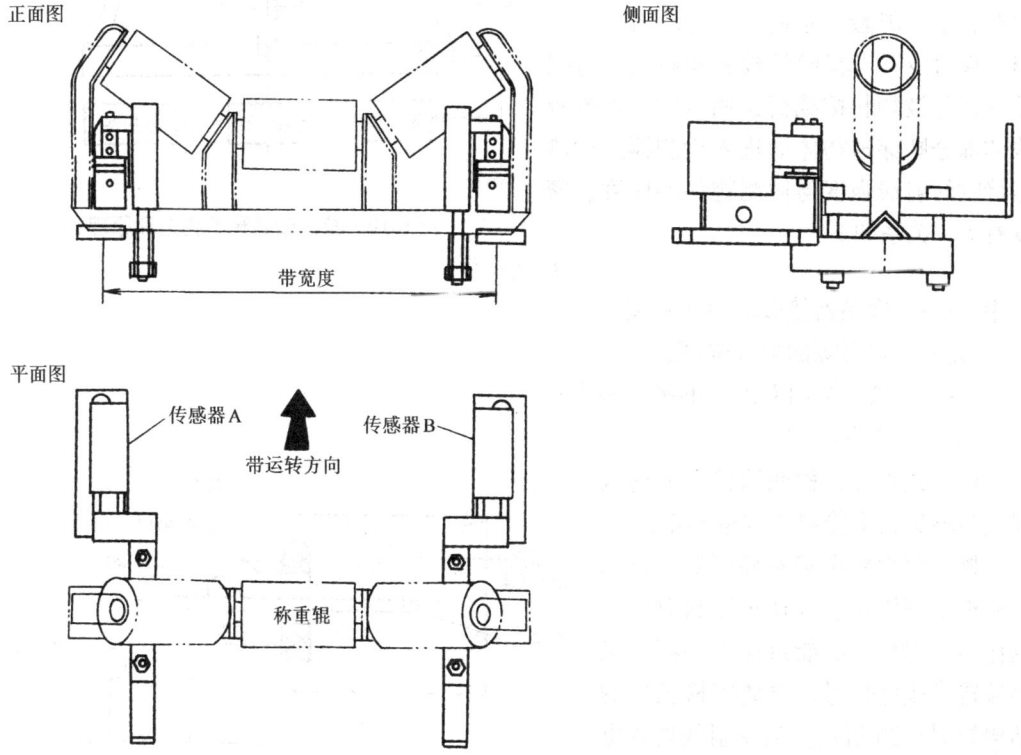

图 6-18 双传感器带式秤

带式秤对安装和运行颇有讲究，带张力对称量的影响较大，因此在安装时应严格按照安装说明书进行。运行中带的抖动也是影响称量的因素，造成抖动多是由于托辊上粘附物料所致，因此必须采取措施去除称量托辊上的物料。

电子带式秤可选的产品较多，如 RAMSY 的 10-20 单托辊高精度带式秤，10-30 单托辊经济型带式秤，10-14 和 10-17 多托辊高精度带式秤；MILLTRONICS 的 MUS 单托辊经济型带式秤和 MSI 单托辊高精度带式秤；YAMATO 的 CS—EC3-S1 型小荷重带式秤等，还可选择通用的称重仪表与适当的秤架机构成套称重系统。目前的称重仪表都已微处理器化，功能都较强。如 YAMATO 的 CFC—100，具有调整操作简单、输入范围广、可与各种荷重传感器连接、可靠度高、功能丰富，在增加选项件后还可有调节输出功能等。

(2) 核子秤　核子秤是基于辐射吸收法进行重量(或质量)测量的。严格意义上讲它不是称量方法。构成核子秤的部件有放射源、检测器、支架、测速传感器和信号处理电路等，如图 6-19 所示。

核子秤利用郎伯特—比余申(Lambert—Bearschen)定律，即当一定强度的高能平行电磁辐射穿过一般由均匀密度的物质所充满的路程时，辐射按指数关系衰减。

通常核子秤采用 γ 射线进行工作。放射源置于一屏蔽容室内，在射源出口处发出一束射线。当其射到被测物料时，射线的一部分被物料按载荷比例吸收，未被吸收的部分则穿透物体面进入检测器。检测器接收的射线强度与被测物料的厚度、密度有关，关系如下：

$$I = I_0 e^{-\mu d}$$

式中　$I$——探测器接收的射线强度；
　　　$I_0$——辐射源的射线强度；
　　　$\mu$——被测物料对射线的吸收系数；
　　　$d$——物料厚度。

由上式可知，检测器接收的射线强度与输送机上物料的重量成正比。

核子秤常用电离室检测器，其基本原理是利用 γ 射线通过物料时的电离作用，把核子的能量在检测器的输出端转换成电信号。电离室检测器的结构如图 6-20 所示。当 γ 射线射入电离室的灵敏区时，由于自身损失能量引起室内气体电离而形成电子和正离

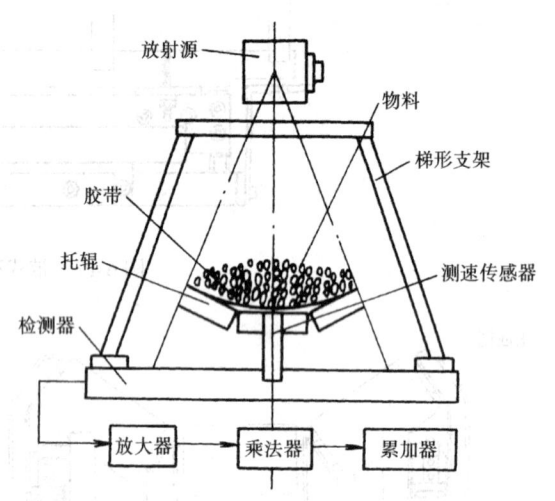

图 6-19　核子带式秤的构造和原理

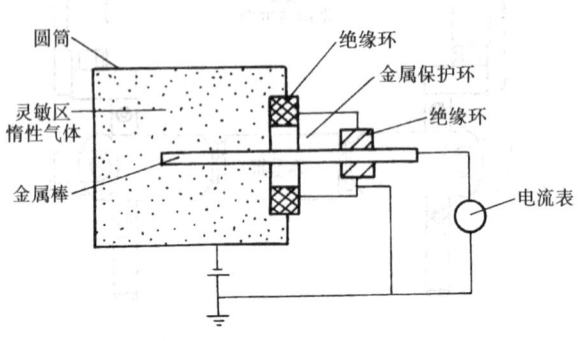

图 6-20　电离室检测器工作原理图

子，在电场作用下产生电流 $I$。与电子带式秤相似，核子秤也要将电离室输出信号与测速信号相乘得到重量信号。图 6-21 为核子秤的测量电路原理图。许多情况下也用计算机来直接处理前置信号，这样做的好处是可以一机多秤，降低成本。图 6-22 则是由 DFH 核子秤(一机多秤)构成的配料系统。

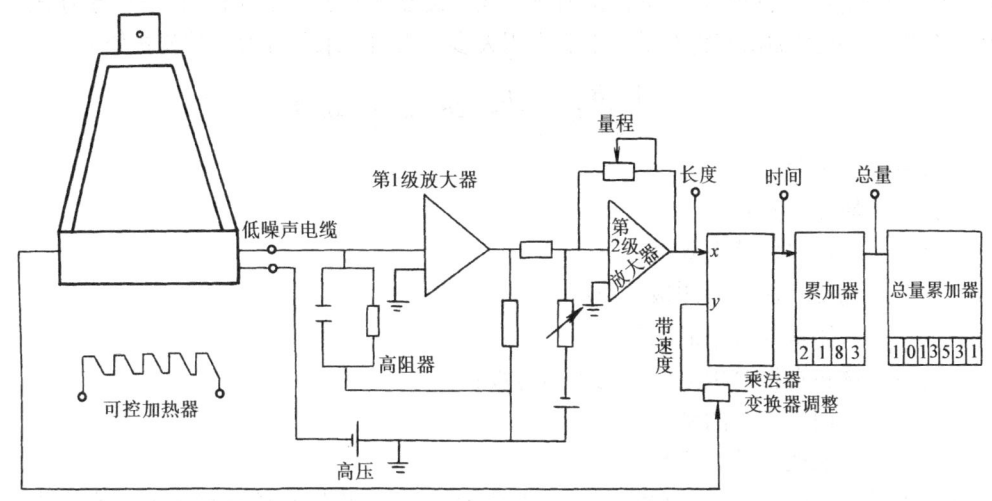

图 6-21　核子带式秤测量电路原理图

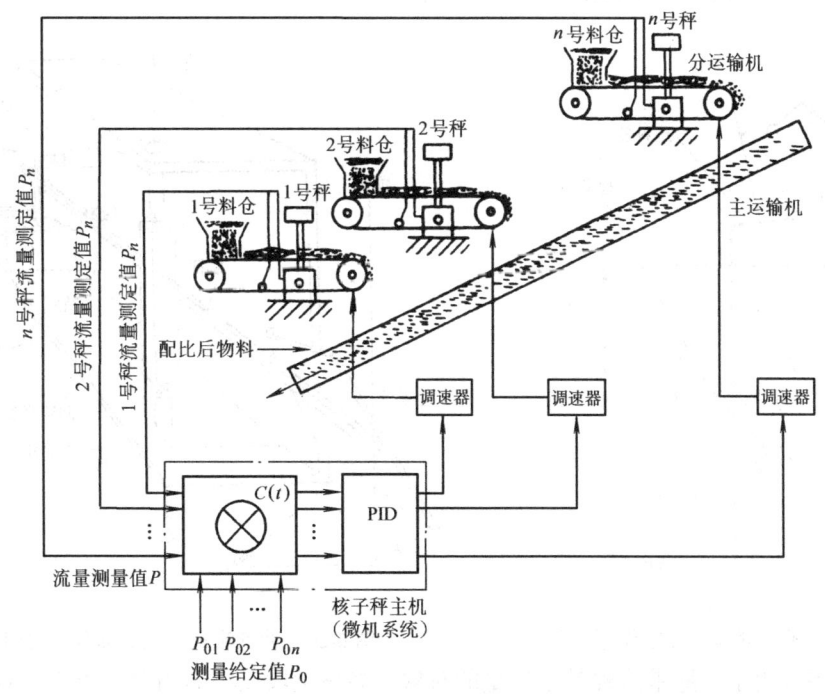

图 6-22　一机多秤的核子秤配料控制系统

(3) 冲量秤　冲量秤也称冲板流量计,适合解决附着性强或易扩散的粉末散料的称量。

冲量秤利用自由落下的固体物料冲击在斜置检测板上的力来测物料量,原理如图 6-23 所示。物料从高度 $h$ 处自由下落,冲击在检测板上,物料在检测板前的速度为 $u_1$,冲击后的回跳速度为 $u_2$。由于冲击前后物料速度和方向均发生变化(即其动量发生变化),在检测板上就产生与瞬时重量流量成正比的冲击力 $F$。该力又分解为水平分力 $F_H$ 和垂直分力 $F_V$。检测其一个分力,就可测出其物料量。工业应用大多采用测量水平分力,其公式如下:

$$F_H = \frac{A-B}{2} q_M \sqrt{\frac{2h}{g}} \sin 2\theta - q_M \frac{u}{v_m} \cos^2 \theta$$

式中　$F_H$——水平分力;
　　　$q_M$——质量流量;
　　　$h$——物料自由落下高度;
　　　$u$——物量相对于检测板的速度;
　　　$\theta$——检测板与水平面的夹角;
　　　$v_m$——物料在检测板上的平均下滑速度;
　　　$A$——与回跳有关的系数;
　　　$B$——与摩擦有关的系数。

由上式可见,只要 $h$、$\theta$、$l$ 以及粉末物料特性一定,作用在检测板上的总水平力与瞬时重量流量成正比。

冲量秤的结构如图 6-24 所示。

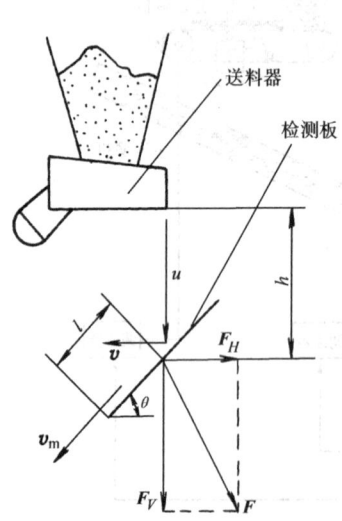
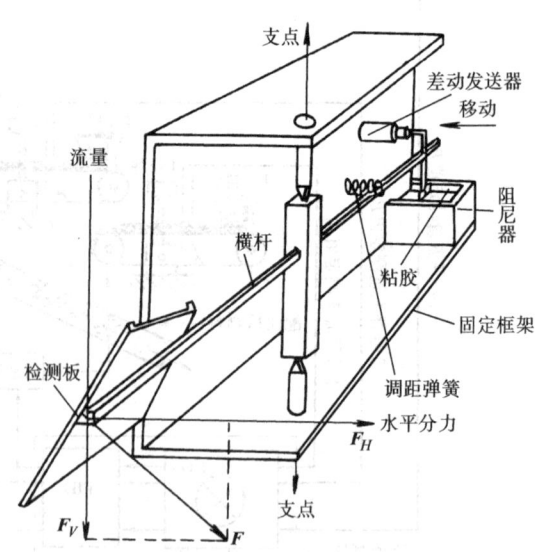

图 6-23　冲量式流量计工作原理图　　图 6-24　冲量流量计检测部分结构图

冲量秤可用于一些带式秤难于称量的对象,如称量段较小的场合、小流量对象、粉尘物料(粉尘物料称量时需要对整个秤具进行密封包装,以防粉料外泄)等。但冲量秤对物料的落差有一定要求,否则难以保证精度。

## 本 章 小 结

1. 检测系统的组成及其作用。
2. 传感器的结构、功能及选用。
3. 常用位置检测、速度检测传感器的原理、精度、动态范围、线性度、分辨率及应用范围。
4. 物料检测示例。

# 第 7 章  盒装牛奶生产线

**学习目标**  了解盒装牛奶生产线的组成；掌握牛奶的配料及杀菌、盒装牛奶的灌装和装箱自动线的结构和工作原理。了解牛奶生产的基本工艺流程。

## 7.1  牛奶生产的基本工艺流程

卫岗乳制品厂二分厂的产品主要是 UHT 灭菌奶，有学生奶、草酸奶等，其工艺过程如下：

鲜奶挤出后，送到乳制品厂进行原料乳验收后，再送入贮奶罐中。但是牛奶中有气体，所以要先进行排气，再经过片式热交换器中进行冷却，冷却至 5℃，再送到贮奶罐中进行低温保存。贮存好后，进行加工。首先是利用离心泵从罐底打入水粉混合器中，进行一次配料。经质检后，利用混合缸进行二次配料。接下来就是巴氏消毒。用泵泵入带有浮球阀的平衡槽，再打入板式热交换器，进行 85℃15s 的巴氏消毒。消毒后，把牛奶送入超高温消毒（UHT）车间。UHT 消毒后的牛奶可在常温下保持 6 个月。消毒后的牛奶先是进入平衡槽，再送入脱气缸进行脱气，然后进入均质机，对牛奶进行均质处理。均质后，牛奶再进入板式热交换器，进入分段式加热阶段，即被热水系统之高压热水加热至 137℃，即灭菌温度。热水温度高达 139℃，水温由喷入热水中的蒸汽量控制，蒸汽压力为 0.6MPa。随后 137℃ 的热乳进入保温管，保持 4s 时间，此时灭菌任务完成。离开保温管后，牛奶随即进入冷却阶段，由冷却介质水将牛奶由 137℃ 降温冷却至 76℃，此过程在无菌条件下进行，生产前已进行了设备灭菌，达到了无菌状态。牛奶离开水冷却阶段后，进入热回收阶段，同样也是在无菌条件下进行，牛奶被 5℃ 的进奶冷却至 20℃，同时也将进奶加热至 66℃。至此，牛奶灭菌及冷却已全部完成。最后由无菌管道输送至无菌罐，或直接输送至无菌灌装机，进行无菌灌装。采用的是利乐公司的 TBA/19 无菌灌装机，包装好之

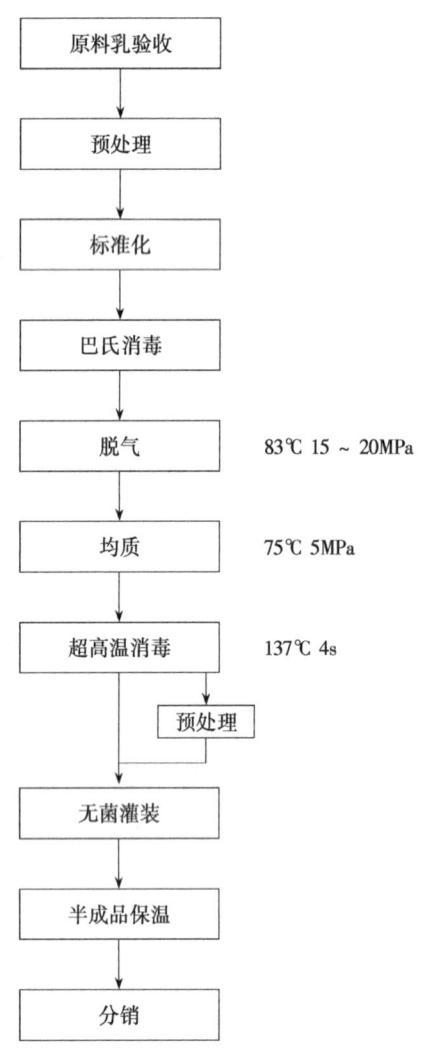

图 7-1  牛奶生产的工艺过程简图

后，进入下一个车间。进行打管、贴标，最后装箱，将成品送至库房，保温一段时间，经检验合格后，产品就可以上市进行销售了。

牛奶生产的工艺过程可简化为如图 7-1 所示的框图。

## 7.2 配料及杀菌车间的生产过程

### 7.2.1 收奶过程

没有牛奶的进入，任何加工都是空谈。所以必须先把牛奶收入到车间中。于是就有了收奶这一生产过程。

利用奶槽车从牧场或者收奶站的牛奶运至乳制品厂，通过过滤和排气器，去除牛奶中的一些杂质，排去部分的废气，初步净化牛奶。再经片式热交换器进行冷却，再送至贮奶罐中，进行常温保存。

牛奶生产设备常用以下材料(不同部位的材料略不同)：

0Cr13、1Cr13 等，具有韧性好的特性，用于螺栓和螺母等。

3Cr13、4Cr13 等，硬度高，但可焊性差，用于轴、阀门和弹簧等。

1Cr18Ni19、1Cr18Ni9Ti 等，韧性高，可焊性良好，并有良好的耐腐蚀性，被广泛应用。乳品厂中不锈钢用途最为广泛，管子，管件，奶泵，奶缸等一切和原料、半产品、产品接触的物件表面上都使用了不锈钢。

1. 泵

(1) 泵是用来增加液体能量的机器 可以输送提升液体或将液体送入压力容器，是不可或缺的机器。这样的泵，不同于普通的泵，因为它是用来加工食品的。因此有以下几点要求：便于拆洗，泵体内无死角，便于清理。防止空气吸入，以免形成大量泡沫，影响下一步的工艺加工。与乳接触的部分能耐腐蚀，对乳也无不良影响。

泵可分为三类：叶片泵、体积泵及其他泵。

(2) 离心泵 它是一种典型的叶片泵，其工作原理为：泵的主要工作部件有翼轮，有一定数目的翼片，翼轮固定于轴上由轴带动旋转，泵腔为一蜗壳状扩散室。当翼轮旋转时，由于翼片流道阀的液体跟随旋转而产生离心力，从翼轮中心被甩向翼轮外缘，以较高的流速进入蜗壳状泵腔内，并流向排出口而输出。此时泵的吸入口形成一定的真空，使液体不断流入泵的吸入口，便将液体输送到各个设备或容器中去。清洗时，只要放松快拆箍即可。

UHT 车间使用的离心泵的说明：该泵为 WB10/30 离心式卫生泵，设计独特，结构紧凑，外形美观，所有与物料接触的部位均采用优质不锈钢制造，符合 3 "A" 卫生标准。易于拆卸、清洗，维修简便。

2. 计量装置

收奶时对每天一批鲜奶都要取样进行品质检验和分析；对发送来的鲜乳进行计量和记录。一般采用体积法及安装于管道上的流量计来计量。

3. 乳计量计

乳计量计的工作原理类似水表，按体积计量。当流体通过时，带动翼轮旋转，每旋转一圈，表示一定的流量，在表面用指针表示出来。

4. 贮奶

鲜奶进入车间后，不可能立即进行加工，必须有一个容器进行存贮，而且要能够保持低温，以免由于温度高，而使牛奶变质，于是就引入了大型贮奶罐。共有 4 个此类型的贮奶罐，都是 8 吨位的，为多用途罐，可先存贮生鲜奶，经加工后，又可存贮成品奶。

贮奶灌的用途与特点：用于鲜乳的低温贮存，以保持鲜乳的质量。RZWG0 型贮奶罐为立式圆筒型容器，内筒用不锈钢。外壳与内筒间充填绝热保温层，罐底有一定的倾斜度，罐内有一倾斜的搅拌器，做旋转搅拌运动，可使罐内各处的乳温均匀一致，只要搅拌叶不外露在牛奶液面上，一般是不会产生脂肪上浮等现象。另外，电动机与搅拌轴还需要减速器进行联接，因为在搅拌时需要以 112r/min 低速旋转，以免过快的转动产生大量的热量。冷却后的鲜乳（一般为5℃）进行贮存，当室温在36℃时，经24h后，贮存的鲜乳仅上升2℃左右。另外，在罐底安装的是压力式液位传感器，采用压力传感器，垂直立于罐内，通过罐内的牛奶对其产生的压力，进行检测，然后经 D/A 转换器转换后传送给装于墙上的数字显示仪，进行数字显示。根据经验公式，罐内的牛奶体积 = 读数 ×3。

## 7.2.2 配料及混合

1. 配料

配料是牛奶生产中较为重要的一步。该车间生产的产品有学生奶、草酸饮料等不同的牛奶品，原料是相同的，只是在加工中，配加的料不一样。比如学生奶和草酸奶的脂肪要求不一样，所加的脱脂奶粉就不一样，而加的香料也不一样，当然，这是由质检员和配料员所负责的。

2. 水粉混合机

水粉混合机是对牛奶、水和添加料进行初步混合的一个重要机器。它有一个主轴电动机，相应由其带动的振动机构和一个具有瓶颈口的 V 形圆柱下料槽。工作时，先利用离心泵抽出牛奶至水粉混合器（其实也是整个配料管道的动力中枢），水粉混合机利用振动机构产生的高频振动使添加的配料均匀地下落到混合槽内与牛奶和水进行混合，从而达到配料的效果。

由于牛奶量大，相应的配料量也大，为了保证牛奶成品的成分达到要求，因而，就需要在质检后利用混合缸进行二次配料。

3. 混合缸

混合缸结构较简单，有一个较大功率的电动机加上一个大减速比的减速器，对缸内进行搅拌。缸的容积为1000L，电动机垂直放置，在缸内打满牛奶后，电动机开始工作，带动浆叶进行中速旋转，混合牛奶和二次添加的料，混合结束后，再用离心泵打回贮奶罐中。

开始时，多用途贮奶罐与水粉混合机相联结，在混合结束后，经质检合格还要与混合缸、杀菌消毒、罐体清洗等多重关系的连接，而贮奶罐只有一个出口。此时如果采用自动化程度较高的液流控制阀或气动控制阀，则相应地难度大，难以实现；再或者用 PLC 控制，则代价太高，不实际。于是，该厂引进了即简单又实际，而且代价低的液流控制面板。

4. 液流控制面板

该控制面板，共有两块，分别安装于两个贮奶罐之间。一个有 15 个管口，另一个有

12个管口，每个管口都是一个管道的端口。联接的则是不锈钢材料的弯头接头，或是三通接头，接头处有一个活动内螺纹头，而管道的端口则是外螺纹头，这样可以实现密封性不是特别高的联接。而且不同的联接，只需拆换弯头管的位置即可。因此非常灵活。

### 7.2.3 消毒

1. 巴氏消毒

现将巴氏消毒的工艺原理简述如下。牛奶的巴氏杀菌是非常重要的工艺过程。在采用这一工艺之前，牛奶是有害微生物的来源，肺病和斑疹伤寒等疾病都是由牛奶传播的。巴氏消毒的主要目的是杀死能引起人类疾病的所有微生物，经巴氏消毒的奶源完全没有致病菌。目前，巴氏消毒通常采用85℃、15s高温短时杀菌，存在于牛奶中的磷酸酶被上述时间和温度的处理所破坏。许多大乳品厂不可能在收奶后立即进行巴氏杀菌或进行加工，因此有些牛奶必须在大贮奶罐中贮存数小时或数天。在这种情况下，即使深度冷却也不足以防止牛奶严重变质。因此，许多乳品厂对牛奶进行预巴氏杀菌，把牛奶加热到63~65℃，持续约15s，这项工艺称为初次杀菌。初次杀菌的目的是降低微生物的活性。为了防止热处理后需氧芽孢菌在牛奶中繁殖，牛奶必须迅速冷却到4℃或者更低的温度。初次杀菌仅是一个用于例外情况的措施。实际上牛奶到达乳品厂24h内应全部进行巴氏杀菌。经巴氏消毒后的牛奶称为巴氏消毒奶。

2. UHT杀菌

目前的牛奶巴氏杀菌的温度—时间标准是把牛奶加热到63℃以上至少30s，或者72℃以上至少15s。实际上，在这两种情况下所有致病的微生物已杀死，并且大部分物理和化学性质如色泽和风味也保持不变。

如果温度升高，杀死微生物或细菌的效力会提高，但返回时物理变化和褐变显得更为显著。不过两者增长的速度不相等，因而选择适当的温度显得十分重要。

在牛奶的高温处理过程中，最普通的化学变化之一是由蛋白质和还原酶相互作用产生褐变。尽管牛奶褐变的速度随温度上升而加快，但是并不与超高温范围温度内杀菌效率上升速度成正比。

于是就引进了超高温杀菌这一概念，即UHT杀菌。

试验表明，如果牛奶在135~150℃超高温范围和几秒钟情况下进行处理，就有可能获得事实上没有存活的细菌以及比传统装罐杀菌更少不良色泽的牛奶制品。这就是超高温牛奶杀菌新工艺所依据的基本原理。

大量试验结果证明，把135℃和4s杀菌条件结合起来，就可以使"杀菌效率"值大于9。因此，温度标准35℃以上、时间标准4s，灭菌效果令人满意，也是世界上采用最普遍的方法。

所以，UHT灭菌奶通常指经过135~150℃/2~4s超高温灭菌达到商业无菌包装的液态乳、风味乳或乳饮料等液态乳制品，高温下保质期为6个月。UHT灭菌奶具有营养、卫生、安全、保质期长又无需冷藏等优点，有效地缓解了人多地区奶少而人少地区奶多这一生产与消费之间的尖锐矛盾。而该生产线的所有产品也都是UHT奶。经无菌包装后，便于运输和存储。

3. 缓冲缸

牛奶最先到达消毒车间的就是缓冲缸，它是为了缓冲进奶和下一步的均匀奶的不同流速或是不同步。缸中有一浮球圆柱体，可测控液位的高低，当缸中无牛奶时，可由液位计向 PLC 控制中心发出警告。

4. 真空脱气缸

牛奶经贮存、运输、计量、泵送后，一般气体含量在 10% 以上，而且绝大多数为非结合性分散气体，对牛奶的加工具有破坏作用。因此，对牛奶进行脱气是非常有必要的。工作时，将牛奶预热至 68℃ 后，泵入真空脱气缸，则牛奶温度立即降到 60℃，此时牛奶中空气和部分牛奶蒸发到缸顶部，遇到缸冷凝器后，蒸发的牛奶冷凝回到缸底部，而空气及一些非冷凝气体(异味)由真空泵抽吸、除去。一般脱气的牛奶在 60℃ 条件下进行分离、标准化和均质，然后进入杀菌套管。

## 7.2.4 均质

1. 均质机

工作原理：物料的加工是在均质阀里进行的，物料在高压下进入调节间隙的阀件时，物料获得极高的流速(200~300m/s)，从而在均质阀里形成一个巨大的压力下跌，在空穴效应，湍流和剪切的多种作用下把原先比较粗糙的乳浊液或悬浮液加工成极细微分散、均匀、稳定的液—液乳化物或液—固分散物。根据各物料的特性，设计不同结构的均质阀，可以在满足产品质量要求的情况下实现低耗高效的程度。

高压均质机以高压往复泵为动力传递通过物料输送机构，将物料输送至工作阀(一级均质阀及二级乳化阀)部分。将要被处理的物料在通过工作阀的过程中，在高压下产生强烈的剪切、撞击和空穴作用，从而使液态物质或以液体为载体的固体颗粒得到超微均质效果。通过高压均质后的产品有很多优点，有极高的稳定性，能提高产品保存质量、提高产品的品位和档次，能使产品达到优质优化的目的。而该厂的均质机较为先进，功率十分大，为三级均质阀。由一个较大的变频器进行控制，控制三个高压往复泵带动均质阀交替进行动作。

2. 套管式热交换器

套管式热交换器是 UHT 杀菌的核心。其基本原理是：正常大气压下的水的沸点为 100℃，而利用压缩气泵进行压缩，当压力为 5MPa 时，沸点可达 135~140℃。在 135~140℃ 下的牛奶在匀速条件下通过套管，保持 4~6s 的杀菌时间，达到 UHT 杀菌的基本要求。

工艺上采用规定的管道长度和稳定的流速，与牛奶的流速进行配合，就可以保证牛奶的消毒的时间。水的加热系统并不是理论上直接从常温加热到 135~140℃，而是分几步进行加热的。

冷却水先不进行蒸汽混合加热，而是与热交换后的水进行热回收。一般是 120℃，经热回收后的冷却水，已达 90℃，再进行蒸汽相混合加热，达到温度后的水，约为 135~140℃，与牛奶进行反向热交换，由于是相反方向，因而能够均匀地加热牛奶。结束后，温度约为 120℃ 再与冷却水进行热回收，最后排出，完成水的循环。

## 7.2.5 控制系统

该消毒系统的控制系统并不是闭环式控制系统，而是开环式。它采用 4 个高精密度的伺服电动机,控制蒸汽阀和冷却水阀,由 PLC 进行控制,其精度可以保证温度在 135～140℃。另有温度传感器装在套管上,对温度进行实时检测,经 D/A 转换后,进行信号反馈。如若温度没有达到要求,则 PLC 中止程序,重新消毒、灭菌。

另外,消毒区还有几个重要电动机,CIP 清洗泵、冷却水泵和回奶泵,它们的运行分别由 M2、M4 和 M9 三个变频器进行精密控制,控制其转速,并实现无级变速,防止液流的冲击。

## 7.3 牛奶的灌装

### 7.3.1 无菌包装

通过超高温加工生产出的商业无菌产品,是以整体形式存在的。为了使产品具有商业价值,必须分装于单个的包装中以进行存储,运输和销售。因此,无菌灌装系统是生产超高温灭菌产品不可缺少的。无菌包装必须符合以下要求:

1)包装容器和封合的方法必须适合于无菌包装,并且封合后的容器在储存和封销期间必须能阻挡微生物渗透,同时包装容器应具有阻止产品发生化学变化的物理特性。

2)容器与产品接触的表面在灌装前必须经过灭菌,灭菌的效果是与灭菌前容器表面的污染程度有关的。

3)在灌装过程中产品不能受到来自任何设备表面或周围环境的污染。

4)封合必须在无菌区域内进行,以防止微生物污染。

5)封闭式无菌包装系统最大的改进之处在于建立了无菌室,包装纸的灭菌是在无菌室的 $H_2O_2$ 水浴槽内进行的,并且不需要润滑剂,从而提高了无菌制作的安全性。

无菌包装分为两部分:

1. 包装机的灭菌

首先是对产品接触表面的灭菌,是通过包装机自身产生的无菌热空气来实现的。无菌热空气是由无菌空气装置吸收周围环境内的空气,由空气加热器加热至足以对空气进入有效灭菌的温度(280℃ 以上)。在灭菌过程中,无菌热空气直接接触包装机内与产品接触的表面,当产品阀入口温度达到 180℃ 时,计时器起动,在一定时间内(30min 以上)完成灭菌。灭菌后,水冷却器起动,无菌热空气被冷却,冷却后的无菌空气将产品接触表面冷却。然后是对无菌室灭菌,无菌室的建立是对封闭式无菌包装系统最大的改进。无菌室是由不锈钢制成的封闭空间,无菌室内包括双氧水槽、挤压辊轮、无菌空气喷射器、导向轮、压力辊轮等,灭菌是通过双氧水与无菌热空气联合实现的。先将空气加热至 280℃ 以上,然后用浓度为 35% 的液态双氧水喷入无菌空气并瞬时蒸发,无菌空气和双氧水的混和气体进入无菌室,双氧水凝结于无菌室内表面,随后被无菌热空气干燥,至此无菌室的灭菌过程结束。在生产中,向无菌室内通入 125℃ 的无菌空气一方面保持无菌室的正压,另一方面蒸发掉残留于包装纸表面双氧水。

2. 包装纸的灭菌

包装纸的灭菌主要是在双氧水浴槽内进行的。包装纸在双氧水中停留的时间是由包装速度和双氧水液面的高度决定的,实际生产中其停留时间保持在 6s 以上,双氧水的浓度也保持在35%以上。经过双氧水浴槽的包装纸由一对挤压辊轮去除多余的双氧水后,再由125℃左右的无菌热空气将其表面干燥,这样既保证了残留于包装纸表面的双氧水量降到最低,同时也增强了灭菌效率。

### 7.3.2 打印日期

包装材料自动送进箱后绕过弯折弯辊及长方形截面辊,放到打印日期装置上,并拉出足够的包装材料,穿过打印日期装置(如图7-2)。包装材料不断送进的过程中,打印日期装置随之同向转动,生产日期打印至包装材料表面。图7-3是整个包装系统的结构总图。

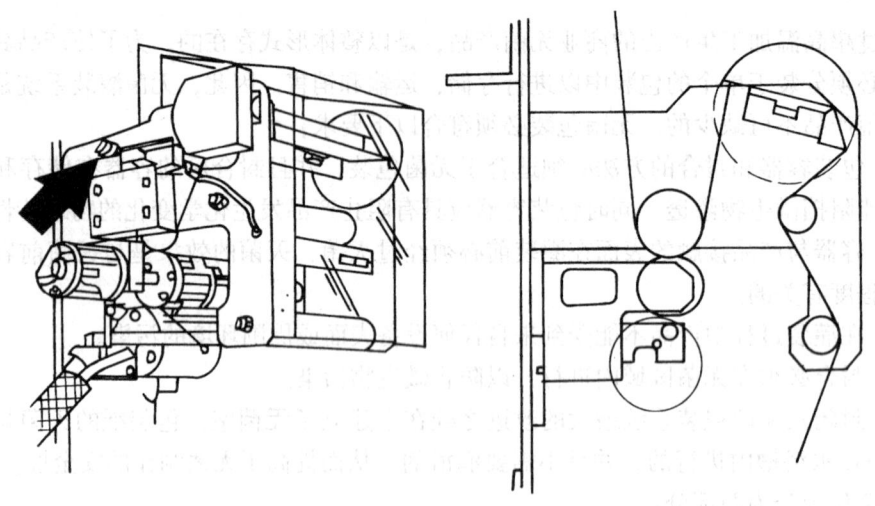

图7-2 打印日期装置

### 7.3.3 奶盒的封胶

当包装材料通过SA时,即有信号贮存,封条敷贴装置(LS带卷筒 LS带拼接装置)可在包装材料的一边利用感应加热封贴上宽约10~15mm的塑料(聚乙烯)带(俗称PP条),以便在成型时与另一边接合,加强中缝的强度。包装材料继续绕过两道导向辊即通过消毒剂过氧化氢浴槽(消毒池),被浓度为35%的过氧化氢(温度约75℃)所浸润。包装材料经由灭菌槽之后,再经砑光辊(挤压挤水辊)和气刀(空气刮水刀),除去残留的双氧水,然后经弯折辊进入无菌腔,绕过导向辊依靠三件成形元件(上成形环、可动成形环、分开成形环)形成纸筒,纸筒从纵向加热元件上密封。如图7-4显示纵封原理,可见密封塑带是朝向食品封在内侧包装材料的两边搭接部位上的。无菌的乳品通过进料管进入纸筒。

### 7.3.4 牛奶的灌装

无菌的制品通过进料管进入纸筒,如图7-5所示,纸筒中制品的液位由浮筒来控制。

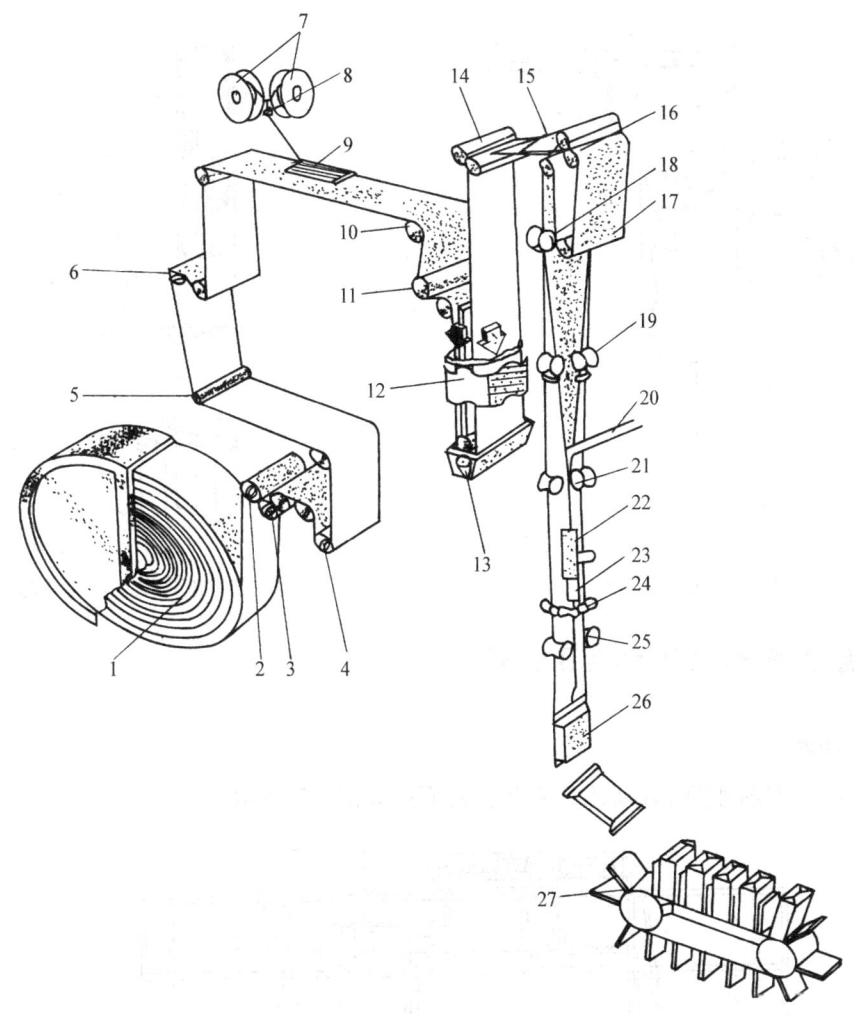

图 7-3 包装系统结构总图

1—包装材料卷筒 2—纸导向辊 3—动力进给辊 4—浮动辊 5—弯折辊
6—日期打印部件 7—LS 带卷筒 8—LS 带拼接装置 9—SA(感应加热)
10—弯折辊 11—弯折辊 12—消毒池 13—消毒池盖 14—矽光辊
15—气刀 16—弯折辊 17—折痕辊 18—上成形环 19—可动成形环
20—填料管 21—分开成形环 22—LS 喷嘴 23—LS 暂停喷嘴
24—下成形环 25—管子支承枪 26—爪系统包装 27—最后折叠工位链

每个包装产品的生产及封口均在物料液位以下进行,从而获得乳液完全充满的包装。产品移动靠夹爪装置。纸盒的横封利用高频感应的加热原理,即利用周期约 200ms 的短暂高频脉冲,加热包装覆材内的铝铂层,以融化内部的 PE 层,在一定的压力下被压在一起。因而所需加热和冷却的时间就成为机器生产能力的限制性因素。不合格产品在检验时被剔除,正品由传送带送至下一环节。

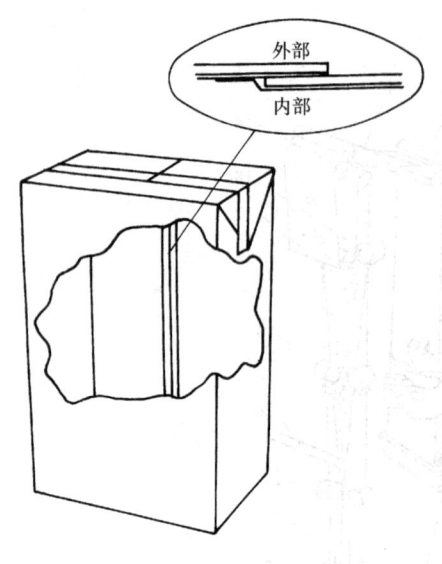
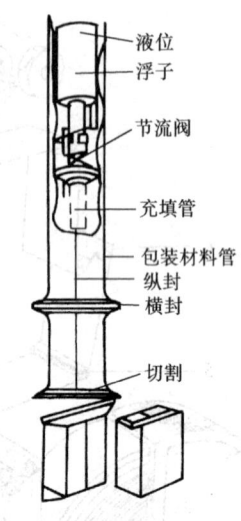

图 7-4 纵封原理图　　　　图 7-5 液位灌装内部结构

## 7.4 盒装牛奶灌装机 TBA/19

### 7.4.1 外形

灌装机正面图如图 7-6 所示。灌装机背面图如图 7-7 所示。

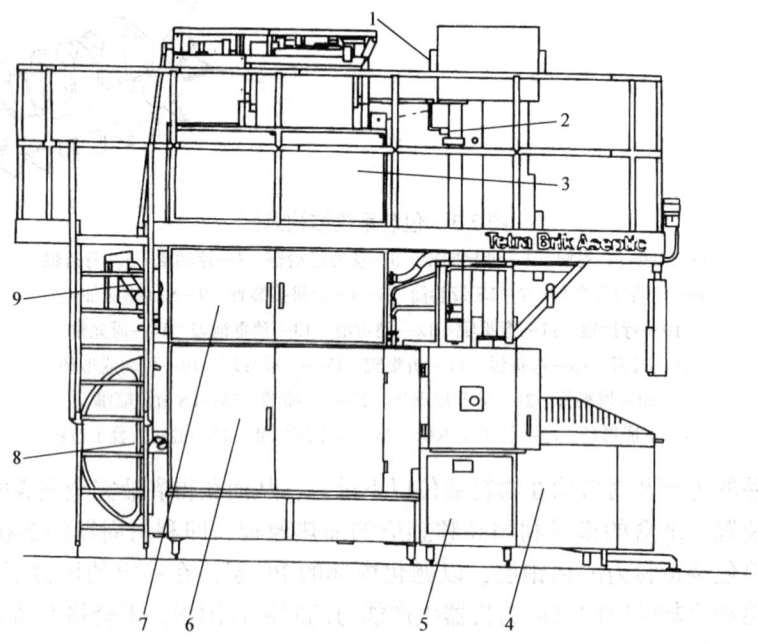

图 7-6 灌装机正面图

1—无菌室的门　2—紧急停机按钮　3—主开关　4—曲柄转动位置　5—曲柄转动开关
6—阀门板柜　7—电气柜　8—包装材料自动送进柜　9—打印日期装置

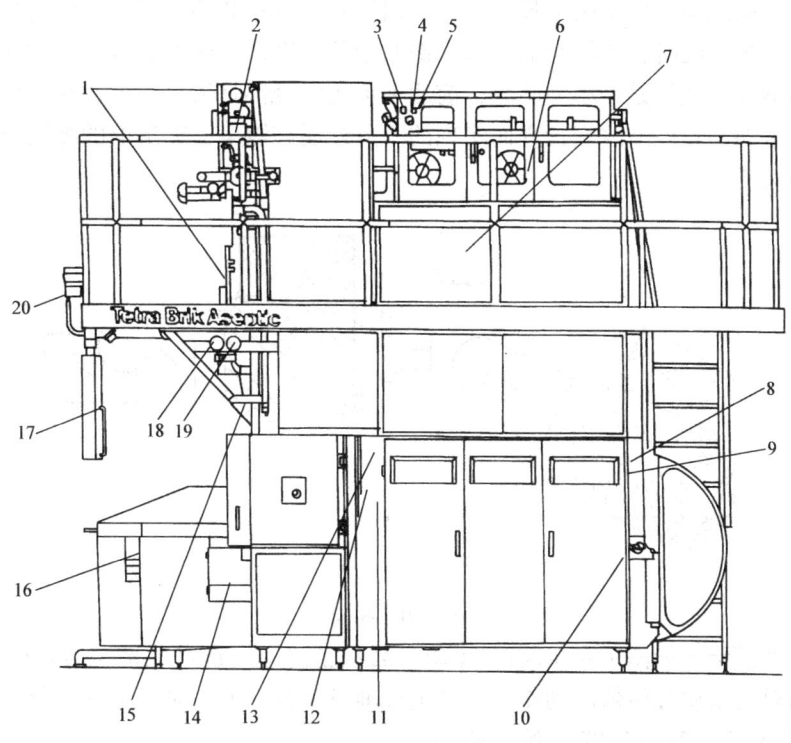

图 7-7 灌装机背面图

1—无菌室的门  2—产品阀  3—暂停按钮  4—紧急停机按钮  5—手动带材拼凑按钮  6—SA
7—TPIH 发生器柜  8—暂停按钮  9—紧急停机按钮  10—过氧化氢罐室  11—热水进口
12—空气进口  13—冷水进口  14—槽(包装废品出口)  15—CIP 液体排放器(平时关阀)
16—外部传送器  17—控制板  18—压力表,气压 LS  19—压力表,气压 LS 暂时关上  20—警告信号

### 7.4.2 机械部分结构

1. 夹爪系统

夹爪系统是灌装机构中很重要的一部分,是整台灌装机的关键。如图 7-8 所示,它由最主要的两对夹爪机构组成。两对夹爪夹持着初步成形的纸筒,通过传感器来检测包装纸的位置是否正确,如不正确,可以通过调节两夹爪之间的距离。在夹爪下面的加热板中插有一个可以伸缩的锯齿状切割刀片,主要用于对成品包装进行切割。后面不可见的是压力夹爪,虽然前后夹爪的底部都装有一对扣勾,但是压力夹爪的扣勾如图 7-9,是提供扣紧压力的一方,为产品的成形以及热塑横封提供了有

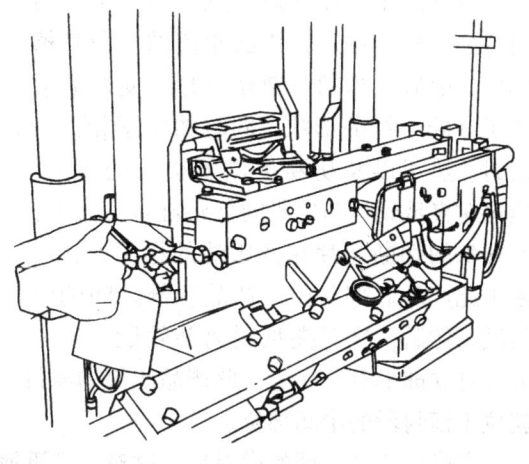

图 7-8 夹爪系统

力保障。夹爪系统中还包括图案校正装置，用于对产品包装的纵封搭合处进行调整，使包装图案更加美观，同时，还能影响夹爪底部的摺角拉纸器，改变包装成形时底边摺角的大小。容量扇形件，实质是个小型凸轮，前后夹爪的闭合都是依靠夹爪边缘的螺栓在容量扇形件中定容量的凸轮段上改变行程而实现的。另外还有轭架、夹爪上的吸振器，以及其他一些附件等构成。

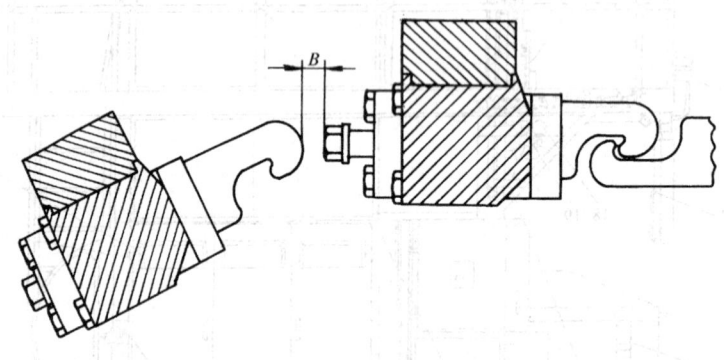

图 7-9　扣勾

　　夹爪的外部结构如图 7-10 所示，无菌产品从备奶车间送进无菌包装机时，根据程序的设置，两对夹爪便开始依次动作，一对上升准备闭合，另一对下降准备分开。当上升的一对夹爪到达了上升的顶峰开始下降时，夹爪边缘的螺栓进入容量扇形件的凸轮段使夹爪慢慢闭合，前后夹爪上下交互着动作。它们的底部最先靠近，通过感应加热使包装材料中的聚乙烯层因热熔化，在一定压力的作用下形成横封。同时彼此的扣勾逐渐地扣合在一起，然后它们的顶部慢慢闭合，将包装卷筒紧紧地包在了彼此的容量翼件之中。在这对夹爪一边下降一边闭合的过程当中，利用凸轮段的一段直槽部分，前后夹爪通过热塑变形，使产品形成了方砖一样的形状，同时扣勾紧扣，为横封、热塑以及切断提供了很大的压力。当这对夹爪到达凸轮段的低端准备分开时，前夹爪的切断刀片在液压油的作用下，切断了此产品底部与前一产品顶部之间的包装纸。然后，这对夹爪脱离凸轮段，迅速

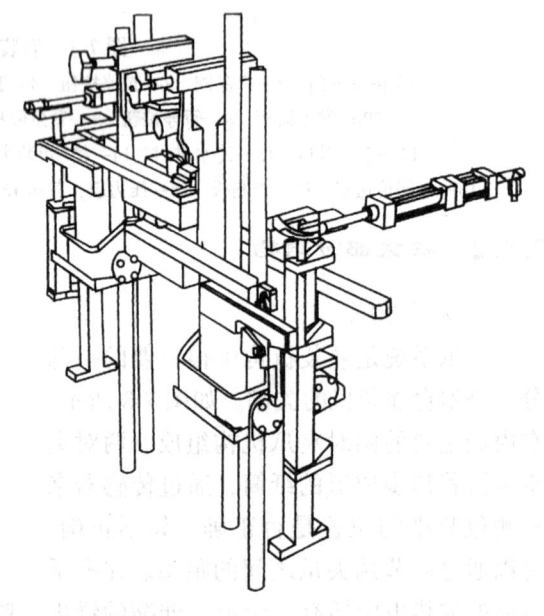

图 7-10　夹爪的外部结构

分开且立即上升。注意，此产品底部的横封，同时也是前一产品顶部的横封，切断的部位就位于横封段的中间部位。

　　完成此产品底部的横封后，这对夹爪迅速分开并立即上升。此时前后夹爪利用自身的

重力和惯性,依据杠杆原理,就像一把逐渐打开到最大程度的扇子,逐渐分开并腾出中间的空间,很好地避让了正在闭合下降的另一对夹爪。当上升到达顶峰的时候,就再一次下降闭合,重复先前的动作。两对夹爪就在这样的动作中循环往复,完成产品的最后包装。容量扇形件的凸轮槽可以通过旋转心轴来做出调整。旋转心轴使凸轮槽的槽宽发生了改变,从而就改变了前后夹爪彼此闭合的松紧程度,自然使产品的容量得到调整。

2. 摺角机构

当前后夹爪闭合的时候,位于容量翼件两边的摺角拉纸器同时也一齐向内旋转,卡住包装材料的底边逐渐形成底部摺角。同时,在一对夹爪到达凸轮段底端准备分开并上升时,这对夹爪会闭合着向上,再微微挤压一下它们上面的另一对正在下降的夹爪,这样做是为了通过挤压使它们中间的这个产品的顶部形成摺角。

### 7.4.3 传动部分结构

1. 液压传动

夹爪系统的两对夹爪的闭合都是通过凸轮槽的形锁合而实现,但是产品的成形、横封以及切断,都需要很大的压力。这里提供压力的就是液压系统,主要提供切断夹爪的切断压力和压力夹爪的扣勾的扣紧压力。电动机带动液压泵,将油箱中的油过滤后通过管道泵入六个换向阀中,其中两对夹爪中切断夹爪的切断刀片分别通以一个换向阀,压力夹爪的扣勾也分别通以一个换向阀,另外两个换向阀分别用于夹爪上下的缓冲。前四个阀体都是通过凸轮控制动作的,外凸轮控制扣勾的换向阀,内凸轮则控制刀片的换向阀,四个凸轮又是通过电动机控制它们的转动。

2. 机械传动

夹爪机构的上下升降是一个机械的传动系统。如图 7-11 所示,对夹爪机构的升降起到关键性作用的是传动系统中的两对双凸轮,而每一个双凸轮中的单凸轮又分别与上臂和下臂独自锁合,分别有各自的行程。当通过齿轮箱将电动机的转速传送给双凸轮时,上臂与下臂在分别按照各自的行程运动后,它们配合的动作也如同扇子一样的开合运动。上臂与下臂由连接系统和同步带联系在了一起,动作

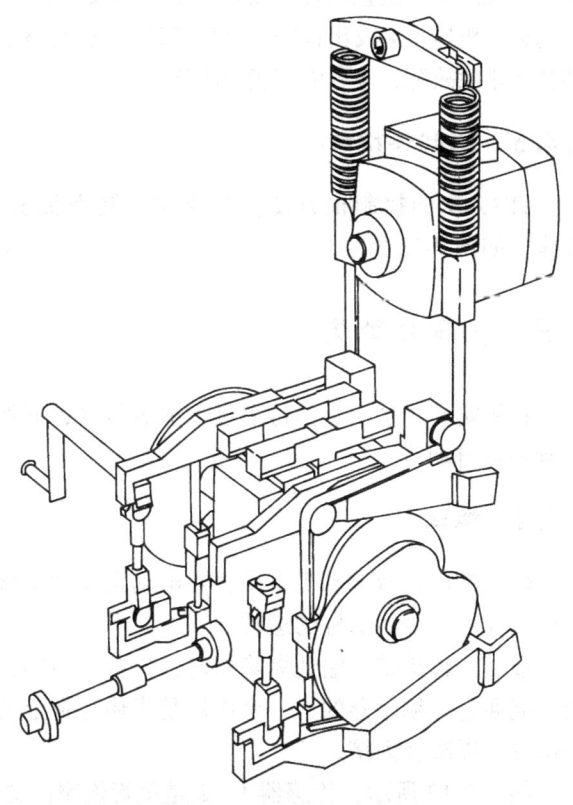

图 7-11 夹爪系统的机械传动

的起止不仅同步，还相互配合共同实现所要求的开合运动。上臂与下臂还通过可拆连接与两对夹爪分别连接。当上下臂张开时，正是使上臂所承载的夹爪上升，下臂所承载的夹爪下降的情况。当上下臂闭合时，正是使上臂所承载的夹爪下降，使下臂所承载的夹爪上升的情况。这正是两对夹爪实现上下升降运动的原理所在。另外如果需要检修还可以通过摇转曲柄使夹爪动作，用以观察。

### 7.4.4 检测部分结构

检测主要是靠传感器来实现的，在整台设备中有很多的传感器，它们用来保证整台机器各个部分的精度和动作衔接，如在包装纸上有一个黑色的标志，传感器就是通过这个标志来给纸盒定位的，当其位置不正确时，就会自动报警，工作人员就会去排除故障。乳液灌装处也有一个传感器，它是检测乳液是否把包装容器灌装满了，如果供奶不足的话，机器也会发出报警，然后工作人员会让机器暂停排除故障，等乳液充满再工作。

### 7.4.5 控制操作台

TBA/19 的控制很方便，主要在控制面板上操作，如图 7-12 所示。

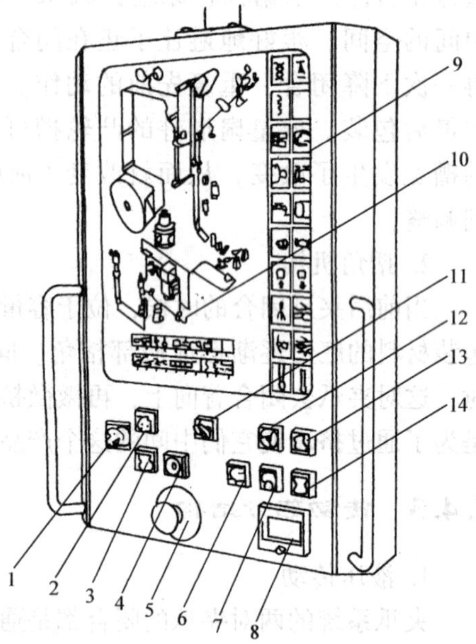

图 7-12 控制面板
1—印制设计校正，按时针方向转动按钮，将包装上的折痕下移 2—警报回位
3—试验灯 4—暂停 5—紧急停机
6—最终折叠器冲洗（在起动及外部清洗时自动进行） 7—落槽处停位 8—包装计数器
9—程序步骤 10—监视板 11—四种功能选择器
12—微动 13—程序向上 14—程序向下

## 7.5 装箱自动线

在牛奶经过杀菌、消毒后进入灌装机械，成形为利乐砖体式包装后，成品由输送带输送到装箱自动线。

### 7.5.1 概述

输送带由两台电动机带动，在电动机驱动的地方有喷水龙头以实现润滑和降温作用，从而保证输送带能更好的运转。

成品由输送带传输到剔除器时，位置不当的，由剔除器剔除，只有位置正确的砖形包装才能通过。剔除器的另一个作用是当输送带上的砖形包装比较多时，可以由剔除器剔除一部分，以减轻拥挤。

如图 7-13 所示，传感器 1、2 是负责检测传送带上成品的拥挤情况的，传感器 3、4 是负责反馈传送带上成品的拥挤情况的，传感器 5 是检测成品的通过情况，信息传递给贴管机,当成品由传送带输送过来,被传感器1、2检测到传送带上的成品不拥挤时,传感器3、4并不工作,成品经过传感器5,每个成品都被进行检测,信息传递给贴管机,贴管机进行贴管。没有成品经过时,传感器5没有检测信息传送,贴管机不工作。当成品由传送带输送过来被传感器1、2检测到传送带上的成品拥挤时,传感器3、4反馈信息,这时夹气层开始工作进行冲气,以减缓成品传送速度,来达到减速的目的,成品经传感器5检测后,信息传递给贴管机,贴管机判断是否工作。

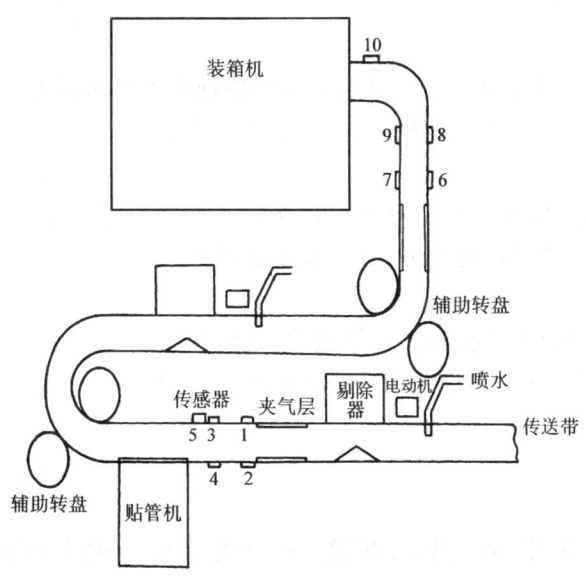

图 7-13 装箱自动线示意图

成品由贴管机出来后,经辅助转盘后,再经剔除器,以剔除掉贴管后位置不正确的成品,以保证装箱位置的正确,然后经驱动装置,由电动机带动,以保证传送带的正常运转,喷水龙头进行喷水,使传送带得到很好的润滑。之后,再经传动的辅助转盘到达夹气层和传感器,夹气层和传感器的功能和前面类似。传感器6、7负责检测传送带上成品的拥挤情况,传感器8、9负责反馈情况,拥挤时夹气层进行工作,对传送带上冲气,来减缓传送成品的速度。传感器10负责检测成品进装箱设备的个数,以便于装箱时的横向和纵向编排。

砖型包装的成品在经过装箱机后,成为盒装产品,由检验员检验后,就可以储存,然后销向市场。

### 7.5.2 输送机械

输送机械一般根据被输送的物料不同,分为固体物料输送机、酱体物料输送机、液体物料输送设备等。输送固体物料和粉状物料时,采用各种类型的输送机及气动输送设备;输送液体及酱体状物料时,则采用各种形式的泵和液体输送装置。

带式输送机是一种应用广泛的连续输送机械。适用于块状、颗粒状物料及整件物品的水平或小角度输送。输送中,可以对物料进行分选、检查、清洗、包装等操作。带式输送机是一种具有扰性牵引构件的运输机,以传送带为传动和承载构件。

传送带一般有以下几类:橡胶带、塑料带、纤维编织带、钢带和钢丝带等。

机架和托辊:机架一般用型钢与钢板焊接而成。

驱动装置:驱动装置主要由电动机、传动装置和驱动滚筒等组成。

张紧装置:输送带张紧的目的是使输送带紧边平坦,提高其承载能力,保持物料运行的平稳。

### 7.5.3 辅助转盘

应工艺路线与设备布局的要求,需将输送中的物件改变其运动方向或改变其姿态,如转弯(角)、拐角平移、转向、翻身、调头等单独动作或组合动作。

转弯(角)是使运输中的物件在水平面内绕某一垂直轴线转过一定角度(多为90°或180°)从而改变运动方向但重心位置不变。

常用的转弯(角)装置有挡板式、导板式、转盘式、导辊式、锥辊式、圆辊式。本设备用的是转盘式,如图 7-14 所示。

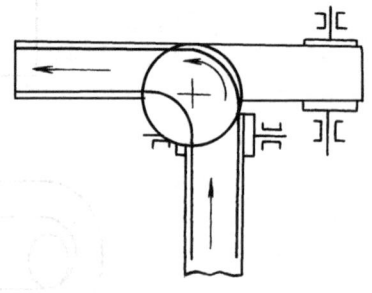

图 7-14 辅助转盘

### 7.5.4 贴管机

贴管机通常完成下列贴管工序:取吸管——吸管传送——吸管切断——涂胶——贴管。

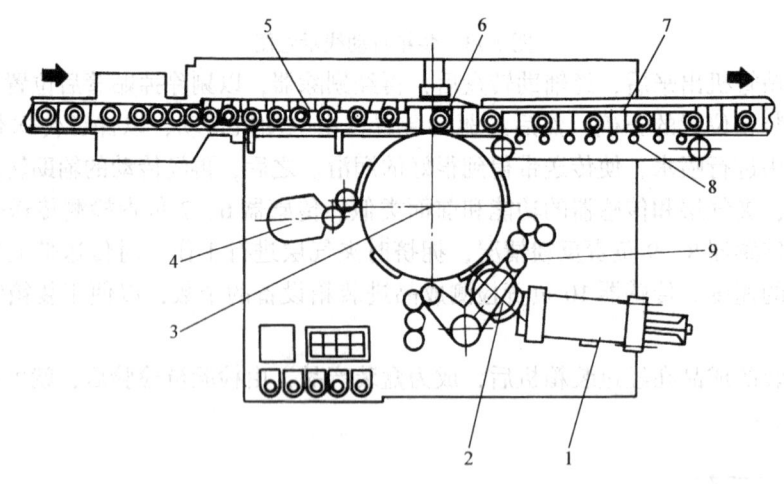

图 7-15 贴管机工作示意图

1—吸管卷盘 2—导辊 3—输送装置 4—裁切装置 5—空隙转盘
6—打管器 7—喷胶装置 8—传送带 9—带状分隔器

图 7-15 为贴管机工作示意图,待贴管砖形包装件由板链传送带 8 载运供给,由带状分隔器 9 间歇式送给。吸管卷盘 1 支撑于支撑装置上,吸管自卷盘引出后松展成带,绕经

导辊 2 到达由输送对辊组成的输送装置 3，由输送对辊牵拉吸管带做输送喂进，吸管带被盘绕在空隙转盘上，直线式裁切装置 4 对盘绕在空隙转盘上的吸管进行裁切，使之成为吸管叶片，分个卡在空隙转盘的空隙内。吸管的裁切长度与吸管带上的吸管应有间距相适应。待贴管砖形包装件被带状分隔器单个分离后，喷胶装置 7 中的胶喷在包装件上，打管器上的拨销从空隙转盘上取得吸管，然后打到成品上的喷胶处。贴好吸管的包装件最后由板链传送带载送排出。

### 7.5.5 包装盒(箱)的成形与供送

1. 纸箱的折叠

如图 7-16 所示，当圆柱筒 2 在纸坯 1 的负方向位置时，纸坯 1 与折叠下垂物距离 $A$ 为 5mm，并能通过松螺钉 3 和移动折叠的底端来调节。根据折叠棍 4 能把空白纸的一边折起，被折起后，空白纸就被定位。折叠棍 6 将被棍 4 调整，黑的突起部分 5 将被定位，以

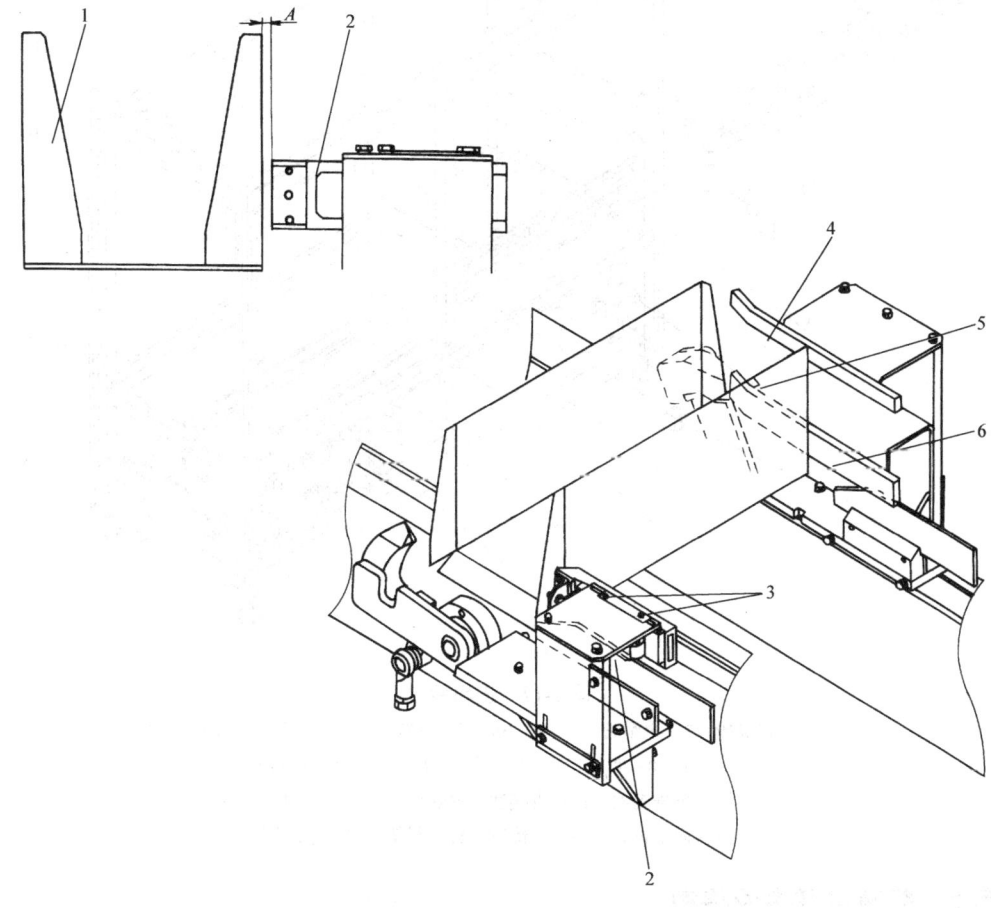

图 7-16 纸箱的折叠

1—纸坯 2—圆柱筒 3—螺钉 4,6—折叠棍 5—黑的突起部分

致下垂底面被向下弯大概1mm，当纸坯1在包裹位置时，折叠棍6将接触下底垂物，折叠棍6必须一开始就折叠，折叠棍就能通过黑的突起部分。

2. 热融化设置

热融化点分布在盒的周围里面和外面以及顶部不同的地方，它们用最大、最小、中等机械装备供料。通过不同的方法喷口储存热溶液，移动热熔枪调节节奏。在空白纸被折叠且离开机器前，热溶液不可见。

3. 进料

进料装置如图7-17所示。

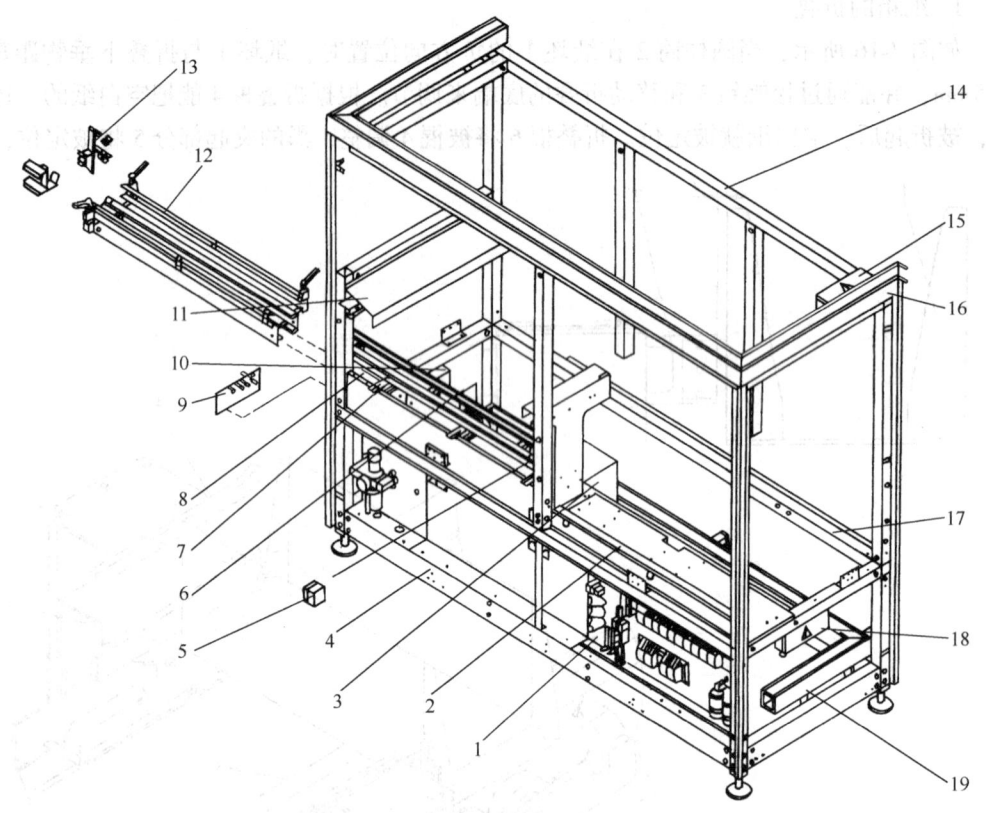

图7-17 进料装置

1—空气操纵舱 2—电缆管 3—发动机 4—进料框 5—急停 6—发动单元
7—导轨 8—直接运输 9—导板 10，15，18—连接盒
11—框分类推动器 12—直接适合输送设备 13—行列控制器
14—向上进料 16—电缆管 17—托架 19—电缆管

### 7.5.6 装箱自动线的控制

装箱自动线的控制面板如图7-18所示。

第 7 章　盒装牛奶生产线　　169

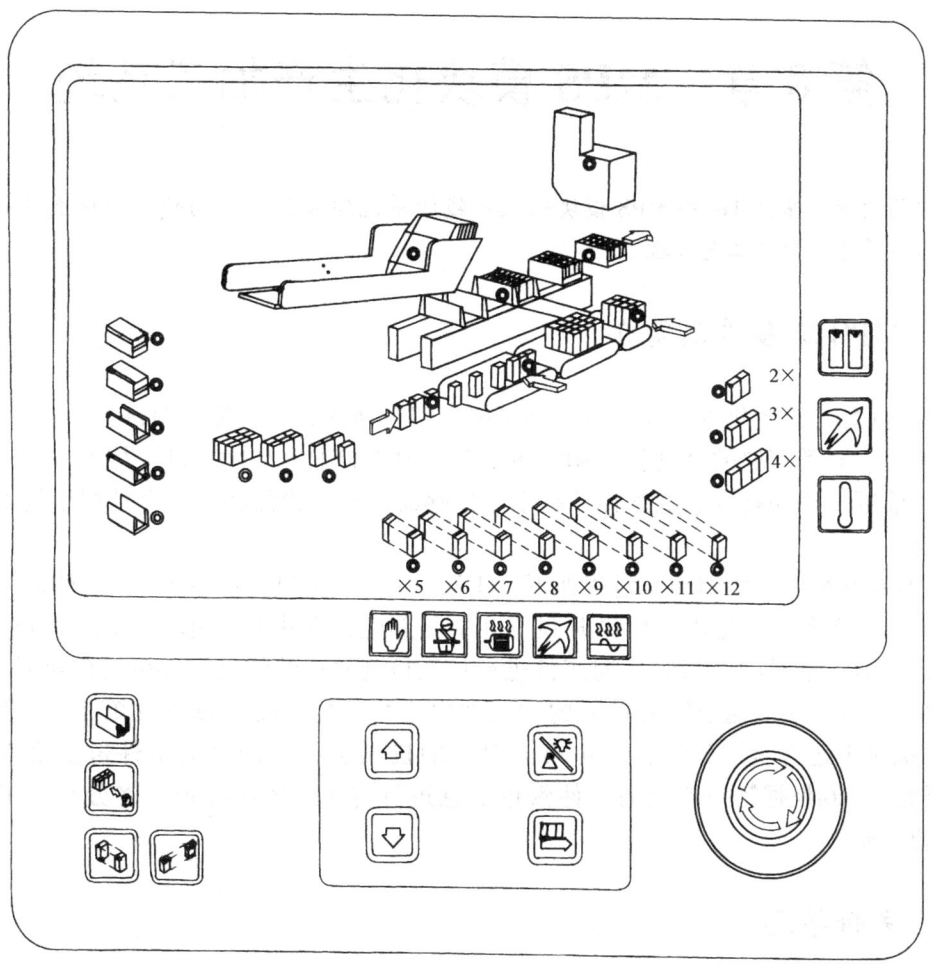

图 7-18　装箱自动线的控制面板

## 本 章 小 结

1. 牛奶生产的基本工艺流程。
2. 牛奶的配料。
3. 牛奶的消毒。
4. 牛奶的均质。
5. TBA/19 盒装牛奶灌装机的机械结构、传动结构、检测装置与控制装置。
6. 装箱自动线的传送带、辅助转盘、贴管机、包装箱的成形与供送。

# 第 8 章　MPS 模块化生产加工系统

**学习目标**　掌握 TR-30 MPS 模块化生产线的单元组成和单元动作；掌握上料检测单元、搬运单元的生产工艺过程。

## 8.1　MPS 及各单元简介

TR-30 MPS 模块化生产加工系统是模拟活塞自动送料、检测、搬运、加工、安装、安装搬运、分类存储的全过程，MPS 活塞自动加工装配生产线是机械技术、电子电器技术、液压、气动技术、电气传动技术、传感器技术、检测技术、自动控制技术的有机结合。

TR-30 MPS 生产线的动作过程如下：①第一单元(送料检测单元)，工件由转盘转动，使工件下落，气缸将工件提升到位并检测颜色；②由第二单元(搬运站)的机械手搬运至第三单元(加工站)，对工件进行加工检测并存储信息；③由第四单元(安装站)将小工件安装后送至第五单元的大工件中进行装配；④经过第五单元(安装搬运站)的机械手运送至装配位；⑤由第五单元的机械手将装配好的工件送至第六单元(分类站)；⑥根据第一单元的工件颜色信息进行传送，依次存放，将分类的工件进行自动存储。

## 8.2　送料单元

### 8.2.1　动作说明

送料单元的产品为活塞体，技术参数为：活塞直径 $\phi32$，内径 $\phi24$，材料选择塑料，颜色为白色、黑色、高度 22mm。

本单元的工作过程：将待加工的多个活塞体储存在料仓中，由电动机带动转盘转动，使工件滑落至工件位，气缸抬升至检测位，进行检测，完成后等待第二单元的机械手将工件搬运走，同时自己处于等待状态。

### 8.2.2　动作分析

料仓应有检测传感器检测料仓有无工件，抬升气缸为双作用缸，气缸最大行程应略大于送料距离，气缸的推力应该大于推动工件时的摩擦力，气缸两极限位置应有位置传感器控制，活塞杆应有调节装置调节活塞杆与仓料的相对位置，上述动作的衔接由传感器或行程开关通过 PLC、继电器、电磁阀、气缸、机械结构等实现。

## 8.2.3 MPS模块化生产线送料单元程序设计

工作方式：在手动档，按下复位键。

复位模式：使本站进入初始化状态，不可用停止按钮打断，复位前应手工清理好工作台面。

手动单步模式：按自动工作方式流程，每按一下启动按钮完成一步动作，可用复位按钮终止，使本站进入初始化状态。

自动模式：在自动档，启动后可按顺序自动完成预定的工作，如一个循环结束后，后继站空，延迟2s后，继续进入下一个循环。否则等待可由停止按钮中断（继续完成当前动作）。按启动按钮后以下一步继续执行，可用复位急停方式终止。

急停模式：可终止任何操作，所有影响阀体的输出被复位。

在相应的模式中，其起动方式不再起作用。

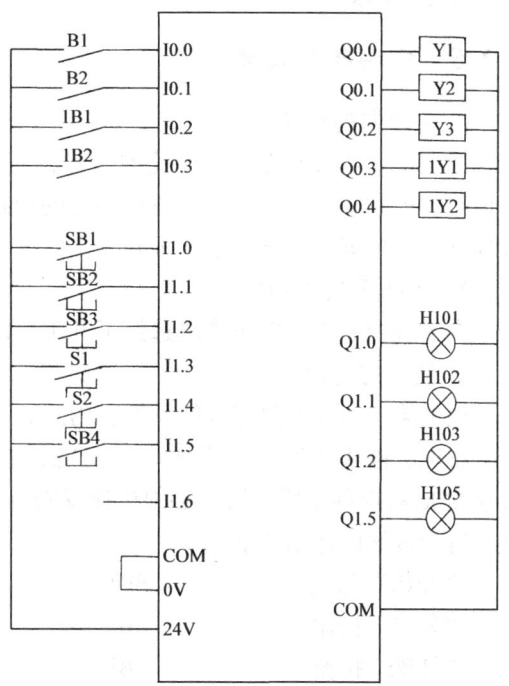

图 8-1 送料单元输入输出点示意图

## 8.2.4 送料单元输入输出分配表

送料单元输入输出点示意图如图 8-1 所示。

| 缺料检测 | B1 | I0.0 |
| 颜色检测 | B2 | I0.1 |
| 提料气缸初始位置 | 1B1 | I0.2 |
| 提料缸末端位置 | 1B2 | I0.3 |
| "开始"按钮 | SB1 | I1.0 |
| "复位"按钮 | SB2 | I1.1 |
| "特殊"按钮 | SB3 | I1.2 |
| "自动/手动"旋钮 | S1 | I1.3 |
| "联网/特殊"旋钮 | S2 | I1.4 |
| "停止"按钮 | SB4 | I1.5 |
| 料仓电动机 | | Q0.0 |
| 报警灯 | | Q0.1 |
| 蜂鸣器 | | Q0.2 |

| | |
|---|---|
| 提料缸上升 | Q0.3 |
| 提料缸下降 | Q0.4 |
| 开始指示灯 | Q1.0 |
| 复位指示灯 | Q1.1 |
| 特殊指示灯 | Q1.2 |
| 停止指示灯 | Q1.5 |

### 8.2.5 外购件的选择

1. 传感器的选择

第一单元执行元件的执行检测信号，需由检测元件检测传至 PLC，再由 PLC 控制发出信号，控制下一步的动作，故传感器的选择相当重要。气缸送料，需根据行程选择气缸行程开关，根据需要选择了行程开关。

2. 电源模块的选择

在实现控制中，电源模块选择了开关电源。

3. 按钮的选择

根据第一单元需要完成的功能，为达到其控制目的，需选择 8 个按钮，其中开始、复位、特殊、停止按钮只需完成单控功能，故 SB1、SB2、SB3、SB4 为普通按钮，而 S1、S2 需完成双控制作用，所以必须选择双限位开关，JT1 为蘑菇头按钮为可拔出或按下的按钮，每个按钮的作用如下。

| | |
|---|---|
| "开始"按钮 | SB1 |
| "复位"按钮 | SB2 |
| "特殊"按钮 | SB3 |
| "自动/手动"旋钮 | S1 |
| "联网/特殊"旋钮 | S2 |
| "停止"按钮 | SB4 |
| "上电"按钮 | SB5 |
| 急停开关 | JT-1 |

## 8.3 搬运站

### 8.3.1 动作说明

搬运站的过程运作如下：

伸缩缸伸出—提升缸下降—气爪夹紧工件—提升缸上升—伸缩缸缩回—机械手臂右摆—伸缩缸伸出—提升缸下降—气爪放开工件—提升缸上升—伸缩缸缩回—机械手臂左摆。

### 8.3.2 搬运站工作流程图

搬运站的工作流程如图 8-2 所示。

# 第 8 章 MPS 模块化生产加工系统

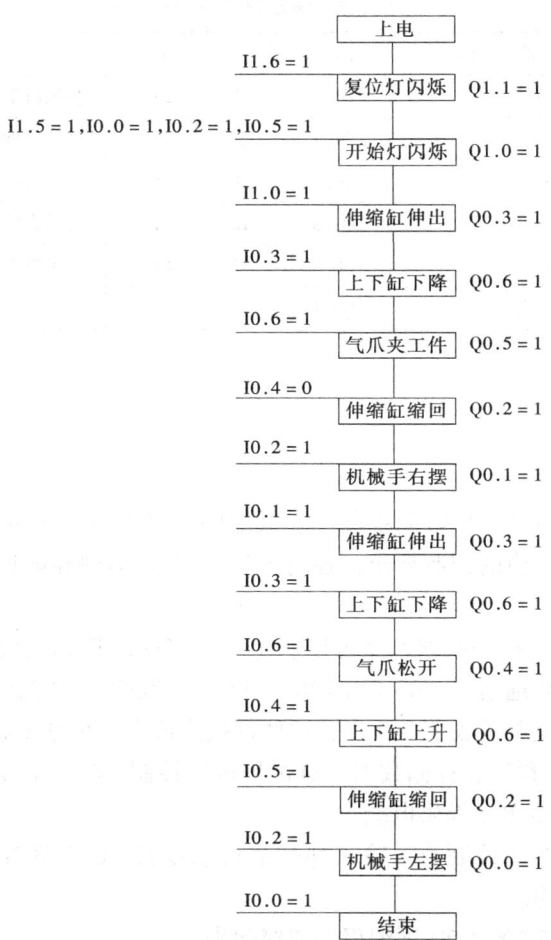

图 8-2 搬运站的工作流程图

### 8.3.3 搬运站输入输出分配表

搬运站的输入、输出分配表分别见表 8-1、表 8-2。

表 8-1 输入设备分配表

| 序号 | 代号 | 设 备 名 称 | 器件号 | 序号 | 代号 | 设 备 名 称 | 器件号 |
|---|---|---|---|---|---|---|---|
| 1 | 1B1 | 回转气缸左位检测 | I0.0 | 8 | SB1 | 开始按钮 | I1.0 |
| 2 | 1B2 | 回转气缸右位检测 | I0.1 | 9 | SB2 | 复位按钮 | I1.1 |
| 3 | 2B1 | 伸缩缸缩回检测 | I0.2 | 10 | SB3 | 特殊按钮 | I1.2 |
| 4 | 2B2 | 伸缩缸伸出检测 | I0.3 | 11 | S1 | 自动/手动旋钮 | I1.3 |
| 5 | 3B1 | 爪松检测 | I0.4 | 12 | S2 | 联网/单站旋钮 | I1.4 |
| 6 | 4B1 | 上下缸上位检测 | I0.5 | 13 | SB4 | 停止按钮 | I1.5 |
| 7 | 4B2 | 上下缸下位检测 | I0.6 | 14 | SB5 | 上电按钮 | I1.6 |

表 8-2　输出设备分配表

| 序号 | 代号 | 设 备 名 称 | 器件号 | 序号 | 代号 | 设 备 名 称 | 器件号 |
|---|---|---|---|---|---|---|---|
| 1 | H101 | 开始按钮灯 | Q1.0 | 7 | 2Y1 | 伸缩缸缩回 | Q0.2 |
| 2 | H102 | 复位按钮灯 | Q1.1 | 8 | 2Y2 | 伸缩缸伸出 | Q0.3 |
| 3 | H103 | 特殊按钮灯 | Q1.2 | 9 | 3Y1 | 气爪放松 | Q0.4 |
| 4 | H105 | 停止按钮灯 | Q1.5 | 10 | 3Y2 | 气爪夹紧 | Q0.5 |
| 5 | 1Y1 | 回转缸左摆 | Q0.0 | 11 | 4Y1 | 上下缸下降 | Q0.6 |
| 6 | 1Y2 | 回转缸右摆 | Q0.1 | | | | |

### 8.3.4　外购件的选择

1. PLC 的选择

由于具有紧凑的设计、良好的扩展性、低廉的价格以及强大的指令，使得 S7-200 可以近乎完美地满足小规模的控制要求，还有丰富的 CPU 类型和电压等级，在工业控制中得到了广泛的使用。

(1) S7-200 系列　这一系列产品可以满足多种多样的自动化设备的自动化控制，具有很强的适应性。一般选用 S7-200 CPU226 的 PLC。S7-200 CPU226 PLC 的组成：一个中央处理单元(CPU)、电源及数字 I/O 点，这些都被集成在一个紧凑独立的设备中。

1) CPU 负责执行程序和存储数据，对过程进行控制。CPU I/O 点数，有 24 个输入，16 个输出。电源为本机单元提供电能。

输入和输出是系统的控制点。输入部分从现场设备(如传感器或开关)中采集信号，输出部分则控制电磁阀。

2) 端口允许将 S7-200 CPU 同编程器连接起来。

3) 信号灯显示了 CPU 的工作模式(运行或停止)，本机 I/O 的当前状态。

(2) S7-200 CPU226 AC/DC 的性能参数(主要参数)

1) 总体特征：

外形尺寸：196mm × 80mm × 62mm；

重量：660g；

功耗：17W。

2) CPU 特性：

数字输入：24 路数字量输入；

数字输出：16 路数字量输出。

3) 高速计数器：

总数：6 个高速计数器；

单相计数器个数：6 个都是 30kHz 时钟速率；

两相计数器个数：4 个都是 20kHz 时钟速率。

脉冲输入：2 个 20kHz 脉冲速率；

模拟电位器：2 个，8 位分辨率；

## 第8章　MPS模块化生产加工系统

程序空间：4096 字；
可扩展模块的数量：7 个模块；
内部存储器位：256 位；
掉电永久保存：112 位；
定时器总数：256 定时器；
1ms：4 个定时器；
10ms：16 个定时器；
100ms：236 个定时器；
计数器总数：256 计数器；
通信口数：2 个；
电源电压允许范围：85～264V。

**2. 传感器的选择**

本单元执行元件的执行检测信号需有检测元件检测，传至 PLC，再由 PLC 控制发出信号，控制下一步动作。

1) 根据行程选择行程开关：2B1、2B2、2B3、2B4。
2) 检测金属或非金属的元件，选择电感传感器：2B5。
3) 检测升降台有无工件，选择电容传感器：2B6。
4) 检测工件是有色或无色(黑色)，选择光电传感器：2B7。

**3. 电源块的选择**

在实现控制中，电源模块选择了开关电源。

**4. 按钮的选择**

根据本单元需要完成的功能，为达到其控制目的，需选择 8 个按钮，其中开始、复位、特殊、停止按钮只需完成单控功能，故 SB1、SB2、SB3、SB4 为普通按钮，而 S1、S2 需完成双控制作用，所以必须选择双限位开关，JT1 为蘑菇头按钮为可拔出或按下的按钮，每个按钮的作用如下。

| | |
|---|---|
| "开始"按钮 | SB1 |
| "复位"按钮 | SB2 |
| "特殊"按钮 | SB3 |
| "自动/手动"旋钮 | S1 |
| "联网/特殊"旋钮 | S2 |
| "停止"按钮 | SB4 |
| "上电"按钮 | SB5 |
| 急停开关 | JT-1 |

### 8.3.5　操作面板

**1. 操作面板的操作方法及输入**

(1) 紧停　如果紧停按下，PLC 输出端子断电，所有动作停止。

(2) 复位(复位前将工作台清理干净)

1) 将紧停按钮拉出。
2) 将自动/手动按钮打到手动状态。
3) 按下上电按钮，复位按钮灯闪烁。
4) 按下复位按钮，对各部件进行复位，此时开始按钮指示灯闪烁。

(3) 加工(加工前先复位)

1) 自动加工方式。①对系统复位后进行操作，将自动/手动开关打到自动运行状态。②按下开始按钮，系统进行循环加工过程。

2) 手动加工方式。对系统复位后进行操作，①将自动/手动按钮打到手动档。②按下启动按钮，启动按钮灯不亮，特殊灯闪烁，按下特殊按钮，系统进行该道工序，直到该工序完成，特殊按钮灯才闪烁。③然后才可以按特殊按钮，实现下一道工序。

(4) 停止　在自动状态下，按下停止按钮，则系统在完成当前工序的一个完整单一的动作后，停止下一道工序的动作，再按下开始按钮，则继续下一道工序的动作。

2. 按钮板内部连线(略)

## 本 章 小 结

1. MPS 模块化生产线各单元动作。
2. 上料检测单元电磁阀动作表、输入输出点、按钮的选择。
3. 搬运单元的动作说明、动作流程图、输入输出分配表、外购件的选择、按钮的选择。

# 第9章 铝电解电容器装配机

**学习目标** 了解并掌握工业生产中广泛使用的自动化生产设备的基础知识。掌握铝电解电容器装配机的其工艺流程、设备特点、传动系统以及其执行机构。了解自动化生产设备的特点,学会分析工业自动化设备的方法并掌握其工作原理。

## 9.1 概述

电容器是由两个金属电极夹一层电介质构成的,在两个电极间加上电压时,电极上就能储存电荷,所以电容器是储存电能的元件。它具有阻止直流电通过而允许交流电通过的特性,是电子设备中常用的重要元件之一。

电容器的种类很多,结构各异,电解电容器是其中的一种。电解电容器又有铝电解、钽电解及铌电解等电容器之分,各种电容器的制造设备也不同。本章主要介绍铝电解电容器的装配机的装配工艺过程、设备的结构特点及主要机构。

铝电解电容器的结构如图 9-1 所示。它由带有引线 1 的芯子 4、橡皮头 2、铝壳 5 及塑料管 3 组成。芯子由两层分别铆有引线的铝箔(作电极用)夹着电容器纸(作衬垫用)卷绕而成,其中内侧铝箔表面用电化学方法生成一层单向导电的极薄而致密的氧化膜(具有半导体特性)介质。因此,这种电容器通常呈现极性,接入电路时正负极不能接反。塑料管 3 表面印有极性和容量等标记,套上它亦可起防潮和防护作用。该电容器的主要特点是体积小,容量大。

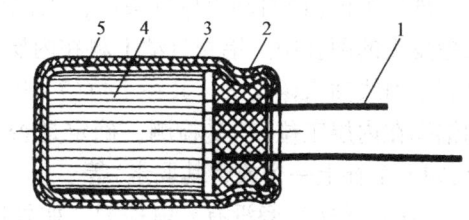

图 9-1 铝电解电容器的结构
1—引线 2—橡皮头 3—塑料管 4—芯子 5—铝壳

铝电解电容器制造的主要工艺过程:腐蚀—赋能—开片—铆接—卷绕—浸渍—装配—老炼—测量—检验。

腐蚀:在盐酸中用化学方法使铝箔表面形成无数微小凹坑,变得粗糙,以增大表面积。腐蚀程度可通过调节腐蚀液的浓度、温度和腐蚀时间来控制。

赋能:在硼酸等溶液中用电解法使作为阳极的铝箔表面生成一层极薄而致密的氧化铝膜。可用调节电解液的浓度、温度及电解时间来控制膜层厚度。硼酸可增加电解液的导电率。

开片:把较宽的铝箔带截开成一定宽度的铝箔带。

铆接:在铆接机上将引线按一定位置牢固而平滑地刺铆在开片好的铝箔带上,要求引线与铝箔带间位置相互垂直。

卷绕:将铆有引线的两层钳箔和电容器纸以正确叠放的位置在卷绕机上卷绕成电容器

芯子。要求卷绕松紧适中、整齐、不露片，两引线互相平行。

浸渍：常用真空浸渍的方法将干燥后的芯子浸渍于电解液中，因电容器纸吸附了电解液，既能起修补氧化膜作用，又可使氧化膜长期稳定维持。电解液一般由硼酸、硼砂或己二酸、己二酸铵加水配制而成。

装配：将浸渍好的芯子套上橡皮头后装入铝壳内，经卷边密封，再在铝壳表面套上印有标记的塑料管，组成电容器产品。

老炼：即在两引线上加上高于额定值的电压，利用电容器纸所吸附的电解液，继续电解以修补氧化膜，使电容器得到稳定可靠的电性能。

测量、检验：对电容容量、漏电流、介质损耗等电参数按技术条件测试分档，再经检验，即可包装入库。

## 9.2 装配工艺过程及设备特点

装配机由两个圆盘即主盘和副盘组成，见图9-2。

主、副盘上分别有16和12个工位，主盘上工位又分内、外两层。

### 9.2.1 装配工艺过程

装配机的具体装配过程(工位排列)见图9-3。

外层工位(1)自动上橡皮头后，工位(2)便自动定向，以便人工将芯子的两根引线插入橡皮头的两孔中。铝壳自动上料在内层工位(3)进行。外层工位(5)由操作者借助模具将芯子引线插入橡皮头，又在工位(7)由专门机构将芯子引线全部压入橡皮头孔中。上料的铝壳在内层工位(7)受检测，确定是否有铝壳，工作位置是否正确(如无铝壳或壳底朝上，则人工补上一个或将其取走)等。

内层工位(8)旁没有光电检测，如外层工位(8)没有芯子传递过来，铝壳则在该工位被压缩空气吹走；如检测正常，芯子便在工位(9)由翻转机械手将其拔出，送至内层工位并插入铝壳内，工位(10)继续将芯子压到铝壳底。工位(11)、(13)将铝壳上端进行两次滚槽和卷边。工位(14)上由引线梳直机构将引线抹直，以便极性检测。

经过初步装配的电容器进入工位(15)后，由传送机构将它取出，放入副盘工位(1)、工位(2)将电容器下压，使铝壳口与工位夹头面齐平，并在工位(3)、(4)进行橡皮头检测(在主盘上有无漏装)和极性检测。工位(6)由推杆将电容器推至工位夹头下面被夹具夹住，电容器则插入至等候在那里的塑料管内，这时塑料管上极性标记与引线极性一致。工位(8)、(9)对塑料管吹热风进行热缩成型。工位(10)将电容器卸落至料盒。

### 9.2.2 设备特点

该机采用机、电、气一体化控制。主盘由蜗形凸轮机构带动作间歇转位运动，并经齿轮传动，使副盘同步转位。各执行机构主要由分配轴上的一系列凸轮控制，并借助于若干微动开关，通过电磁阀控制相应气缸的接通与断开，完成一定的动作。

# 第9章 铝电解电容器装配机

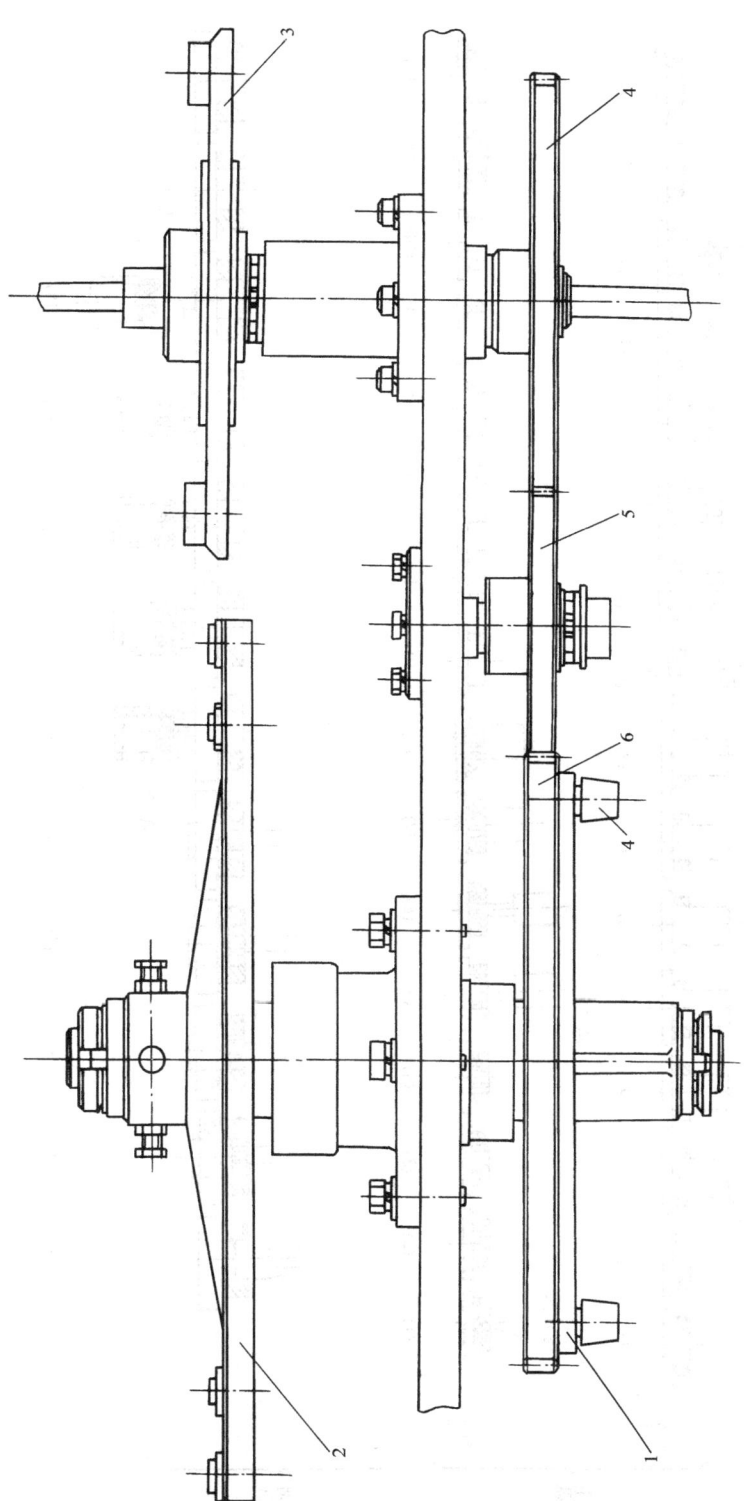

图 9-2 主、副盘相互位置关系
1—转位盘 2—主盘 3—副盘 4、5、6—齿轮

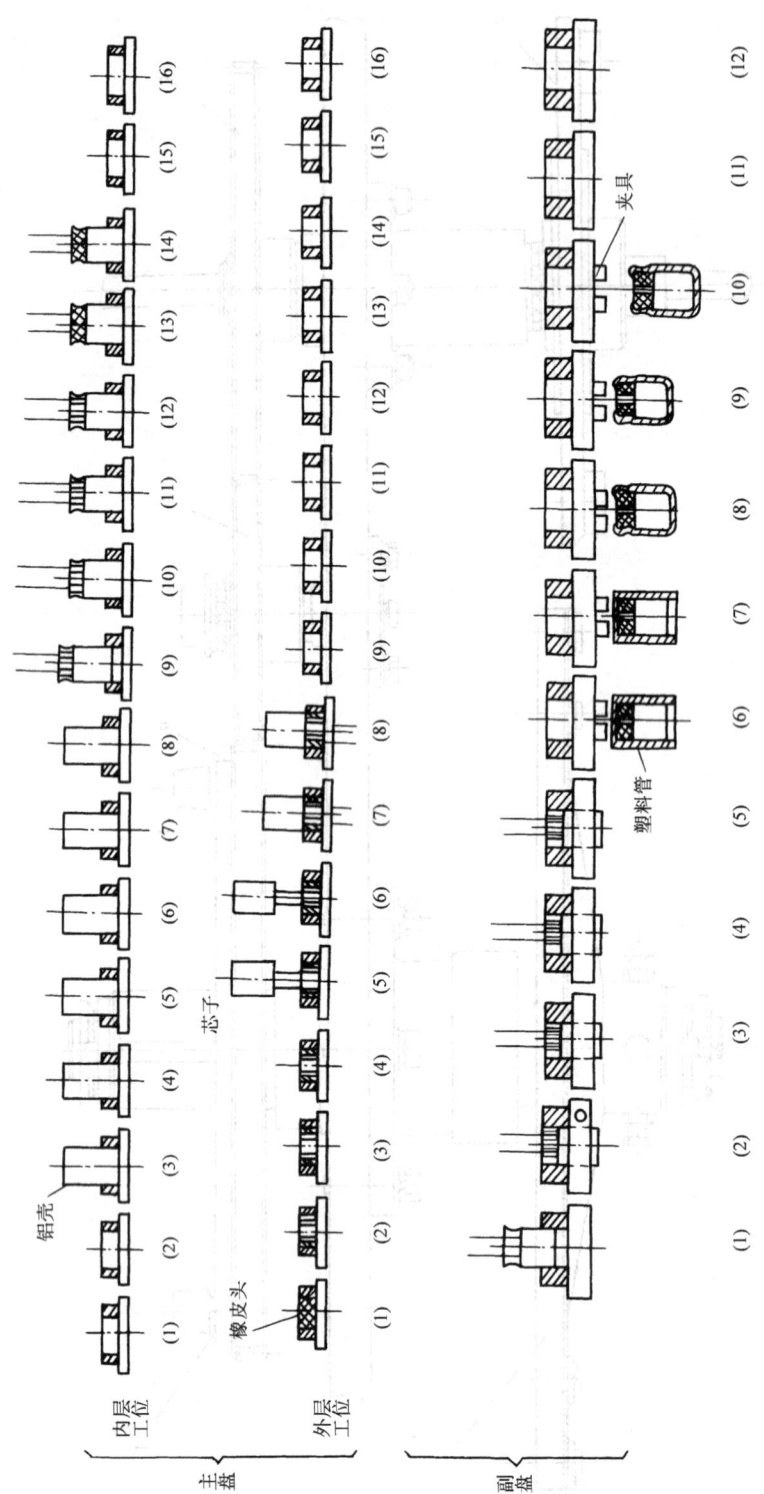

图 9-3 装备工艺过程

本设备设置有故障报警装置,在装配过程中,任何一个工位发生故障,均能自动停机并报警,待故障排除后,即可恢复正常工作。

## 9.3 传动系统

图 9-4 为铝电解电容器装配机的主传动系统。动力由电动机 1 传出,经传动带 2 和蜗轮机构 3 减速,由链轮 4、5 带动分配轴 I 旋转,再通过传动比为 1:1 的两对锥齿轮 $z_1$、$z_2$ 和 $z_3$、$z_4$,使分配轴 II、III 同步转动。分配轴 I、II、III 上安装着 20 个凸轮,分别控制相应的执行机构。同时又经 1:1 的链轮 7、8 传动,使辅助小凸轮轴转动,旋转一周,其上 10 个控制小凸轮便压合微动开关一次,以控制相应机构的动作。

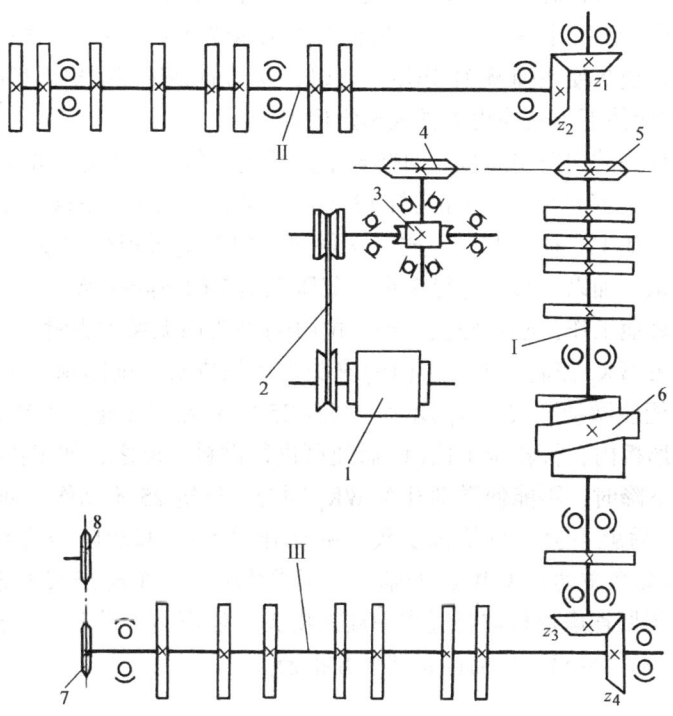

图 9-4 主传动系统
1—电动机 2—传动带 3—蜗轮机构 4,5,7,8—链轮 6—蜗形凸轮
注:分配轴 I 上安装着蜗形凸轮 6,由它实现主、副盘的间歇转位运动

执行机构的动作由电器控制器箱分别控制相应机构的动作。

## 9.4 主要机构

本设备的执行机构很多,下面仅介绍典型的橡皮头上料与定向机构、芯子装入铝壳机构及套塑料管机构。

### 9.4.1 橡皮头上料机构

橡皮头上料机构包括橡皮头上料与定向两个部件，分别位于主盘外层工位(1)、(2)旁。上料机构将振动料斗输出的橡皮头送至主盘外层工位(1)的夹头里，至工位(2)后由定向机构予以定向。

上料机构见图9-5。它由振动料斗1、中心轴4和回摆扇形板6等组成。

橡皮头自振动料斗1输出，沿料槽2滑至前端预定位置。

在凸轮19作用下，经杠杆20、拉杆14和摆杆13，使回摆扇形板6随套筒9一起回摆。取料时，回摆扇形板回摆，使其上缺口转至料槽2前端。同时，摆块7上的螺钉23遇料槽前端挡板后，逆时针摆动一个角度，如A向局部放大图所示位置，这时，推杆24在气缸25作用下，将最前面的一只橡皮头22推入回摆扇形板缺口内，其余橡皮头被推杆24(起隔离器作用)挡住。接着，回摆扇形板6沿图示箭头相反方向回摆，螺钉23一离开料槽前端挡板，摆块7便在弹簧21作用下顺时针摆动而夹住回摆扇形板缺口内的橡皮头。推杆24随即复位而使下一只橡皮头进入预定位置。

当夹取了橡皮头的回摆扇形板6回摆至主盘外层工位(1)的夹头8正上方时，中心轴4在凸轮18作用下，经拉杆16和导向杆12导向，带着压入销5下降，把橡皮头压入工位夹头内。压入销5随中心轴上升，完成一次供料。回摆扇形板的回摆角度受螺钉10、11限位，并可旋动螺钉加以调整。螺钉3可调节压入销5的下降距离。

为使设备可靠地工作，必须确认外层工位(16)夹头内无橡皮头时，才可在工位(1)供料，这由微动开关$WK_1$控制。如工位(16)夹头内无橡皮头，则随副盘中心轴一起上下的压杆$d$下降时，能使微动开关$WK_1$闭合，气缸25的电磁阀接通，于是推杆24推入一只橡皮头至回摆扇形板内，待转至工位(1)后便可进行供料；反之，如工位(16)夹头内有橡皮头，则压杆$d$下降时，不能使微动开关$WK_1$闭合，气缸25不动作，回摆扇形板取不到料，转至工位(1)后就不会再供给橡皮头。微动开关$WK_2$起故障报警和自动停车作用。控制板17的轴空套在微动开关$WK_2$的轴上，正常情况下，弹簧15使控制板17始终压合微动开关$WK_2$。当回摆扇形板取料过程中被橡皮头卡住而转不动时，凸轮19使微动开关$WK_2$与控制板17强行分离，机器停止转动并报警。

### 9.4.2 橡皮头定向机构

橡皮头定向机构见图9-6。

橡皮头的端面上有两个小孔供插芯子引线。振动料斗送出的每只橡皮头的孔的位置是不一致的，通过定向机构定向，可使每只橡皮头的两孔位置在有关工位的夹头中均保持一致。齿轮$z_1$空套于支柱上，齿轮$z_2$与滚直纹轮12固装在一起，并空套于轴13上，轴13又安装在摆动座14上。橡皮头定向是依靠安装在检测杆8上的两根触脚10插进其孔中实现的。

其定向过程是：当装有橡皮头的夹头转至外层工位(2)后，控制凸轮(图中未示出)使杠杆6摆至双点划线位置，两触脚10在拉簧9的作用下，下降到与橡皮头表面接触。这时，拉簧15使摆动座14摆动(下看为顺时针方向摆动)，滚直纹轮12则与夹头16接触，同时推开该工位旁的制动器17。电动机2经齿形带3和齿轮$z_1$、$z_2$传动，使滚直纹轮12

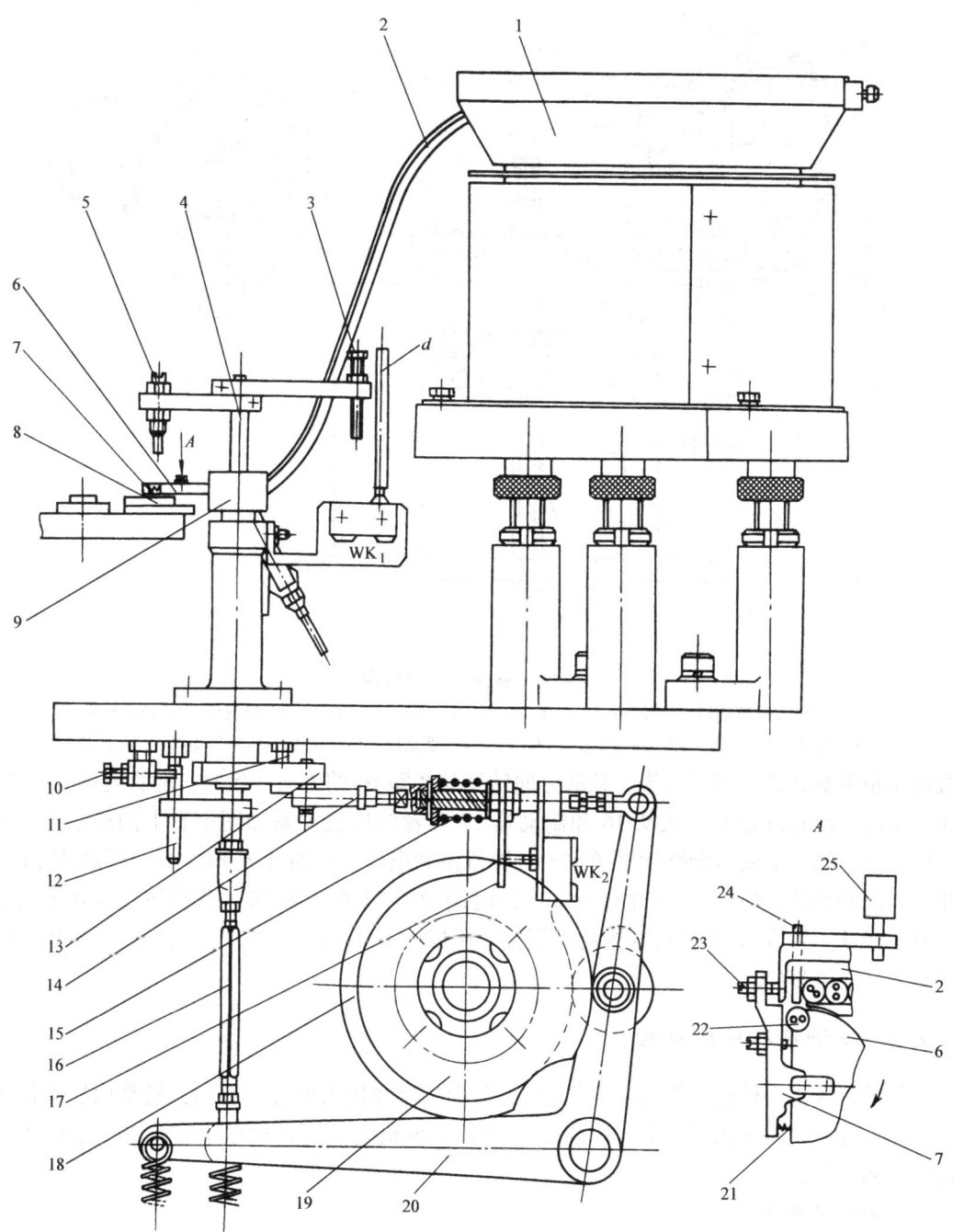

图 9-5 橡皮头上料机构

1—振动料斗 2—料槽 3,23—螺钉 4—中心轴 5—压入销 6—回摆扇形板 7—摆块 8—夹头 9—套筒 10,11—限位螺钉 12—导向杆 13—摆杆 14,16—拉杆 15,21—弹簧 17—控制板 18,19—凸轮 20—杠杆 22—橡皮头 24—推杆 25—气缸

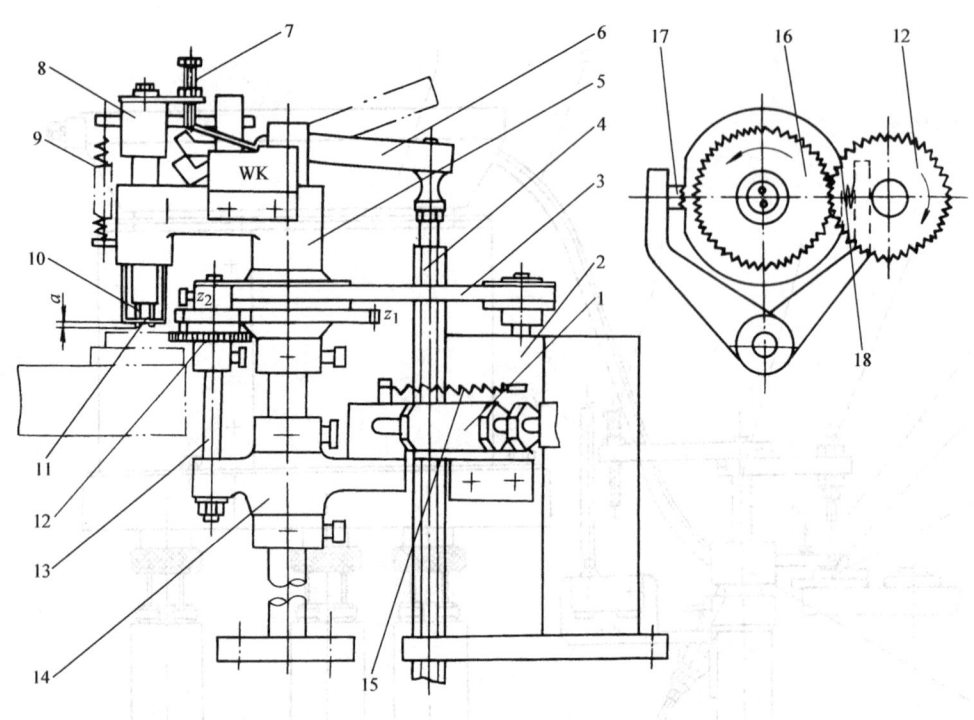

图 9-6 橡皮头定向机构

1—气缸 2—电动机 3—齿形带 4,6—杠杆 5—支架 7—螺钉 8—检测杆 9,15—拉簧
10—触脚 11—压板 12—滚直纹轮 13—轴 14—摆动座 16—夹头 17—制动器 18—压簧

拨动工位夹头转动。当橡皮头上孔的方向转至与触脚 10 的方向一致时,触脚便插入孔内,完成定向。滚直纹轮 12、夹头 16 和制动器 17 三者的位置关系如图中右上图所示。一旦定向完成,螺钉 7 便压合微动开关 WK,接通控制电路,气缸 1 动作,推动摆动座 14 作相反方向的摆动,使轮 12 离开夹头 16,同时制动器 17 在压簧 18 的作用下,卡住夹头使其停止转动。触脚 10 在杠杆 6 推动下复位。压板 11 安装于支架 5 上,用以防止橡皮头因触脚上升而被带出。

### 9.4.3 芯子装入铝壳机构

芯子装入铝壳机构是将外层工位(9)夹头中装有橡皮头的芯子取出,送至内层工位中铝壳的上方,并压入铝壳(第一次压入)。所以,该机构由翻转机械手和长嘴夹子压入装置两大部件组成。

**1. 翻转机械手**

如图 9-7 所示,芯子从主盘外层夹头传送到内层夹头里是靠活动手爪 13(由两片组成)完成的。拉簧 12 使手爪始终有夹紧的趋势,但在和小齿轮 7 同轴转动的凸轮(图中未出示)推动螺钉 11 时,能使手爪张开。螺钉 11 还可调节手爪张开的角度。

传送芯子的过程是:当载有芯子的夹头转至外层工位(9)后,由主盘下面的气动滑块装置将芯子顶出并进入等候在夹头上方的手爪 13 中(图示位置)而被夹住。接着,在控制

# 第 9 章 铝电解电容器装配机

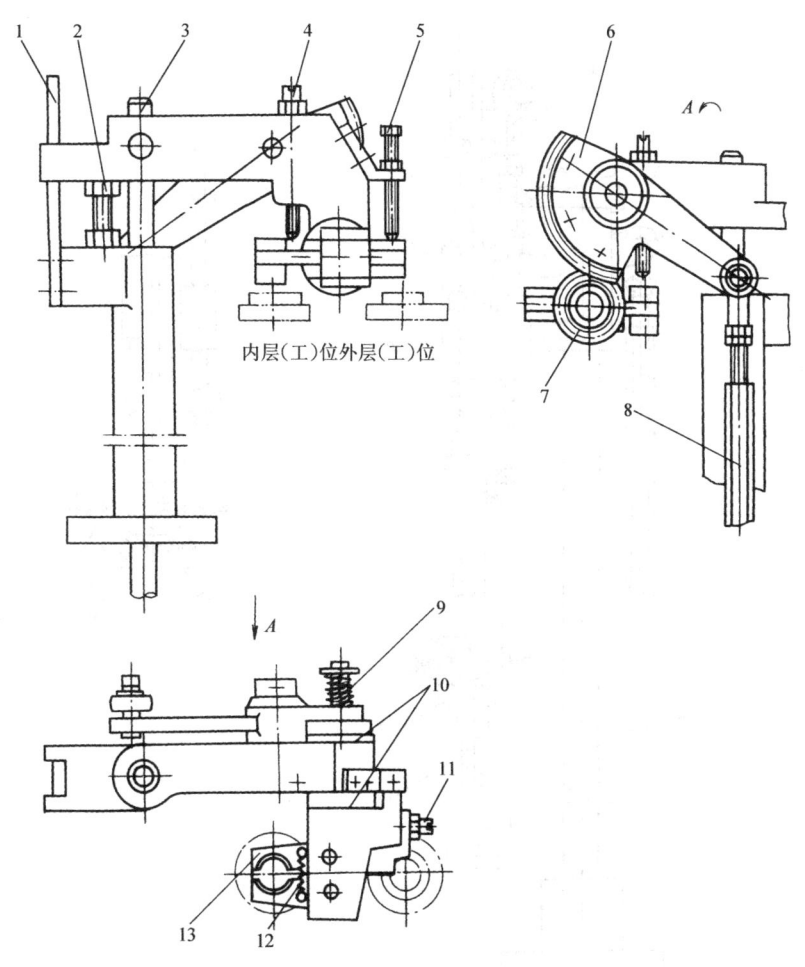

内层(工)位 外层(工)位

图 9-7 翻转机械手
1—导向板 2, 4, 5, 11—螺钉 3—中心杆 6—扇形齿轮 7—小齿轮
8—杠杆 9—压簧 10—摩擦片 12—拉簧 13—手爪

凸轮作用下,中心杆 3 使手爪略抬高,随后由另一控制凸轮通过杠杆 8 使扇形齿轮 6 驱使小齿轮 7 转动。小齿轮 7、摩擦片 10、手爪 13 空套于轴上,并由压簧 9 使彼此接触面互相紧贴,靠摩擦力使手爪 13 随小齿轮 7 一起翻转 180°,至内层工位上方,待手爪随中心杆 3 略下降后,由压入装置的长嘴夹子将芯子压入铝壳。手爪 13 略上升,扇形齿轮 6 又使手爪 13 回转 180°后略下降,至外层工位芯子的上方(手爪的正反转由螺钉 4、5 限位和调整),此时,与小齿轮 7 同轴转动的凸轮又顶动螺钉 11 使手爪张开,待另一只芯子被顶出并推进手爪后,凸轮继续转动一个角度而让开螺钉 11,拉簧 12 使手爪 13 闭合而夹住芯子。接着实现第二次翻转,以传送第二只芯子。

螺钉 2 对中心杆 3 的升降起限位和调节作用。中心杆 3 的升降由导向板 1 导向。

2. 长嘴夹子压入装置

图 9-8 为长嘴夹子压入装置的结构图,整个装置安装在支承杆 1 上。

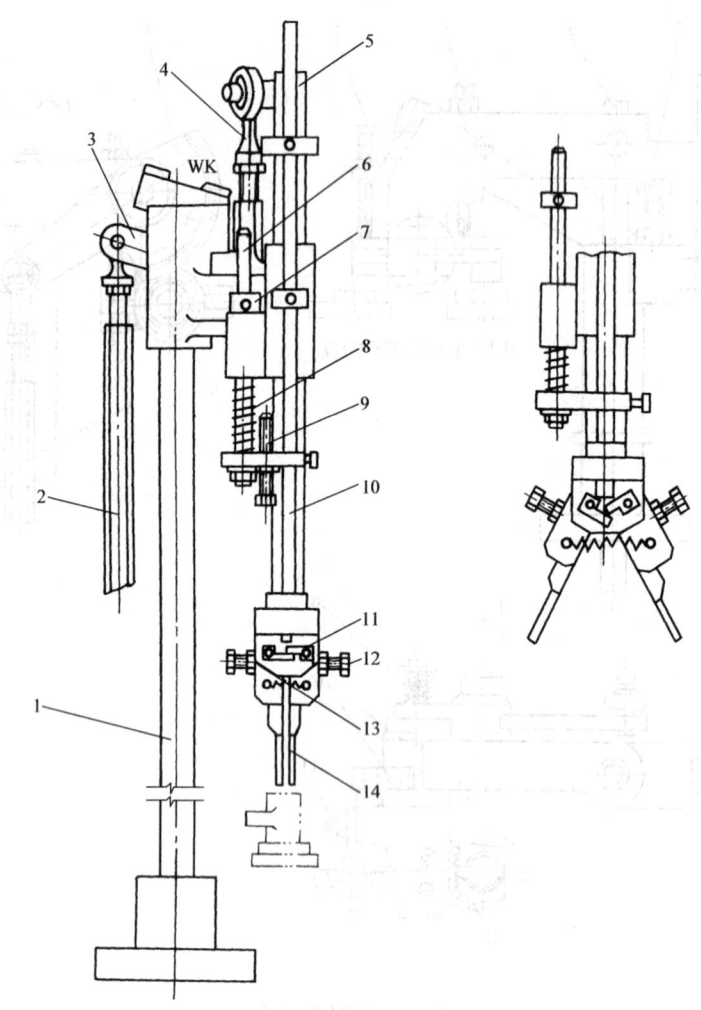

图 9-8 长嘴夹子压入装置
1—支承杆 2，4—连杆 3—杠杆 5—轴 6—杆 7—挡圈 8—弹簧
9，12—螺钉 10—中心顶杆 11—回转块 13—拉簧 14—长嘴夹子

将芯子压入铝壳的过程是：当翻转机械手的手爪夹住带有橡皮头的芯子翻转至内层工位中铝壳的上方（这时橡皮头已朝上）时，由控制凸轮推动连杆 2，经杠杆 3 和连杆 4 带动，中心顶杆 10 和轴 5 带着长嘴夹子 14 一起下降。当与中心顶杆 10 连结在一起的杆 6 上的挡圈 7 被支架挡住时，中心顶杆 10 停止下移，但轴 5 在凸轮的作用下继续下降，使回转块 11 脱离中心顶杆 10，长嘴夹子 14 受拉簧 13 的作用而合拢，并顶住橡皮头，将它和芯子一起压入铝壳。随后，控制凸轮使连杆 2 下拉，长嘴夹子 14 随轴 5 上升，当回转块 11 遇到中心顶杆 10 时，迫使长嘴夹子张开，成图中右方图所示状态。这时中心顶杆也跟着一起上升，当螺钉 9 与支架相碰时，长嘴夹子便停留在最高位置，完成一次压入动作。调节螺钉 9 可改变机构复位的最高位置。长嘴夹子 14 合拢的程度可通过螺钉 12 调节。长嘴夹子 14 张开是为了便于带橡皮头芯子的翻转。

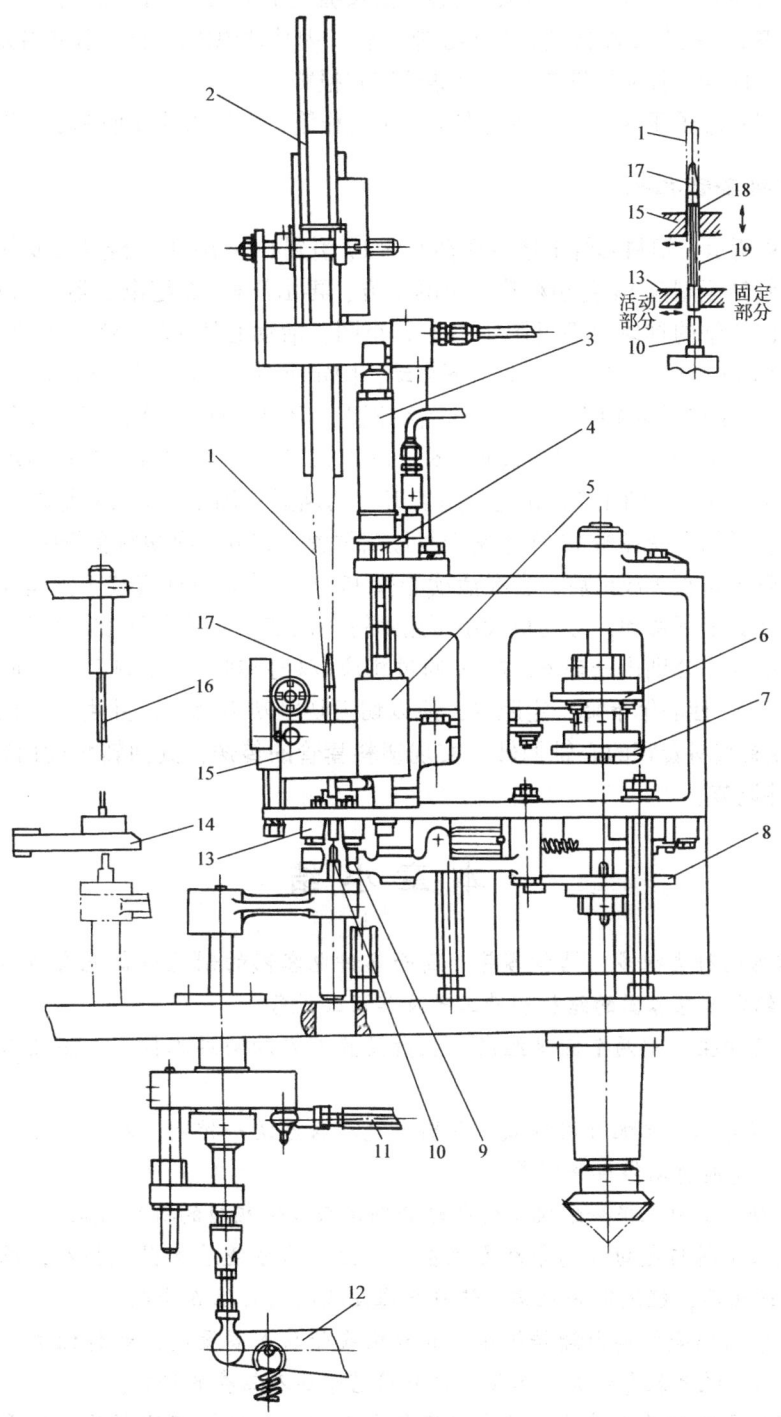

**图 9-9 套塑料管机构**
1—塑料套管 2—盘 3—气缸 4—螺钉 5—支座 6, 7, 8—凸轮
9—切刀 10—心轴 11, 12—杠杆 13—固定夹具 14—副盘
15—活动夹具 16—压杆 17—活动心棒 18—活动套 19—弹簧

微动开关 WK 起故障报警作用，当芯子由长嘴夹子正确压入铝壳时，杠杆 3 上摆而压合微功开关 WK，控制回路接通，机器正常运转。因某种原因芯子压不进铝壳，杠杆 3 就不能触动 WK 闭合，控制回路断开，机器停转并报警。

该装置仅将芯子压入铝壳，还需在下一工位作第二次压入才能使芯子压至铝壳底。

### 9.4.4 塑料套管机构

如图 9-9 所示，塑料套管 1 通过活动心棒 17 引到心轴 10 上，经切刀 9 切断后，心轴带着塑料套管转至副盘 14 套塑料管工位的下方，再由压杆 16 把电容器压入塑料套管内。将塑料管引向心轴的具体原理见图中右上方小图，活动心棒 17 上套有活动套 18 及弹簧 19，活动夹具 15 可张开和闭合并能上下移动，固定夹具 13 通过其活动部分也可开合。开始时，活动套 18 在弹簧 19 作用下处于最高位置，活动夹具 15 亦位于最高位置并夹紧心棒外的塑料套管 1，固定夹具 13 张开（图示位置），接着活动夹具 15 和活动套 18 下降，将塑料套管 1 拉下，套在心轴 10 上，用切刀 9 切断后，固定夹具 13 夹紧，活动夹具 15 松开并上升，活动套受弹簧 19 作用又恢复最高位置，完成一次塑料套管引入。

塑料套管 1 自盘 2 放出后，套在活动心棒 17 上。活动夹具安装于支座 5 上，由双向气缸 3 带动使其上下移动，移动量大小可用螺钉 4 调节。活动夹具 15、固定夹具 13 的开合及切刀 9 的动作分别由凸轮 6、7、8 通过相应杠杆控制。当塑料套管引向心轴 10 后，由凸轮经杠杆 12 使心轴下降一定距离，便以切刀切割塑料套管，并由另一控制凸轮通过杠杆 11 使载有塑料套管的心轴回转，实现塑料套管的传送，其回转角度由螺钉（图中未示出）限位并调节。

## 本 章 小 结

1. 电容器的种类很多，结构各异。因而各种电容器的制造设备也有所不同。本章重点介绍的是铝电解电容器的结构制造工艺及其装配设备。

2. 本设备由主、副两个圆盘组成，主盘设置有内外两层工位，以满足工件的传送和装配的需求。

3. 铝电解电容装配机采用机械、电器、气动联合统一控制。在装配过程中任何一个工位发生故障均能自动停机并报警。

4. 主传动系统中三根分配轴上的凸轮分别用来控制相应的执行机构。

5. 橡皮头上料与定向机构分别安装在主盘上。为方便芯子引线插入，橡皮头从上料机构的料槽送出后，经过定向机构，使每只橡皮头的两孔位置均能保持一致。

6. 芯子装入铝壳机构由翻转机械手和长嘴夹子压入装置两大部件组成，完成将橡皮头的芯子取出、送至装有铝壳的工位上方并将芯子压入铝壳的动作。

7. 套塑料管机构是将料盘上的塑料套管引向心轴，经切刀割断后，转至套塑料管工位的下方，再由压杆把电容器压入塑料管内，完成套塑料管的任务。

# 参 考 文 献

1　王家骧主编. 轻工业机械设计. 北京：中国轻工业出版社，1989
2　戚长政主编. 轻工自动机与生产线. 北京：中国轻工业出版社，2000
3　胡继强主编. 食品机械与设备. 北京：中国轻工业出版社，1999
4　熊有伦编著. 机器人技术基础. 武汉：华中理工大学出版社，1996
5　徐元昌编著. 工业机器人. 北京：中国轻工业出版社，1999
6　秦树人主编. 机械工程测试原理与技术. 重庆：重庆大学出版社，2002
7　宋福生等编. 机电一体化设备结构与维修. 南京：东南大学出版社，2000
8　鲍风雨主编. 自动化设备及生产线调试与维修. 北京：机械工业出版社，2002
9　朱晓青主编. 过程检测控制技术与应用. 北京：冶金工业出版社，2002
10　郭敬枢等编. 微机控制技术. 重庆：重庆大学出版社，1994
11　王承义编著. 机械手及其应用. 北京：机械工业出版社，1981
12　周祖德等编. 机电一体化控制技术与系统. 武汉：华中理工大学出版社，1992
13　吴振彪编著. 工业机器人. 武汉：华中理工大学出版社，1997